“十二五”职业教育国家规划教材修订版

现代企业管理

（第六版）

赵有生 主编

清华大学出版社
北京

内 容 简 介

《现代企业管理》根据高职高专教育的特点和教学的需要而编写，自出版以来深受广大读者厚爱，前五版已多次重印。第六版在第五版的基础上进一步修订，内容共分为 7 章，包括现代企业管理概论、现代企业制度、市场营销、现代企业战略管理、现代企业质量管理、现代企业人力资源管理和新世纪的管理。本书以应知、应会知识为切入点，理论知识以必需、够用为度，注重现代企业管理基本理念和基本原理的实际应用，视野宽广，理念新颖，内容精练，案例丰富，突出了管理的实践性和科学性，可供高职高专和成人专科教育非企业管理专业使用，也可供有关企业管理人员参考使用。

图书在版编目(CIP)数据

现代企业管理/赵有生主编. —6 版. —北京：清华大学出版社，2020.8 (2022.12 重印)
ISBN 978-7-302-54378-7

Ⅰ. ①现… Ⅱ. ①赵… Ⅲ. ①企业管理－高等职业教育－教材 Ⅳ. ①F272

中国版本图书馆 CIP 数据核字(2019)第 264029 号

责任编辑：吴梦佳
封面设计：傅瑞学
责任校对：刘 静
责任印制：朱雨萌

出版发行：清华大学出版社
网　址：http://www.tup.com.cn，http://www.wqbook.com
地　址：北京清华大学学研大厦 A 座　**邮　编**：100084
社 总 机：010-83470000　**邮　购**：010-62786544
投稿与读者服务：010-62776969，c-service@tup.tsinghua.edu.cn
质量反馈：010-62772015，zhiliang@tup.tsinghua.edu.cn
课件下载：http://www.tup.com.cn，010-83470410
印 装 者：三河市龙大印装有限公司
经　销：全国新华书店
开　本：185mm×260mm　**印　张**：14　**字　数**：323 千字
版　次：2004 年 8 月第 1 版　2020 年 8 月第 6 版　**印　次**：2022 年 12 月第 5 次印刷
定　价：49.00 元

产品编号：086531-01

第六版前言

管理是人类各种组织活动中最普通和最重要的一种活动。在现代社会中，管理无处不在、无时不有。人们无论从事何种工作，都在参与管理活动，管理与人们的工作和生活密切相关。为了增强高职高专学生的管理意识，拓宽管理视野，提升管理思维，加强沟通协调能力和团队合作能力的培养，落实立德树人的根本任务，实现复合型技术技能人才的培养目标，根据广大读者的建议和高职高专教育教学的实际需要，经过多方征求意见，编者对本书结构和部分章节的内容进行了调整与修改，部分内容读者可扫描二维码阅读查看。在此，向为本书的修订和再版提供支持与帮助的各界朋友表示诚挚的感谢。本书由赵有生教授主编，并负责全面的修改和编写工作。

由于时间仓促加上编者水平有限，书中难免有不足之处，敬请读者批评、指正。我们相信，有企业管理界的专家、学者和广大教师、学生的关心与支持，本书一定会逐渐趋于完善。

编　者

2019 年 10 月

第五版前言

现代社会中，管理无处不在、无时不有。人们无论从事何种工作，都在参与管理活动，管理与人们的工作和生活密切相关。为了增强高职高专学生的管理意识，加强沟通协调能力和团队合作能力的培养，实现技术技能人才的培养目标，经过多方征求意见，本书第五版与读者见面了。在此，编者对为本书的修订和再版提供支持与帮助的各界朋友表示诚挚的感谢。

2013 年 12 月 28 日，第十二届全国人民代表大会常务委员会第六次会议审议通过了《全国人民代表大会常务委员会关于修改〈中华人民共和国海洋环境保护法〉等七部法律的决定》，对《公司法》进行了修订，并于 2014 年 3 月 1 日起施行。新《公司法》对资本登记制度、放宽注册资本登记条件以及简化登记事项三大重要内容进行了修订，释放出了改革红利。2014 年 8 月 31 日，第十二届全国人民代表大会常务委员会第十次会议审议通过了《全国人民代表大会常务委员会关于修改〈中华人民共和国保险法〉等五部法律的决定》，对《证券法》进行了修订。为此，编者对本书“现代企业制度”的内容，依据新的《公司法》《证券法》进行了较大幅度的修改。同时，根据广大读者的建议和高职高专教学的实际需要，对部分章节的内容进行了修改、增加了案例。本书第五版由赵有生教授任主编，负责全面的修改和编写工作。

由于时间仓促，本书第五版没有做系统的重大修改，一些新观点、新理论、新案例和新方法等还没有及时地充实进去，敬请读者见谅。我们相信，有企业管理界的专家、学者和广大教师、学生的关心与支持，本书一定会逐渐趋于完善。

编　者

2015 年 8 月

第四版前言

在人类社会活动中，管理无处不在，无时不有。《现代企业管理》自出版以来受到广大读者的厚爱，前三版都已多次重印，发行量超过10万册。为了增强高职高专学生的管理意识，加强沟通协调能力和团队合作能力的培养，实现高端技能型人才的培养目标，提高高职高专学生岗位迁移能力和可持续发展能力，在广大读者的关心和支持下，经过多方征求企业管理界的专家、学者和广大教师、学生的意见，本书第四版与读者见面了。在此，编者对为本书的修订和再版提供支持与帮助的各界朋友表示诚挚的感谢。

为了更好地服务广大读者，本书在修改过程中及时地吸纳新知识和新理念，体现高职教育高端技能型人才培养的宗旨，加强了与行业企业管理专家的合作，增强了教材的适用性。编者始终坚持以现代企业管理的应知、应会知识为切入点，理论知识以必需、够用为度，突出基本理论的实际应用，注重与实践管理岗位的结合，加强案例教学。本书第四版在保持原有编写风格的基础上，对全书的内容进行了比较全面的修改和完善，更加突出了管理的实践性和科学性。本书第四版由赵有生教授任主编，负责全面的修改和编写工作。

本书在修改过程中，开展了实践调研并查阅了大量的资料，借鉴和参考采纳了同类教材与论著的一些观点，在此向专家和学者一并表示衷心的感谢。书中仍然存在不成熟和不妥之处，敬请读者批评指正。在广大同行专家、学者及读者的指导和帮助下，我们相信，通过积极探索和不懈努力，本书将会日趋完善。

编　者

2012年4月

第三版前言

在广大读者的关心和支持下，经过多方征求企业管理界的专家、学者和广大教师、学生的意见，本书第三版终于与读者见面了。在前两版的出版发行过程中，承蒙广大读者的厚爱，已重印多次。为了更好地为广大读者服务，及时地吸纳新知识和新理念，体现高职教育高素质技能型专门人才培养的宗旨，加强与行业企业的合作，注重教材的适用性，编者就本书的编写风格、体系和内容进行了修改与完善。在此，编者对为本书的修订和再版提供支持与帮助的各界朋友表示诚挚的感谢。

在修改过程中，编者始终坚持以现代企业管理的应知、应会知识为切入点，理论知识以必需、够用为度，突出基本理论的实际应用，强调理论与实践的结合。本书第三版重点对第3～7章的内容进行了全面的修改和完善，对其他一些章节只做了不同程度的修改与补充。同时，编者也对编写体系进行了全面的修改，在修改中，更加注重与实践管理岗位的结合，加强案例教学，突出了管理的实践性和科学性。

本书第三版由赵有生教授任主编，刘云程同志任副主编。赵有生教授和刘云程同志负责本书第三版的修改与编写工作。

为了及时满足教学之需，本书第三版对一些新观点、新案例和新方法等还没能完全充实进去，敬请读者见谅。在广大同行专家、学者及读者的指导和帮助下，我们相信，通过积极探索和不懈努力，本书将会日趋完善。

编　者

2008年8月

第二版前言

本书第一版自2004年8月出版以来，承蒙广大读者的厚爱，至今已印刷多次。为了更好地为广大读者服务，在近两年的时间里，编者就本书的编写风格、编写体系和编写内容，广泛地征求了企业管理界的专家、学者和广大教师、学生的意见，他们对本书提出了非常宝贵的意见和建议，为本书的修订和再版提供了很大的帮助。在此，编者对他们给予的支持和帮助表示真挚的谢意。

本书在广泛地征求意见的基础上，对部分章节的内容进行了修改。2005年10月27日，第十届全国人大常委会第十八次会议审议通过了《公司法》的修订，并于2006年1月1日起施行。新《公司法》对原法的修改幅度超过2/3，其科学性、严谨度、适用性都达到了一个前所未有的高度。为此，编者对本书"现代企业制度"的内容，依据新的《公司法》进行了较大幅度的修改。同时，根据广大读者的建议和高职高专教学的实际需要，本书增加了"现代企业生产与运作管理"的内容。在修改过程中，编者始终坚持理论知识以必需、够用为度，突出基本理论的实际应用，强调理论与实践的结合。

本书第二版的第2章由赵有生教授修改，第5章由赵有生教授和樊秀南副教授编写，赵有生教授和樊秀南副教授对本书的其他一些章节也做了不同程度的修改与补充。

由于时间仓促，本书第二版没有做系统的重大修改，一些新观点、新理论、新案例和新方法等还没有及时地充实进去，敬请读者见谅。在广大同行专家、学者及广大读者的指导和帮助下，我们相信，通过不懈的努力，本书将会逐渐趋于完善。

编　者

2006年10月

第一版前言

随着我国社会主义市场经济体制的建立和完善，作为市场经济最基本的单位和竞争主体的企业，实现管理现代化已成为非常紧迫的任务。本书是根据高职高专和成人高等学校非管理专业开设现代企业管理课程的需要而编写的。通过本课程的学习，旨在拓宽学生的知识面，培养学生的经济意识和管理能力，提高学生的综合素质，使学生成为既具有一定专业技术理论和实践能力，又具有现代管理理论和技能的新型复合型人才。

本书以现代企业管理的应知、应会知识为切入点，理论知识以必需、够用为度，重点突出了基本理论的实际应用。本课程作为高职高专和成人高等学校非管理专业的一门主干课和必修课程，应根据各专业所需企业管理知识内容和侧重点的不同，有针对性地进行选择。编者建议授课学时为54学时。

本书在编写过程中，特别强调了理论与实践的结合、传统与创新的结合、国外先进经验与中国实际的结合、全面与重点的结合，尽力使现代企业管理教材符合高职高专教育教学规律，适应高职高专教育教学改革的需要。与同类教材相比，本书具有以下三个特点。

(1) 针对性强。本书紧紧围绕高职高专教育教学改革的需要，从实际出发，重新构建体系、选择内容，对传统的企业管理知识结构进行了大胆的改革。

(2) 实用性强。本书以应知、应会知识为切入点，摒弃了烦琐的理论推导，不做深度的理论展开；以实际应用为重点，突出了基本理论和基本方法的实际运用。

(3) 时代性强。本书注重吸收国内外管理的新思想、新理论和新经验，加强了对当代企业管理前沿知识的介绍，使学习者能及时把握企业管理的发展方向，掌握与企业管理有关的新理论和新方法。

本书由赵有生担任主编，贾俊荣和蔡金明担任副主编，编写分工为：赵有生编写第1章、第2章、第7～9章；贾俊荣编写第5章、第6章；蔡金明编写第3章、第4章。本书由赵有生负责总纂，贾俊荣和蔡金明参与统稿与定稿工作。

本书在编写过程中，得到了企业管理界的专家、学者的大力支持和帮助，也参考采纳了同类教材和有关论著的观点，同时，得到了清华大学出版社的领导和编辑的大力支持，在此一并表示诚挚的感谢。

由于时间仓促，加之本书对高职高专教材编写模式和编写内容做了大胆的改革尝试，难免存在不成熟和不妥之处，敬请读者批评指正。

编　者

2004年4月

目录

第1章

现代企业管理概论

管理理论与管理实践

海伦、汉克、乔、萨利四人都是美国西南金属制品公司的管理人员。海伦和乔负责产品销售，汉克和萨利负责产品生产。他们刚参加过在大学举办的为期五天的管理培训班学习，在培训班里主要学习了权变理论、社会系统理论和一些有关职工激励方面的内容。他们对所学的理论有不同的看法，现在正展开激烈的争论。

乔说："我认为社会系统理论对于像我们这样的公司是很有用的。例如，如果生产工人偷工减料或做手脚、原材料价格上涨，都会影响我们的产品销售。社会系统理论中讲的环境影响与我们公司的情况很相似。我的意思是，在目前这种经济环境中，一个公司会受到环境的巨大影响。在油价暴涨时期，我们还能控制自己的公司。现在呢？我们要想在销售方面每前进一步，都要经过艰苦的战斗。这方面的艰苦，我们大概都深有体会吧？"

萨利插话说："你的意思我明白，我们的确有过艰苦的时期，但我不认为这与社会系统理论之间有什么必然的联系。我们曾在这种经济系统中受过伤害。当然，你可以认为这与社会系统埋论是一致的。但是我并不认为我们就有采用社会系统理论的必要。如果每个东西都是一个系统，而所有的系统都能对某一个系统产生影响，我们又怎么能预见到这些影响呢？所以，我认为，权变理论更适合我们。如果你所说的事物都是相互依存的，系统理论又能帮我们什么忙呢？"

海伦对他们这样的讨论表示有不同的看法，她说："对社会系统理论我还没有好好地考虑。但是，我认为权变理论对我们是很有用的。虽然我们以前也经常采用权变理论，但是我却没有意识到自己是在应用权变理论。例如，我有一些家庭主妇顾客，听到她们经常讨论关于孩子和如何度过周末等问题，从她们的谈话中我就知道她们要采购什么东西了。顾客也不希望我们强迫她们去买她们不需要的东西。我认为，如果我们花一两个小时与他们交谈，那肯定会扩大我们的销售量。但是，我也碰到一些截然不同的顾客，他们一定要我向他们推荐产品，要我替他们在购物中做主。这些人也经常到我这里来走走，但不闲谈，而是做生意。因此，你们可以看到，我每天都在应用权变理论来应对不同的顾客呢。为了适应形势，我每天都在改变销售方式和风格，许多销售人员都是这样做的。”

汉克显得有些激动地说：“我不懂这些理论是什么东西。但是，关于社会系统理论和权变理论的问题，我同意萨利的观点。教授们都把自己的理论吹得天花乱坠，他们的理论听起来很好，但是他们的理论却无助于我们的管理实际，对于培训班上讲的激励因素我也不同意。我认为，泰勒在很久以前就对激励问题有了正确的论述，要激励工人，就要根据他们的工作支付他们的报酬。如果工人什么也没有做，就不用付任何报酬。你们和我一样清楚，人们只是为钱工作，钱就是最好的激励。”

海伦、汉克、乔、萨利的观点有什么不同？你认为管理理论真能解决实际问题吗？

现代企业管理是一门科学。实现企业管理的现代化、科学化和规范化，必须了解和掌握现代企业管理的基本理论、基本原理与基础知识。本章主要介绍现代企业及管理、现代企业管理原理、企业文化等内容。通过本章的学习，使学生对现代企业管理有一个总体的认识。

1.1 现代企业及管理

1.1.1 现代企业及其特征

1. 企业的概念

企业是以营利为目的，为满足社会需要依法从事商品生产、流通和服务等经济活动，实行自主经营、自负盈亏、自我约束、自我发展的法人实体和市场竞争主体。

企业是人类经济活动发展到一定历史阶段的产物，是社会生产力发展到一定水平的产物。作为社会经济的基本单位，企业是经济实体，企业必须自主经营和自负盈亏、必须承担社会责任、必须具有法人资格。

2. 现代企业的特征

现代企业是一组由领取薪水的高、中级经理人员管理的企业资产所有者与经营者相分离的多单位企业。现代企业由许多不同的营业单位组成，且由各层级经理人员管理。

现代企业是现代市场经济社会中代表企业组织的最先进形式和代表未来发展主流趋势的企业组织形式。所有者与经营者相分离、拥有现代技术、实施现代化的管理，以及企业规模呈扩张化趋势是现代企业的四个显著特征。

(1) 所有者与经营者相分离。随着公司制成为现代企业的重要组织形式，而且公司以特有的方式吸引投资者，使公司所有权出现了多元化和分散化，同时也因公司规模的大型化和管理的复杂化，那种传统的集所有权和经营权于一身的传统管理体制再也不能适应生产经营的需要，因此出现了所有权与经营权相分离的现代管理体制和管理组织。

(2) 拥有现代技术。技术作为生产要素，在企业中起着越来越重要的作用。传统企业中生产要素的集合方式和现代企业中生产要素的集合方式可用如下关系式来概括：

传统企业生产要素＝场地＋劳动力＋资本＋技术

现代企业生产要素＝(场地＋劳动力＋资本)×技术

在现代企业中，场地、劳动力和资本都要受到技术的影响与制约，主要表现为现代技术的采用可以开发出更多的可用资源，并可寻找代替资源来解决资源紧缺的问题；具有较高技术水平和熟练程度的劳动者，以及使用较多高新技术的机器设备，可以使劳动生产率获得极大的提高。因此，现代企业一般都拥有现代技术。

(3) 实施现代化的管理。现代企业的生产社会化程度空前提高，需要更加细致的劳动分工、更加严密的劳动协作和更加严格的计划控制，形成严密的科学管理。现代企业必须实施现代化管理，以适应现代生产力发展的客观要求，创造最佳的经济效益。

(4) 企业规模呈扩张化趋势。现代企业的成长过程就是企业规模不断扩大、不断扩张的过程。实现规模扩张的方式主要有三种：一是垂直型或纵向型扩张，即收购或合并在生产或销售上有业务联系的企业；二是水平型或横向型扩张，即收购或合并生产同一产品的其他企业；三是混合型扩张，即收购或合并在业务上彼此无重大联系的企业。

3. 现代企业的类型

根据不同的分类标准，现代企业可以分成不同的类型。

(1) 按生产要素所占的比重可以将企业划分为劳动密集型企业、技术密集型企业和知识密集型企业。劳动密集型企业是指技术装备程度较低，用人较多，产品成本中劳动消耗所占比重较大的企业。技术密集型企业又称资金密集型企业，是指所需投资较多，技术装备程度较高，用人较少的企业。知识密集型企业是指拥有较多中、高级科技专家，综合运用先进科学技术成果的企业。

(2) 按企业的组织形式可以将企业划分为单厂企业、多厂企业和企业集团。单厂企业是由在生产技术上有密切联系的若干生产部门所组成的企业，实行统一经营、统一核算。多厂企业是由两个以上的工厂组成的企业，它是按照专业化、联合化及经济合理的原则，将相互间有依赖关系的若干分散的工厂组织起来，实行统一经营管理的经济组织。多厂企业的主要形式为总公司下设若干分厂或分公司。企业集团是指以一个或若干个实力雄厚的大企业为核心，以资本、产品、技术、契约等多种纽带，把多个企业单位连接在一起而形成的具有多层次结构的经济联合体。它由核心层、紧密层、半紧密层和松散层等多层企业构成。

(3) 按企业规模可以将企业划分为特大型企业、大型企业、中型企业和小型企业。衡量企业规模的主要指标一般包括企业的生产能力、机器设备的数量或装机容量、固定资产原值和职工人数四个方面。划分企业规模的具体数值和内容重点，随着科学技术水平和生产社会化程度的不断提高以及行业的不同而有所变化。

(4) 按法律形式可以将企业划分为自然人企业和法人企业。自然人企业是指具有民事权利能力和民事行为能力的公民依法投资建立的企业。企业财产属于出资者私人财产的一部分，民事主体是自然人，而不是企业。单个业主制企业和合伙制企业是典型的自然人企业。法人企业是指具有法人资格的企业。法人企业的典型形式是公司制企业。

此外，按照生产资料所有制的性质和形式可以将企业划分为国有企业、集体企业、私营企业、个体企业和"三资"企业。按企业所属的行业领域可以将企业划分为高科技企业、工业企业、农业企业、商业企业、建筑安装企业、交通运输企业、金融企业、旅游企业和通信企业等。

1.1.2 管理与企业管理

1. 管理的概念

随着生产力的发展，人类生产日趋社会化和专业化，社会化大生产提出了分工合作的要求。劳动者之间如何分工与协作才能提高效率、取得最佳的效果，这就需要管理。管理活动自古有之。人们在长期的实践中认识到了管理的必要性和重要性。

管理是社会组织中，为了实现预期的目标，通过计划、组织、领导、控制和创新，协调以人为中心的活动过程。管理的概念包括以下四个方面的含义。

(1) 管理的目的是实现预期的目标。所有的管理行为都是为实现目标服务的。世界上既不存在无目标的管理，也不可能实现无管理的目标。

(2) 管理的手段是计划、组织、领导、控制和创新。管理是一个动态过程，要实现管理目标就必须实施计划、组织、领导、控制和创新等管理行为与过程，这是一切管理者在管理实践中都要履行的管理职能。

(3) 管理的本质是协调。协调就是使人的努力与集体的预期目标相一致。每一项管理职能、每一次管理决策都要进行协调，都是为了协调。协调是社会组织不可缺少的活动，协调的中心是人，协调的方法是多样的。

(4) 管理的主体是管理者。美国管理学家德鲁克认为，管理者的第一个责任是管理一个组织，管理者应明确组织是什么、它的目标是什么、如何实现目标；管理者的第二个责任是管理管理者，对管理者应该通过目标管理和自我控制进行管理，管理者应该培养其下属；管理者的第三个责任是管理工作和工人，主要是激励组织成员发挥其创造的热情，求得组织的最佳效果。

2. 管理的性质与职能

1) 管理的性质

管理的性质主要有管理的两重性、管理的科学性和艺术性。

(1) 管理的两重性是指管理所具有的合理组织生产力的自然属性和为一定生产关系服务的社会属性。一方面，管理是由许多人协作劳动而产生的，它是有效组织共同劳动所必需的，具有同生产力、社会化大生产相联系的自然属性；另一方面，管理又体现着生产资料所有者指挥劳动、监督劳动的意志，因此，它又有同生产关系、社会制度相联系的社会属性。管理的两重性是马克思主义关于管理问题的基本观点。正确理解管理的两重性具有十分重要的现实意义。自然属性是管理最根本的属性，它要求管理工作适应现代化的客观要求，按社会化大生产的客观规律来合理组织生产力，采用科学的方法，不断提高管理的现代化水平。这有助于我们及时吸收和借鉴先进的管理经验与管理知识。同时，管理又具有明显的社会属性，任何一种管理方法、管理技术和管理手段的出现总是带有时代的烙印，其有效性往往同生产力水平及社会历史背景相适应。实践证明，不存在一个适用于古今中外的普遍管理模式。因此，在学习和运用某些管理理论、原理、技术和手段时，必须结合自己本国、本部门、本单位的实际情况，因地制宜，才能取得预期的效果。

(2) 管理的科学性和艺术性。管理是科学与艺术的结合。管理的科学性是指管理作为一个活动过程，其间存在着一系列基本客观规律。人们经过无数次的实践与成败，从中收集、归纳、总结出一系列反映管理过程中客观规律的管理理论和一般方法。管理是一门科学，它是以反映管理客观规律的管理理论和方法为指导，有一套分析问题、解决问题的科学的方法论。管理的艺术性就是强调其实践性，没有实践则无所谓艺术。管理人员仅靠背诵管理原则、原理进行管理活动，如同医务人员靠背医书诊断疾病、建筑师靠公式设计建筑一样，必然是脱离或忽视实际情况的无效活动。管理人员必须在管理实践中发挥积极性、主动性和创造性，因地制宜地将管理知识与具体管理活动相结合，才能进行有效的管理。所以，管理的艺术性就是强调管理活动除了要掌握一定的理论和方法外，还要掌握灵活运用这些知识和技能的技巧与诀窍。因此，管理既是一门科学，又是一门艺术，是科学与艺术的有机结合体。管理的这一特性，对于我们学习管理和从事管理工作都是十分重要的。

2) 管理的职能

管理的职能一般包括计划职能、组织职能、领导职能、控制职能和创新职能五种。

(1) 计划职能。计划职能是管理的首要职能，组织中所有层次的管理者都必须从事计划活动。计划职能是指管理者为实现组织目标对工作所进行的筹划活动。计划职能一般包括确定目标、调查与预测，以及选择实现预期目标的活动方案等一系列工作。

(2) 组织职能。组织职能是把组织的各种资源、各个要素、各个环节，从劳动分工和协作上，从时间和空间的相互关系上，科学合理地组合起来，形成一个有机整体，从而有效地完成组织计划，实现组织目标。组织职能一般包括设计与建立组织结构、合理分配职权与职责、选拔与配备人员，以及推进组织的协调与变革等。合理、高效的组织结构是实施管理、实现目标的组织保证。

(3) 领导职能。计划与组织工作做好了，也不一定能保证组织目标的实现，因为组织目标的实现要依靠组织全体成员的努力。领导职能是指管理者指挥、激励下级，以有效实现组织目标的行为。领导职能一般包括选择正确的领导方式、实现有效沟通、激励下级调动其积极性以及加强领导者修养与领导艺术等。

（4）控制职能。人们在执行计划过程中，由于受到各种因素的干扰，常常使实践活动偏离原来的计划。为了保证目标及为此而制订的计划得以实现，就需要有控制职能。控制职能是管理者为保证实际工作与目标一致而进行的活动。控制职能一般包括制定控制标准、衡量工作成效和采取有效的纠正偏差的措施等一系列工作过程。

（5）创新职能。创新职能作为管理的一项重要职能，与其他各种管理职能不同，它本身并没有某种特有的表现形式，它总是在与其他管理职能的结合中表现自身的存在与价值。创新职能一般包括目标创新、技术创新、制度创新、组织机构和结构的创新以及环境创新等内容。

3. 企业管理及其作用

企业管理是根据企业的特性及生产经营规律，按照市场需求，对企业生产经营活动进行计划、组织、领导、控制和创新，充分、合理地利用各种资源，实现企业的经营目标，满足社会的需要，不断谋求企业发展的一系列活动。

企业管理的作用主要体现在以下三个方面。

（1）企业管理是企业生产经营的决定因素。企业管理是直接影响企业人、财、物诸因素组织是否科学、利用是否充分的决定因素。国外的“三七开”说法是指一个企业的成败“三分在技术，七分在管理”，不是没有道理的。因此，必须重视和加强企业管理。

（2）企业管理是提高经济效益的重要手段。有人把先进的科学技术和先进的管理形象地比作经济高速发展的“两个轮子”。提高产品质量、降低消耗、增加经济效益，同“两个轮子”都有关系，但与先进的管理关系更为密切。

（3）企业管理是建设两个文明的三大支柱之一。现代社会文明的发展，即物质文明和精神文明的发展，要靠管理、科学、技术三大支柱。要把企业建设成物质文明和精神文明的现代化企业，当然需要先进的科学和技术的应用，但更重要的还在于企业管理的能力和水平。社会进步和企业发展的重要标志是物质文明与精神文明建设的水平，两个文明建设的关键因素就是科学、技术和管理。因此，管理是企业建设两个文明不可缺少的三大支柱之一。

1.1.3 企业管理的基本理论及其发展

管理思想是人们在漫长而重复的管理活动中逐步形成的。随着社会生产力的发展，人们把各种管理思想加以归纳总结，形成了管理理论。人们运用管理理论去指导管理实践，以期取得效果，并在管理实践中修正和完善管理理论。管理理论、管理实践和管理思想三者之间的关系如图 1-1 所示。

企业管理的形成与发展大体经历三个阶段。

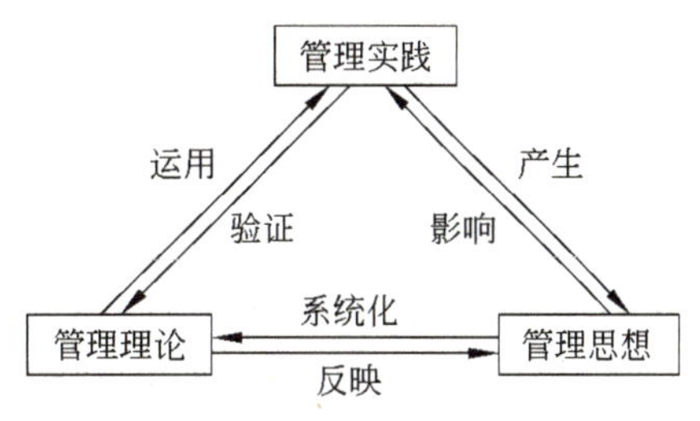

图 1-1 管理理论、管理实践和管理思想三者关系示意图

1. 第一阶段：传统管理阶段

1）传统管理的特点

传统管理是从 18 世纪工业革命开始到 20 世纪初，经历了 100 多年。传统管理也称经验管理，其主要特点如下。

（1）管理的指导思想是惰性的，认为工人总是偷懒的，必须进行强制性的管理。

（2）管理的方式是家长式的、独断专行的和专制式的。

（3）管理的依据是个人的经验和感觉。不靠数据而靠记忆和主观判断来管理，没有统一的计划和管理办法，管理工作的好坏完全取决于管理人员的经验。

（4）工人和管理人员的培养是靠师傅带徒弟的办法，没有统一的标准和要求。

2）传统管理时期的管理理论

传统管理时期对管理理论最先作出贡献的是英国经济学家亚当・斯密（1723—1790 年），他在 1776 年发表了《国民财富的性质和原因的研究》（即《国富论》）一书，系统地阐述了劳动价值及劳动分工理论。在亚当・斯密之后，英国数学家查尔斯・巴贝奇进一步发展了亚当・斯密的劳动分工理论，提出了许多关于组织机构和经济学方面带有启发性的问题。

在此期间，还有英国的空想社会主义者罗伯特・欧文，提出了在工厂生产中要重视人的因素，他的改革试验证明，重视人的因素和尊重人的地位可以使工厂获得更多的利润。

2. 第二阶段：科学管理阶段

1）科学管理的特点

科学管理是从 20 世纪初到 20 世纪 40 年代，经历了半个世纪。所谓科学管理，是指符合客观规律的管理，也就是按照社会化大生产的特点和规律进行管理，其具体特点如下。

（1）为了满足社会需要而生产优质产品。

（2）在生产活动中不断采用新的科学技术，依靠科学技术发展生产。

（3）保持生产过程的连续性和比例性。

（4）在生产经营活动中，要求职工必须具有高度的组织性和纪律性。

（5）实行集中统一领导和指挥，按照计划进行生产经营活动。

2）科学管理时期的代表人物与管理理论

科学管理时期的代表人物与管理理论主要有泰勒与科学管理理论、法约尔与管理过程理论、马克斯・韦伯与理想行政组织理论。

（1）泰勒与科学管理理论。泰勒（1856—1915 年）是美国古典管理学家、科学管理的主要倡导人，被称为“科学管理之父”。科学管理理论的要点包括以下八个方面。

① 科学管理的中心问题是提高劳动生产率。泰勒认为，提高劳动生产率的潜力很大。其方法是选择合适而熟练的工人，把他们的每一项动作、每一道工序的时间记录下来，并把这些时间加起来，再加上必要的休息时间和其他延误时间，就得出完成该项工作所需的总时间。据此制定出“合理的日工作量”，这就是所谓的工作定额原理。

② 为了提高劳动生产率，必须为工作配备“第一流的工人”。泰勒认为，那些能够工作而不想工作的人不能成为第一流的工人，只要工作合适，每个人都能成为第一流的工人。而培训工人成为“第一流的工人”是企业管理当局的责任。

③ 要使工人掌握标准化的操作方法，使用标准化的工具、机器和材料，并使作业环境标准化。泰勒认为，必须用科学的方法对工作的操作方法、使用的工具、劳动和休息时间的搭配，以及机器的安排和作业环境的布置等进行分析，消除各种不合理因素，把各种最好的因素结合起来形成一种最好的标准化的方法。而这种方法的制定是企业管理的首要职责。

④ 实行有差别的计件工资制。按照作业标准和劳动定额，规定不同的工资率，对完成和超额完成定额的人，以较高的工资率支付工资；对没有完成定额的人，则按较低的工资率支付工资。

⑤ 工人和雇主双方都必须来一次“精神革命”。泰勒认为，工人追求的是高工资，资本家追求的是高利润，如果劳动生产率得到了提高，不仅工人可以增加工资，而且资本家可以获得高额利润。因此，泰勒认为劳资双方必须变互相对抗为互相信任，共同为提高劳动生产率而努力。

⑥ 把计划职能同执行职能分开，变原来的经验工作方法为科学工作方法。泰勒指出，有意识地把以前由工人承担的工作分成计划职能和执行职能。计划职能归企业管理当局，并设立专门的计划部门来承担。至于现场的工人，则从事执行职能，即按照计划部门制定的操作方法和指令，使用规定的标准化工具代替原来的经验工作方法。

⑦ 实行职能工长制。泰勒认为，为了使工长能够有效地履行职责，必须把管理工作细分，使每一个工长只承担一种职能。这种做法使一个工人同时接受几个职能工长的指挥，容易造成混乱，所以没有得到推广，但这种思想为后来职能部门的建立和管理专业化奠定了基础。

⑧ 在管理控制上实行例外原则。泰勒认为，规模较大的企业不能只依据职能原则来组织或管理，还必须运用例外原则，即企业高层管理人员把一般的日常事务授权给下层管理人员去处理，自己只保留对例外事项（超出常规标准的例外情况，特别好或特别坏的重要事项等）的决策和监督权。

（2）法约尔与管理过程理论。法约尔（1841—1925 年）出生于法国，是欧洲古典管理理论的创始人，被称为“管理过程理论之父”。管理过程理论的要点包括以下四个方面。

① 企业职能不同于管理职能。任何企业都有六种基本活动或职能，即技术、商业、财务、安全、会计、管理。在各类企业中，下属人员的主要能力是具有企业特点的职业能力，而较上层人员的主要能力是管理能力，而且职位越高，管理越重要。

② 管理要素。法约尔提出，管理这一职能活动是由五个管理职能组成的，即计划、组

织、指挥、协调、控制。

③ 管理的“十四条原则”。法约尔提出了管理人员解决问题时应遵循的“十四条原则”：分工、职权与职责、纪律、统一指挥、统一领导、个人利益服从整体利益、人员报酬、集中化、等级链、秩序、公平、人员稳定、首创精神、团结精神。

④ 管理教育的必要性和可能性。法约尔认为，企业对管理知识的需要是普遍的，而单一的技术教育适应不了企业的一般需要，因此应尽快建立管理理论，并在学校中进行管理教育，使管理教育起到像技术教育那样的作用。

(3) 马克斯·韦伯与理想行政组织理论。马克斯·韦伯(1864—1920年)是德国古典管理理论的代表人物，被称为“组织理论之父”。理想行政组织理论的要点包括以下两个方面。

① 权力论。任何组织都必须有某种形式的权力作为基础才能实现目标，只有权力才能变混乱为秩序。韦伯认为，存在三种纯粹形态的权力：理性——法律的权力(合法的权力)、传统的权力、超凡的权力。在这三种纯粹形态的权力中，传统的权力是世袭得来的而不是按能力挑选的，其效率较差。超凡的权力是以对某人的特殊和超凡的神圣、英雄主义或模范品质的崇拜为基础的，其带有沉重的感情色彩并且是非理性的。因此，这两种权力都不宜作为行政组织体系的基础。而理性——法律的权力是指由社会公认的法律规定的或者掌有职权的那些人下命令的权力，所以只有理性——法律的权力才能作为理想组织体系的基础。

② 理想的行政组织体系。所谓“理想的”，是指这种组织体系并不是最合乎需要的，而是组织的“纯粹的”形态。韦伯就理想的行政组织体系的管理制度、组织结构提出了具有深刻影响的思想理论。其观点主要有明确的分工、自上而下的等级系统、人员的考评和教育、职业管理人员、遵守规则和纪律、组织中人员之间的关系。韦伯认为，理想的行政组织体系和其他组织形式相比，具有能够实现高效率的特点。

3. 第三阶段：现代管理阶段

1) 现代管理的特点

现代管理从20世纪40年代开始，直到现在。现代管理与科学管理相比，具有以下几个显著的特点。

(1) 突出了经营决策，提出了“管理的重心在经营，经营的重心在决策”。

(2) 广泛运用现代管理工具和现代科学技术。如将电子计算机、运筹学、价值工程、网络技术等应用于生产经营管理，极大地提高了管理效率和管理水平。

(3) 实行以人为中心的管理。尊重人为号召，以激励人为手段，笼络人心，鼓舞士气，并进行智力开发投资，对职工实行终身教育。

(4) 实行系统管理。把系统论、控制论原理引进企业管理中，把整个企业看作一个动态的开放系统，应用系统工程原理从系统最优化观念出发进行经营决策。

2) 现代管理学派及其管理理论

在现代管理时期，有许多管理学家和实业家从事现代管理的研究，呈现出各种学派林立的局面。他们研究的对象虽然相同，但研究的侧重点各不相同，各学派的相互补充促使管理科学的内容更加丰富。现将现代管理中几个主要学派介绍如下。

(1) 行为科学学派。行为科学是研究人类行为规律的科学。行为科学的发展是从人际关系学说开始的。人际关系学说的代表人物是乔治·埃尔顿·梅奥(1880—1949 年)。他通过著名的"霍桑实验"创立了人际关系学说，认为职工是"社会人"，企业中存在着非正式组织，新的企业领导能力在于处理人际关系，通过提高职工的满意度来提高士气。梅奥得出的主要结论是：生产效率不仅受物理、生理的因素影响，还受社会环境、社会心理的影响。梅奥所创立的人际关系学说为后来的行为科学研究奠定了基础。20 世纪 60 年代，为了避免管理学中的行为科学与广义的行为科学相混淆，出现了组织行为学这一名称。组织行为学实质是包括人际关系学说在内的狭义的行为科学。

目前，组织行为学从研究的对象和所涉及的范围来看，可分成三个层次，即个体行为、团体行为和组织行为。有关个体行为的理论主要包括两个方面。一方面是有关人的需要、动机和激励理论，可分成三大类，激励内容理论，如需要层次理论、双因素理论、成就需要理论等；激励过程理论，如期望理论，波特—劳勒模式等；激励强化理论。另一方面是有关企业中的人性理论，如 X、Y 理论，不成熟—成熟理论等；有关团体行为理论，团体行为介于个体行为与组织行为之间；有关组织行为理论，如领导性格理论、领导行为理论、领导权变理论等。这里只介绍三个基本理论，其他有关理论将在后面章节中选择介绍。

① 需要层次理论。需要层次理论是研究需要与行为动机关系的一种理论。美国心理学家亚布拉罕·马斯洛(1908—1970 年)认为人的需要取决于他已经得到了什么、尚缺少什么，只有尚未满足的需要才能够影响行为，已得到的满足不能起到激励作用。另外，他还认为人的需要是有层次的，某一层次的需要得到满足以后，另一层次的需要才会出现。因此，马斯洛创立了需要层次理论，把需要划分为五个等级：生理的需要、安定或安全的需要、社交和感情的需要、自尊和受人尊重的需要以及自我实现的需要。他认为，需要是逐步提高的，当基础需要(或当前的需要)得到满足后，才能产生更高一级的需要。马斯洛需要层次理论的需要层次结构示意图如图 1-2 所示。

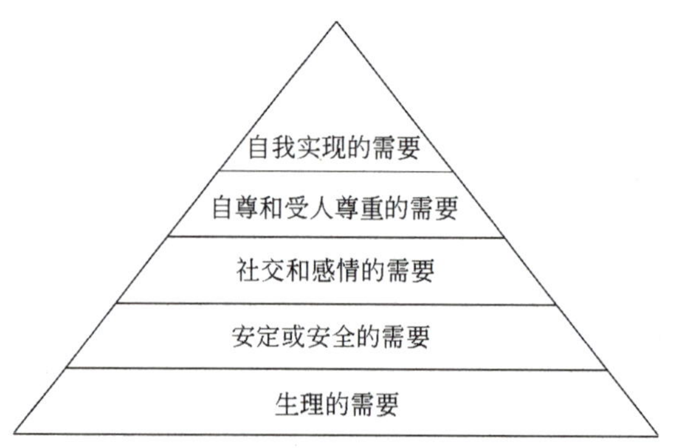

图 1-2　马斯洛需要层次理论的需要层次结构示意图

② 双因素理论。双因素理论是美国心理学家弗雷德里克·赫茨伯格(1923—2000 年)提出的。他通过访问调查的结果，把企业中的有关因素分为满意因素和不满意因素。满

意因素是指可以使人得到满足和积极影响的因素，即激励因素。不满意因素是指如果缺少它就易产生意见和消极影响的因素，即保健因素。两种因素共同影响职工的工作态度。

保健因素可归纳为10项：企业的政策与管理、监督、与上级关系、与同事关系、与下级关系、工资、工作安全、个人生活、工作条件、地位。经过反复调查，赫茨伯格发现使职工感到不满意的都属于工作环境和工作关系方面的问题。如果改善这方面的问题，消除不满情绪，能使他们维持原来的工作效率，但不能激励职工有更好的表现或提高生产效率。

激励因素是适合个人心理成长的因素，其内容包括成就、赞赏、工作本身、责任感、上进心等。赫茨伯格发现使职工有满意感的都是属于工作本身和工作内容方面的因素。这些因素具备时，可以起到明显的激励作用，可以使个人或集体以一种成熟的方式成长，使工作能力不断提高。当这类因素不具备时，也不会造成职工的极大不满。

③ X、Y理论。美国麻省理工学院教授道格拉斯·麦格雷戈(1906—1964年)于1957年首先提出X理论和Y理论。他围绕"人的本性"论述人类行为规律及其对管理的影响。

X理论主要有以下观点：人的本性是懒惰的，只要可能就会逃避工作；对大多数人来说必须进行强制监督、指挥和管理，才能使他们付出足够的努力去完成给定的工作目标；大多数人只满足平平稳稳地完成工作，而不愿意干有压力的创造性的工作。

Y理论主要有以下观点：人并非生来就是懒惰的，要求工作是人的本能，在正常情况下愿意承担责任；人们都热衷于发挥自己的才能和创造性，追求满足欲望的需要与组织需要没有矛盾，只要管理适当，人们会把个人目标与组织目标统一起来。

对比X理论和Y理论可以发现，它们的差别在于对人的看法不同，因此采用的管理方法也不同。X理论强调外因和客观因素，把人放在被动的位置上进行严密的控制，认为只有管得严才能有效益。Y理论强调内因和主观因素，注重发挥人的主观能动作用。因此，应该针对不同的情况，选择X理论或Y理论。对非技术或技术性不强的单位，采用X理论比较合适；对科学研究、工程技术或文化教育部门，采用Y理论效果会更好。

(2) 管理科学学派。管理科学学派是泰勒的"科学管理"理论的延续和发展，以运筹学、系统工程、电子技术等科学技术为手段，从操作方法、作业水平的研究向科学组织的研究扩展，同时吸取了现代自然科学和技术科学的新成果，形成了一种现代的组织管理科学。

管理科学学派有以下几个主要特点。

① 生产和经营领域的各项活动都以企业总体的经济效益作为评价标准，即要求行动方案能以总体的最少投入获得总体的最多产出。

② 借助数学模型求得最优实施方案，使各项活动效果定量化。

③ 广泛应用电子计算机进行各项管理活动。

④ 强调运用先进的科学理论和管理方法。如系统论、信息论、控制论、运筹学、概率论等数学方法和数学模型。

管理科学学派的主导思想是用先进的数学方法及管理手段，使生产力得到最合理的组织，以获得最佳的经济效益，而很少考虑人的行为因素。

管理科学解决问题的程序一般包括提出问题、建立研究系统的数学模型、对数学模型进行求解、检查数学模型和它的解的实际意义、对所求解进行控制、把方案付诸实施。

管理科学学派的代表人是布莱克特、丹齐克、丘奇曼等。其主要观点是利用数学、自然科学和社会科学知识，针对管理问题建立数学模型并求解而进行系统研究。

（3）决策理论学派。决策理论学派以统计学和行为科学为基础。决策理论是研究企业中决策行为的理论，决策理论学派的主要代表人是美国管理学家、计算机科学和心理学家赫伯特·西蒙。由于他在决策理论研究中作出了重要贡献，1978 年他获得了诺贝尔经济学奖。

决策理论学派的主要观点如下。

① 管理就是决策。西蒙等人认为，管理活动的全过程都是决策的过程。确定目标、制订计划、选择方案，是经营目标及其计划决策；机构设计、生产单位组成、权限分配，是组织决策；计划执行情况检查、在制品控制及控制手段的选择，是控制决策。决策贯穿于整个管理过程，所以管理就是决策。

② 决策分为程序性决策和非程序性决策。程序性决策是按既定的程序所进行的决策。对于经常发生的需要决策的问题，往往可以制定一个例行程序，凡遇到这一类问题，就按照既定程序进行决策，如存储问题的决策就属于程序性决策。若问题的涉及面广，又是新发生的、非结构性的，或者问题极为重要而复杂，没有例行程序可以遵循，就要进行特殊处理。对这类问题的决策就是非程序性决策。如开辟新市场、开发新产品的决策就属于非程序性决策。而且在一个企业中，上层管理者更多的是进行非程序性决策，基层管理者往往是进行程序性决策。

③ 决策过程中要充分考虑人的经验及智能。管理决策中要解决的问题往往是很复杂的，影响因素也是多样的，有些因素的影响程度难以用公式计算出来，而要靠管理者长期工作的丰富经验来确定，因此，在决策过程中，人的经验及智能是很重要的。

1.2 现代企业管理原理

原理是指某种客观事物的实质及运动的基本规律。管理原理是对管理工作的实质内容进行科学的分析总结而形成的基本规律，是现实管理现象的抽象，是对各项管理制度和管理方法的高度综合与概括，因此对管理活动具有普遍的指导意义。现代企业管理原理主要有人本原理、系统原理、效益原理、权变原理。

1.2.1 人本原理

1. 人本原理的含义和基本内容

人本原理是指在管理过程中要树立以人为中心的观念，有效地调动人的积极性、智慧和创造力，为管理系统的高效运作和功能的优化提供动力基础与保证。人本原理是关于企业管理核心的原理。企业是以人为主体组成的，企业竞争的活力和发展的潜力来自人，企业为满足人的需要而开展生产经营活动。因此，以人为本，以人为核心，是一切管理活动的出发点和落脚点。

人本原理的基本内容包括以下三个方面。

(1) 以人为本,以人为核心的管理观念。企业是为满足自身需要和市场需要,以人为主体构成的组织。企业管理是挖掘人的创造潜力以实现企业预定目标的过程。高素质的人才是企业最重要和最宝贵的资源。在市场经济条件下,企业与企业的竞争归根结底是人的竞争。企业全体劳动者的积极性、智慧和创造力是企业活力的根本源泉。因此,企业管理必须以人为本,以人为全部管理工作的核心。

(2) 以企业文化为主体的管理模式。企业文化是指一个企业从上到下所共有的、属于统治地位的、独特的价值观念、行为准则、传统习惯和作风。它对于凝聚企业职工的意志、规范和引导职工的行为、从根本上调动职工的积极性和做好企业管理具有重要的意义。

(3) 管理模式中理性化与非理性化的统一。企业管理的核心是人,而人按其本性而言绝非纯理性的,感性和心理因素的比重不容忽视。因此,过分拘泥于理性主义为基石的所谓"科学"和"理性"的手段是不足取的。

2. 人本原理的应用

人本原理在企业管理中的应用,应把握好以下几个方面。

(1) 以服务为宗旨。既要为用户服务,又要为职工群众服务。只有努力为用户服务,满足用户的需求,企业才能赢得市场,增加盈利。也只有为职工群众服务好,才能调动起职工的积极性和创造性,增加企业的活力和发展动力。

(2) 建立起以人为核心的双向管理模式。如果把技术和管理比作企业腾飞的两个"轮子",那么人才则是连接"轮子"的轴,它带动并制约着两个"轮子"的旋转。因此,要谋求企业的发展,必须建立起全方位调动职工积极性的双向管理模式,即从"命令—服从"的单向管理模式转向"目标—参与"的双向管理模式,把管理的重心由物转向人,并逐步建立起一整套的激励职工积极性和创造性的动力机制。

(3) 注重企业文化的塑造,建立严爱结合的管理哲学。企业文化的核心是积淀于企业及其职工心灵中的意识形态,如理想信念、道德规范、价值取向和行为准则等。

(4) 加强和完善企业的民主管理。让职工有更多的机会直接参与管理,在满足他们基本物质需要的前提下,在参与管理的过程中实现自身的价值,使职工有成就感。

(5) 重视人力资源的开发。要重点抓好企业员工从招聘、使用、评价到培养和激励等全过程的开发。要为人才成长创造良好的环境,要不断提高企业员工的整体素质,充分挖掘人的潜能。

1.2.2 系统原理

1. 系统原理的含义及特征

系统原理是关于企业管理整体的原理。运用系统理论对管理工作进行研究,以达到现代化管理的优化目标,这就是管理的系统原理。

系统是指由若干相互联系、相互作用的部分组成,在一定的环境中运行并具有特定功能的有机整体。除了自然系统外，凡是经人工改造或由人工创造的系统，都称为社会人工系统。企业管理就是一个社会人工系统。

社会人工系统具有以下特征。

（1）目的性。系统都具有某种特定的目的，为了实现这个目的而具有特定的结构和功能。

（2）整体性。系统不是各个要素的简单集合，而是各个要素按照同一目的，依据一定规则行动的集合体，它要以整体的观念来协调要素间的联系，使系统的功能达到最优。

（3）层次性。系统都是由子系统构成的，这些子系统又由比它更下一层的子系统构成，最下层的子系统由组成该系统的基础单位的各个部分组成。这样系统可由好几个层次组成，在观察一个系统时，要注意系统的层次性。

（4）环境适应性。任何一个人工系统都附属于另外更大的系统，都存在于系统环境中，大系统和系统环境都在变，必然影响所属系统，所属系统要存在，就必须要有相应的变化，否则就不能继续存在。

2. 系统原理的应用

在管理工作中运用系统原理分析问题时，要特别注意系统的特征。

（1）系统的目的性说明每个系统都具有特定的目的，并根据系统的目的和功能建立系统的结构。因此，企业结构的建立要依据企业的目的和功能，要根据企业所生产产品的结构、工艺特点、生产规模等参数来确定企业的生产单位。不同类型的企业，其管理机构和生产经营单位是不同的。

（2）系统的整体性要求从事各项管理工作都有整体观念，即从全局出发来考虑问题。系统功能不等于要素功能的简单叠加，而是整体大于各个部分功能的总和。因此，在管理活动中，要以整体为主进行协调，局部要服从整体，使整体效果最优。

（3）系统的层次性要求各层次的子系统必须职责分明，各司其职，具有各层次功能的相对独立性和有效性。要正确处理好上下管理层次间的纵向关系和同一管理层次之间的横向关系，要分清层次、明确职责，避免越级指挥。

（4）系统的环境适应性要求各子系统必须依附于比它更大的系统，要适应大系统的变化。企业作为人工的开放系统，要想在激烈的市场竞争中求得生存和发展，必须主动面向市场、面向用户。只有企业的产品或服务得到了消费者的认可，企业才能不断发展壮大。

1.2.3 效益原理

1. 效益原理的含义

效益原理是关于企业管理目的的原理。按照市场经济的要求，企业要实现利润最大化，不断提高竞争能力，就必须以获得经济效益为主要目的。因此，企业生产经营活动的目的就是要千方百计地提高企业的经济效益。企业要通过加强管理工作，做到以尽量少的活劳动消耗、物化劳动消耗和尽量少的资金占用，生产出尽可能多的符合社会需要的产品，不断提高经济效益，这就是管理的效益原理。

效益、产出和投入三者之间的关系可表达为

$$效益=\frac{产出}{投入}$$

则企业的效益可有以下三种情况。

(1) 产出小于投入，即效益小于 1。企业经营如果长期处于亏损状态，又无力扭转，企业系统的运行就要终止。

(2) 产出等于投入，即效益等于 1。这时是处于盈亏平衡状态，如果企业外部环境和内部条件没有大的变化，经营管理搞得好些，企业还可以维持简单再生产。

(3) 产出大于投入，即效益大于 1。这是良好的经营状态，企业可以扩大再生产和提高职工的物质生活水平。

2. 效益原理的应用

效益是管理的根本目的，管理就是对效益的不断追求。在企业管理中应用效益原理，要注意抓好以下几个方面的工作。

(1) 建立经济效益保证体系。所谓经济效益保证体系，是运用系统的概念和方法，根据提高经济效益的要求，从企业整体出发，把各部门、各环节结合起来，规定各自在提高经济效益方面的具体职责、任务和权限而建立的协调管理系统。

(2) 加强企业管理的基础工作。做到基础工作，促进活劳动和物化劳动消耗的节约，减少投入，增加有效产出。

(3) 注意企业整体素质的提高。处于科学技术迅速发展、企业之间竞争激烈环境中的企业，为使其产品和服务能符合市场的需要，获取盈利，就必须不断地从整体上提高企业素质，增强企业的竞争实力。

(4) 推行各种现代管理方法。价值工程、网络计划技术、本量利分析等各种现代化管理方法的运用都可以促进企业经济效益的提高。

(5) 用指标评价经济效益。评价指标有三类：一是产出类，包括品种、质量、销量、产值、利税等指标；二是投入类，包括单位产品成本、原材料消耗、能源消耗等指标；三是综合效益类，包括资金利税率、人均净产值、流动资金周转率、产品适销率、可比产品成本降低率等指标。

1.2.4　权变原理

1. 权变原理的含义和基本内容

权变原理是关于管理模式的原理。所谓权变原理，是指为适应环境的变化而选择相应的管理模式和管理方法。

权变原理的基本内容包括以下几个方面。

(1) 世界上不存在永恒而理想的管理模式。企业的情况以及它们所处的环境是多种多样的，要找到一种现成的、适应各种类型企业的万能管理模式是不可能的。因此，管理模式的选择必须立足于“权变”。

(2) 权变原理着重研究环境变量对管理行为的影响，它指明有效的管理依环境变化而异。企业存在于一定的社会环境中，企业与环境是相互依存的关系。环境制约着企业的生存与发展，企业同样影响着环境。因此，企业要适应环境变化而相应地改变管理。这里既有“质”的适应和驾驭，又有“量”的把握和处理。

(3) 在企业内部，权变原理着重研究权变因素对管理行为的影响，指明在不同的权变因素搭配下，应采取不同的管理模式。即应根据不同的工作、不同的条件、不同的人员，采取不同的组织结构和管理方法。有效的管理者是那些适合群体环境并能与之紧密配合的人。

(4) 权变原理强调管理必须与实践相结合，要求管理的各种活动服从企业内外环境的要求。

2. 权变原理的应用

权变原理在企业管理中的应用，要把握好以下几个方面。

(1) 注意分析权变因素对管理的影响，因地制宜地设计或选择适当的管理模式。在企业管理中，对管理模式选择构成影响的权变因素有很多，如外部环境的复杂性、多变性和可预测性，企业任务的多样性和规范性，企业职工的素质，管理人员的能力和经验等。因此，要结合企业自身的实际，选择合适的管理模式。

(2) 保持管理职能的适度弹性。为保证企业生产经营活动的正常进行，计划、组织、控制等管理职能都必须相对稳定。但为了适应企业内外环境的变化，也必须保持适度的弹性。如计划要有严肃性，不能朝令夕改，但也要有备选方案，保持适度的可塑性。

(3) 保持经营管理策略的高度灵活性。为适应复杂多变的管理对象和环境，企业在经营方向和经营方式上要考虑多种形式。在领导方式上，要根据任务性质、上下级关系和被领导者素质等，采取灵活多样的方式。在调动职工积极性上，要根据职工的思想觉悟和实际需要，采用恰当的手段和方法。

(4) 注重提高企业管理人员的能力和技巧。企业管理人员既要注重企业管理新理论和新技巧的学习，理论结合实际，大胆创新，又要注重通过实践提高自身的能力和素质；既要认真总结和学习我国企业管理的成功经验，也要不断吸收和借鉴国外企业管理有益的经验与技巧。

(5) 增强改革和创新观念。为适应市场经济的要求，企业管理人员要不断提高自身的素质，与时俱进，不断增强改革和创新的观念。

1.3 企业文化

1.3.1 文化与企业文化

1. 文化的含义

在西方，“文化”一词来源于拉丁文 Cwltura。但不同学科、不同流派从不同角度对“文化”一词有不同的界定。

《现代汉语词典》对文化的解释是：“人类创造的物质财富和精神财富的总和，特指精神财富，如文学、艺术、教育、科学等。”

英国人类学家爱德华·泰勒爵士，在1871年为文化下的最为经典的定义是：“包括知识、信仰、艺术、法律、道德、风俗以及作为一个社会成员所获得的能力与习惯的复杂整体。”

《美国传统辞典》对文化的定义是：“社会上相沿承袭的行为方式、艺术、信仰、习惯以及人类工作和一个社会或全体居民的思想特点的所有其他产物的总和。”

美国当代人类学家对现代文化的定义为：“文化是一系列规范或准则，当社会成员按照它们行动时，所产生的行为应限于社会成员认为合适和可接受的变动范围。”

综上所述，文化是一系列习俗、规范和准则的总和，起着规范、引导和推动社会发展的作用。

2. 企业文化的含义

企业文化是指处于一定经济、社会、文化背景下的企业，在长期生产经营过程中逐步形成和培养起来的独特的且为企业全体员工共同持有、共同遵守的企业精神、价值观念、经营理念、行为准则，以及蕴含在企业制度、企业形象、企业产品中的文化特色。企业文化是企业理念形态文化、物质形态文化和制度形态文化的复合体。

3. 企业文化的特征

企业文化既是一种独特的文化，又是一种管理理论，因此，企业文化有文化的共性，但又不同于一般社会文化。它有着严格的内涵和外延，归纳起来，企业文化有以下基本特征。

(1) 人本性。企业文化的核心是以人为本，在肯定群体意识和精神的巨大作用下，强调在管理中进行思想教育和作风培养。通过尊重人、理解人、关心人、教育人、激励人的潜移默化的效应，充分发挥全体职工的积极性、创造性，最大限度地提高企业的经济效益，塑造和维护企业的最佳形象。

(2) 独特性。每个企业都有自己独特的历史、类型、规模、性质等。因此，在企业发展过程中，必然会形成具有本企业特色的价值观、经营准则、经营作风、道德规范等。也就是说，每个企业的企业文化都应具有鲜明的个性和独特性，在一定条件下，这种独特性越明显，其内聚力就越强。

(3) 和谐性。企业的生存和发展离不开它所处的社会环境。优秀的企业文化都追求与社会环境、经济发展的和谐，其经营目标、经营作风、经营特色都以满足社会的需求、促进社会进步和经济发展为己任。

(4) 时代性。企业的时空环境是影响企业生存和发展的重要因素，企业文化是时代的产物。优秀的企业文化应当能够让人从中把握时代的脉搏，感受时代赋予企业的勃勃生机。例如，20世纪60年代的“大庆文化”和20世纪90年代的“邯钢文化”都深刻地反映了时代特点与风貌，反映了它们所处的经济和政治环境。

(5) 可塑性。企业文化的形成既受企业传统文化因素的影响，又受现实的管理环境和管理过程的制约。因此，面对新的环境，企业必须积极地倡导新的准则、精神、道德和风尚，在继承和发扬传统文化精华的同时，塑造和形成新的企业文化。

1.3.2 企业文化的结构与功能

1. 企业文化的结构

“结构”一般是指各个组成部分的搭配和排列。日本人把企业文化的结构分为三个部分：企业哲学、企业教养和企业伦理。美国人则把企业文化的结构分为五大要素：企业环境、价值观念、英雄人物、文化仪式及文化网络。我国学者认为企业文化的结构大致可分为精神层、制度层和物质层。

1）企业文化的精神层

企业文化的精神层又叫精神文化，相对于企业物质文化和行为文化来说，企业精神文化是一种更深层次的文化，在整个企业文化系统中处于核心地位。

精神文化是指企业的领导和职工共同信守的基本信念、价值标准、职业道德等，它是企业文化的核心和灵魂，是形成企业文化物质层和制度层的基础。企业文化的精神层包括以下几个方面。

(1) 企业精神。它是现代意识与企业个性相结合形成的一种群体意识，是企业全体（或多数）员工共同信守或拥有的基本信念、意志品质和思想境界。每个企业都有各具特色的企业精神，它往往以简洁而富有哲理的语言形式加以概括，通常通过厂歌、厂训、厂规、厂徽等形式形象地表现出来。企业精神随着企业的发展而逐步形成并固化下来，是对企业现有的观念意识、传统习惯、行为方式中的积极因素进行总结、提炼及倡导的结果。它可以激发企业员工的积极性，增强企业的活力。

(2) 企业最高目标。它是企业全体员工的共同追求，是全体员工共同价值观的集中表现，同时又是企业文化建设的出发点和归宿。一个企业的最高目标反映了企业领导者和职工的追求层次与理想抱负。有了明确而崇高的企业目标，就可以发动群体，激发广大职工的主动性、积极性、创造性，增强其成就感，还可以防止短期行为。长虹集团把“产业报国、民族昌盛”作为自己的最高目标，这样就把企业的命运与国家、民族的利益密切联系起来，形成了高尚的企业追求。

(3) 企业经营哲学。它是企业在经营管理过程中提出的世界观和方法论，是企业在处理人与人、人与物关系上形成的意识形态和文化现象。只有以正确的企业经营哲学为基础，企业内的资金、人员、设备才能真正发挥效力。有了正确的企业经营哲学，企业领导者处理企业生产经营管理中发生的一切问题才会有正确的依据。企业经营哲学的形成是由企业所处的社会经济制度及周围环境等客观因素决定的，同时也受企业领导人价值观念、政策水平、知识水平、实践经验、思想方法、工作作风及性格等主观因素的影响。虽然企业经营哲学与企业领导人的关系最为密切，但也应为广大职工所认可和接受；否则，它就难以得到很好的贯彻。

(4) 企业风气。企业作为一个社会群体，有其特有的风气。它是企业文化的外在表现，是企业及其职工在长期的生产经营活动以及共同的生活中逐步形成的一种精神状态及精神风貌。人们总是通过一个企业职工的言行举止感受到这个企业的风气，通过企业风气又可以体会到企业全体职工共同遵循的价值观念，从而深刻地感受到该企业的企业文化。

企业风气是约定俗成的行为规范，是企业文化在职工的思想作风、传统习惯、工作方式、生活方式等方面的综合反映。企业风气一旦形成就会在企业内形成一定的氛围，形成企业集体的定式，形成集体多数成员一致的态度和行为方式，因而成为影响企业全体成员的无形的巨大力量。

(5) 企业道德。企业道德是依靠社会舆论和人的信念来维持的，是企业内部调整人与人、单位与单位、个人与集体、个人与社会、企业与社会之间关系的准则和规范。其内容包括道德意识、道德关系和道德行为三个部分。道德意识是道德体系的基础和前提，它包括道德观念、道德情感、道德意志和道德信念；道德关系是人们在道德意识支配下形成的一种特殊的社会关系；道德行为是人们在道德实践中处理矛盾冲突时所选择的某种行为。

(6) 企业宗旨。企业宗旨是指企业存在的价值及其作为经济单位对社会的承诺。作为从事生产、流通和服务活动的经济单位，企业对内、对外都承担着义务。对内，企业要实现其发展，使职工获得基本的生活保证并不断改善其福利待遇；对外，企业要生产出合格的产品，提供满意的服务，满足消费者的需求，从而为社会物质文明和精神文明的进步作出贡献。

2) 企业文化的制度层

企业文化的制度层又叫企业制度文化，它是具有本企业文化特色的各种规章制度、道德规范和职工行为准则的总和。企业制度文化是企业为实现自身目标对员工的行为给予一定限制的文化，它具有共性和强有力的行为规范的要求。企业制度文化的“规范性”来自员工自身以外，带有强制性的约束。

在企业文化中，企业制度文化是人与物、人与企业运营制度的结合部分，它既是人的意识与观念形态的反映，又由一定物的形式所构成。同时，企业制度文化的中介性还表现在它既是适应物质文化的固定形式，又是塑造精神文化的主要机制和载体。正是由于企业制度文化这种中介的固定、传递功能，它对企业文化的建设具有重要作用。企业制度文化的主要内容如下。

(1) 规章制度。规章制度是指企业内部标准化、专业化和规范化的管理制度。制度问题带有根本性、全局性、稳定性和长期性。一个企业的经营宗旨、管理风格、目标追求都需要制度来加以保证，而从众多制度的背后，往往又可以找出该企业的文化风格。企业文化对职工行为的导向和制约作用主要也是通过制度和行为规范来体现的。

企业制度是实现企业目标的可靠保障；企业制度是调节企业内部人际关系的基本准则；企业制度是组织企业生产经营、规范企业行为的基本程序和方法；企业制度是其内部各部分之间相互联系的纽带，是企业各方面正常运转的实际根据。

(2) 英雄人物行为(企业楷模)。如果说价值观是文化的灵魂，那么英雄人物就是价值观的人格化，并集中体现了组织的力量所在。英雄人物是一个企业强有力文化中的核心人物，他们创造了供职工效仿的楷模角色。在企业文化的建设中，英雄人物是一个至关重要的角色。因为无论企业领导者或企业文化建设组织者如何精心组织或多方努力，行为规范在相当一部分职工看来，是比较抽象的东西，对执行行为规范之后的作用也往往持怀疑态度，这时就需要英雄人物身体力行、以身作则，通过自己的模范行为来使广大职工切实体会到执行行为规范的重要性，使企业文化得到人格化的体现，具有强大的感召力和影响力。

(3) 礼仪活动。礼仪是指人们与他人交往的秩序、方式以及实施交往时的外在表象方面的规范。它包括平常说的礼貌、礼节、仪表、仪式和礼俗等多方面的内容。礼仪作为人们的行为准则，在社会中占有很重要的位置。就个人来讲，礼仪是一个人思想水平、文化修养和交际能力等的外在表现；就社会来讲，礼仪是精神文明建设的重要组成部分，是社会文明程度、道德风尚和生活习俗的反映。

企业礼仪可以从一个侧面反映企业的精神面貌，是企业文化的一个重要内容。良好的企业礼仪可以促进和影响企业生产经营各方面管理工作的发展，可以增强企业内部的凝聚力，可以增强职工的集体主义精神和爱厂如家的责任感。

3) 企业文化的物质层

企业文化的物质层也叫企业物质文化，是由企业职工创造的产品和各种物质设施等构成的器物文化，是精神层的载体，往往能折射出企业的经营思想、经营管理哲学、工作作风和审美意识。

企业生产的产品和提供的服务是企业生产经营的成果，是企业物质文化的首要内容。其次是企业创造的生产环境、企业建筑、企业广告、产品包装与设计等，它们都是企业物质文化的主要内容。

企业文化的物质层主要包括：企业标志、标准字、标准色；厂容厂貌；现代意义的产品；企业的技术工艺设备特性；厂服、厂旗、厂徽、厂花、厂歌；企业的文化体育生活设施；企业造型或纪念建筑；企业的纪念品；企业的文化传播网络，如报纸、刊物、广播电视、宣传栏、广告牌等。

企业文化的物质层的稳定性较强。例如，风靡全球的可口可乐，它那独特的红白两色标志，历经百年，基本上没有变更过。又如，美国汽车的特点是豪华、马力大，日本汽车的特点是省油，德国“奔驰”汽车的特点是耐用，英国“劳斯莱斯”汽车的特点是华贵，这些特点已维持了几十年甚至上百年。正因如此，各国汽车才能各占一份市场，共存共荣。

从上面的分析可知，精神层、制度层和物质层从内到外形成企业文化的结构。这种结构不是静态的，它们之间存在着相互的联系和作用。这些组成部分也不是并列的关系，而是具有层次性，这些层次以一定规律互相制约、互相影响，从而构成一个有机的整体。也就是说，可以把企业文化看成物质文化、制度文化和精神文化三个层次的同心圆。首先，精神层是企业文化中相对稳定的层次，它决定着物质层和制度层，是企业文化的核心和灵魂；其次，制度层是物质层和精神层的中介，精神层通过制度层影响物质层，企业文化对职工行为的导向和制约作用主要也是通过制度规范来体现的；最后，物质层是企业文化的外在表现，是精神层和制度层的物质载体。

2. 企业文化的功能

企业文化的功能是指企业文化在企业生存和发展中所起的作用。在企业的生产经营实践中，企业文化具有多种功能，主要可以概括如下。

(1) 导向功能。企业文化的导向功能是指企业文化能对企业整体和企业每个成员的价值取向及行为起导向作用,使之符合企业的目标。其主要表现在两个方面:一方面,对企业成员个体的心理、性格、行为起导向作用,即对个体的价值取向和行为取向起导向作用;另一方面,对企业整体的价值取向和行为取向起导向作用。

企业文化的导向方法与传统管理中单纯强调硬性的纪律或制度有所不同,它强调通过企业文化的塑造来引导企业成员的行为,使人们在一种文化的潜移默化中接受共同的价值观念,自觉地把企业目标与个人目标有机地结合起来。

(2) 凝聚功能。当一个企业的文化价值观被企业成员认同之后,它就会成为一种黏合剂,从各方面把企业成员团结起来,在共同认识的基础上,使企业具有一种巨大的向心力和凝聚力。

企业文化所体现的强烈的集体意识是增强企业凝聚力的内在动力,会使企业职工产生很强的归属感。企业文化以人为主体,强调尊重人、爱护人、关心人。这样,就自然会使企业职工对自己企业的生存、发展具有强烈的责任感和使命感。职工把自己当作企业的主人翁,把个人价值的实现同企业命运连在一起,为企业尽责效力。

企业文化还具有很强的排他性。事实上,这种排他性是与内聚性紧密联系在一起的,它们互为表里。对外的排他性在某种意义上是增强对内的凝聚力。外部排斥和压力的存在会使个体产生一种对群体内部的依赖,同时也使个体对外部异质体增强敏感性和竞争性,促使个体凝聚于群体之中,形成互相依存的"命运共同体",从而大大增强群体内部的团结和统一,使企业在竞争中形成一股强大的力量。

(3) 激励功能。所谓激励,就是通过外部刺激,使企业职工产生一种情绪高昂、奋发进取的力量。企业文化通过一种文化效应,在企业内部创造重视人、尊重人、理解人、关心人的良好环境,企业领导者利用文化意识进行管理,激发职工的工作热情,启发、诱导、刺激人们的潜在能力和智慧,使企业活力的源泉永不枯竭。

企业文化激励功能的形式主要有目标激励、尊重激励、感情激励、奖励激励和领导行为激励。

(4) 约束功能。组织的凝聚力、协调及控制可以通过制度、纪律等"刚性连接件"产生,但不如由共同的价值观、信念、行为准则这些"内部黏合剂"更有效,其契约成本更低。因为制度、纪律不可能面面俱到,制度纪律的制定与执行是需要付出成本的。制度与纪律难以适应复杂多变及个人作业的管理需要,而一旦积极向上的价值观、信念和行为准则成为人们思想意识的一部分,就可以形成自觉的行动,实现自我控制和自动协调。

企业文化是企业的群体行为规范,它对该企业全体成员的行为有一种无形的群体压力,对企业每个成员的思想和行为具有约束与规范作用。企业文化的约束功能主要通过道德规范、伦理道德、社会公德、规章制度等起作用。一旦某人违反了组织的规范,就会感到内疚、不安、自责,进而自动去修正自己的行为。把企业的要求转化为个人的自觉行为,实现个人目标与企业目标的高度一致。

(5) 辐射功能。从国内外成功企业的例子来看,一个企业的文化一旦形成较为固定的模式,各方面都较为成熟,不仅在企业内发挥作用,对本企业产生影响,而且也会通过各种渠道传播到企业外部，对社会产生一定的影响。

企业文化辐射的主要途径有：软件辐射，即企业精神、企业价值观、企业伦理道德规范和企业职工行为等发散和辐射；产品辐射，即企业以产品为载体对外辐射；人员辐射，即通过企业人员自觉或不自觉的言行举止所体现的该企业的价值观和企业精神，向社会传播文化；宣传辐射，即通过具体的宣传工作使企业文化得到传播。

1.3.3 企业文化建设

企业文化反映一定历史时期社会经济形态中企业活动的需要，企业文化建设是一项长期的复杂的系统工程，它与企业的生产经营活动紧密联系在一起，是一个循序渐进的动态过程。由于环境和民族文化的不同，建立和维系企业文化就有其不同的途径。企业文化建设的过程可分为以下几个步骤。

1. 需求分析与战略准备

进行企业文化建设必须先明确本企业所需要的企业文化，制定企业文化建设的战略规划，这是企业文化建设的前提和基础。具体来说，应该是系统分析企业的内外环境，广泛收集信息，确定所需企业文化的内容和特征，并对企业文化建设的时间进度、方式方法等基本问题进行一个总体的规划。企业的内部环境是指企业构成要素，如人力、物力、财力、技术等的具体状况，以及企业的生产、经营、管理、控制等活动的实际情况。企业的外部环境既指国家的政治、经济、文化等方面的总体状况，也指企业的行业与竞争对手的具体情况。企业文化的形成发展是企业内外环境交互作用的结果，企业的内外环境是影响企业文化发展变化的根本原因，“一个强有力的价值系统最为严厉的风险之一就是经济环境可能改变，而共享的价值观则继续以一种对组织毫无帮助的方式在指导人们的行为”。企业的内外环境决定了企业的发展战略，决定了企业需要什么样的企业文化。而且每一个企业所面临的具体的内外环境是有差异的，因而对企业文化的需求状况也是不同的。因此，制定企业文化战略时就要遵循企业内外环境制约企业文化发展变化的客观规律，密切结合本企业实际，包括企业已有的文化观念，而不能简单地移植美国或日本的企业文化模式。

2. 内容提炼与模式构建

企业文化建设的第二步是依据企业文化战略，在环境分析的基础上进一步归纳总结，提炼出企业文化的基本内容，并形成相对完整的体系。一个完整的企业文化体系的基本内容包括企业精神文化和企业物质文化，具体来说包括企业的价值观念、目标宗旨、行为模式、制度规范、企业环境以及企业的产品、形象、生产设备等，其中企业的价值观念是企业文化核心的核心，企业价值观念的提炼也是整个企业文化内容提炼的首要问题。而且企业价值观念本身也是一个复杂的结构体系，其纵向结构包括员工个人的价值观、正式和非正式群体的价值观以及整个企业的价值观；其横向结构包括企业的经济价值观、企业的社会伦理价值观以及企业的环境价值观等。因此，必须认真地做好企业价值观念的提炼工作。有了企业价值观念这个核心之后，企业文化建设就有了基本框架和努力方向，接下来再围绕这个核心由内到外进行整个文化体系的构建。企业的实体文化建设是企业文化建设的重要环节，包括企业的制度文化建设、企业的行为文化建设以及企业的物质文化建设等内容，其直接目的是为企业精神文化的进一步完善和功能发挥提供必需的硬件设施与有利的制度环境。虽然企业精神文明建设是实体文化建设的前提，但是二者在时间上并不是绝对的前后相继的，在整个企业文化建设的过程中二者有时可以是并行的，甚至有时实体文化建设可以发生在精神文明建设之前。企业文化内容提炼的最高境界是要得出适合于本企业的企业文化模式，为此应针对本企业的具体情况，动员全体员工参与企业文化的设计，听取顾客、合作伙伴乃至竞争对手的意见和建议，广泛征集各种设计方案并进行比较综合，进一步提炼，把本企业的经营信条、行为准则、共同理想、经营目标、社会责任和职业道德全部纳入企业文化中，提炼出体现本企业特色的企业文化模式。

3. 倡导强化

企业文化建设绝不仅仅限于理论方案的设计，其更重要的内容在于将理论方案应用于企业的生产经营实践中，让企业文化渗透到企业的方方面面，在实践中发挥作用，并在实践中不断完善、不断进步。企业文化在企业中的渗透通常不是一个自发的过程，需要企业的关键人物，尤其是企业家进行提倡和引导，并且需要通过一定的方式让员工认同和接受，进而内化成自觉的意识。企业文化的倡导与强化是整个企业文化建设工程中最为关键的步骤，主要是将企业文化的核心观念在企业中培育和推广，并以此为旗帜引导和规范企业的经营活动及员工行为。企业文化的倡导与强化的具体方式有很多，如宣传教育、树立典型、设计礼仪以及建设纵横交错的文化网络等。企业文化建设是一个长期的系统工程，对员工进行企业文化强化不可能“毕其功于一役”，必须注重员工的日常生活对企业文化建设的作用，企业文化产生的必要条件是“企业成员在相当的一段时间内保持相互间的交往并且无论从事何种经营活动均获得相当的成就”。

4. 完善与创新

企业文化建设不是能一蹴而就的，需要不断地丰富完善。与企业文化完善相联系的过程是企业文化的创新。企业的内外环境是不断变化的，企业对企业文化的需求也是不断变化的，企业文化的存在环境也在不断变化，这一系列变化要求企业文化必须不断完善、不断创新。企业文化的建设过程本身就是企业文化的完善与创新过程，企业文化的不断完善和创新是企业文化建设最为本质的概括。企业文化的不断完善与创新是全方位的，既包括精神文化也包括实体文化。企业文化的创新是企业的灵魂，是促进企业发展的不竭动力。影响企业文化创新的因素主要有企业家的经营管理水平和经营理念变化、企业员工素质的变化以及企业生产规模和行业性质的变化等，其中企业家是影响企业文化创新的核心因素。只有不断充实和发展的企业文化，才能适应企业不断发展的需要，才能永远具有旺盛的生命力。

案例分析

案例 1.1 张瑞敏的管理哲学

张瑞敏的管理哲学是：日本管理的团队意识和吃苦精神加上美国管理的个性舒展与创新竞争再加上中国传统文化的管理精髓。张瑞敏的管理哲学是出自管理理论与实践的良好结合——从实践上升到理论再指导实践。

他的管理哲学中有一些非常生动的内容，如“吃休克鱼”。在中国，人们往往将企业间的兼并收购比喻为“吃鱼”，或是“大鱼吃小鱼”(大企业兼并小企业)，或是“小鱼吃大鱼”。在市场经济发达的国家，企业的兼并需经过三个阶段：第一阶段是“大鱼吃小鱼”，也即弱肉强食；第二阶段是“快鱼吃慢鱼”，技术先进的企业吃掉落后的企业；第三阶段是“鲨鱼吃鲨鱼”，也即强强联合。但是在中国，国企之间的兼并却不会出现这三个阶段，因为是国有的，企业只要有一口气，就不会被吃，且“小鱼不觉其小，慢鱼不觉其慢，各得其所”(张瑞敏语)。“死鱼”就根本不能吃。这是由中国的国情决定的。张瑞敏的管理哲学正是建立在这个基础上的，既不能吃“活鱼”，又不能吃“死鱼”，唯有吃“休克鱼”。

所谓“休克鱼”，是指企业表面上死了，但是肌体还没有坏，只是处于“休克”状态，企业的管理有严重问题，停滞不前。在短短的几年里，海尔通过资产重组、控股联营，兼并盘活亏损总额5.6亿元的18个企业，以无形资产盘活有形资产18.2亿元。海尔吃“休克鱼”式企业兼并的管理经验被编入哈佛商学院教材，张瑞敏也因此成为第一个走上哈佛讲坛的中国企业家。

张瑞敏对当前国际管理的发展趋势非常重视，也善于从中吸取可以为己所用的东西。近年来，他加强企业内部的调整，成立了物流和商流部门，发展注重国内外并重，并且加快发展网上商务。张瑞敏极其强调速度，认为速度就是生命。海尔和中国建设银行合作，建立了支付网络，加快了物流和商流的速度。

问题：

(1) 在管理实践中，为什么既要注重理论学习又要学会在实践中创新？

(2) 张瑞敏的管理哲学对你有何启示？

案例 1.2 “红包”的风波

20世纪80年代，我国的国有企业G在学习引进国外先进管理经验和方法时，为了打破“吃大锅饭”的局面，企业领导在发放年终奖时，采用发放红包的形式。红包是企业员工从财务部门领取的一笔奖金，它是根据员工在一年中的出勤情况和工作业绩来发放的。企业在发放红包时要求员工相互不得询问对方的奖金数额。这种方法在国外很盛行。但事与愿违，企业采用这种奖励方式却引来了员工的纷纷议论，大家相互猜疑、相互攀比，并表示对这种红包制度非常不满，要求企业领导将分配方案公开。

问题：

(1) 为什么红包制度在该国国有企业中会遇到这么大的阻力？

(2) 请结合管理的性质分析这一现象。

案例 1.3 康洁利公司的“洋经理”

康洁利公司是一家中外合资的高科技专业涂料生产企业，总投资594万美元，其中固定资产324万美元，中方占有60%的股份，外方占有40%的股份，生产玛博伦多彩花纹涂料等11个系列的高档涂料产品。这些高档产品不含苯、铅等有害物质，无毒无味，在中国有广阔的潜在市场。

开业在即，谁将出任公司总经理呢？外方认为，康洁利公司引进的20世纪90年代先进的技术、设备和原材料均来自美国，中国人没有能力进行管理，要使公司迅速发展壮大，必须由美国人来管理这个高新技术企业。中方也认为，由美国人来管理可以学习借鉴国外企业的管理方法和经验，有利于消化吸收先进的技术和提高工作效率。因此，董事会形成决议：从美国聘请米勒先生任总经理，中方推荐两名副总经理参与管理。

米勒先生年近花甲，但身心健康，充满自信。他有18年管理涂料生产企业的经验，自称“血管里流淌的都是涂料”，对振兴康洁利公司胸有成竹。公司职工也都为有这样一位“洋经理”而庆幸，想憋足劲大干一场，好好地赚钱。

谁料事与愿违，公司开业9个月不但没有赚到一分钱，反而亏损70多万元。当一年的签证到期时，米勒先生被总公司的董事会正式辞退了。1994年3月26日，米勒先生失望地返回美国。来自太平洋彼岸的“洋经理”被“炒鱿鱼”的消息在康洁利公司内外引起了强烈的反响，这位曾经在日本、荷兰主持建立并成功地管理过涂料工厂的“洋经理”何以在中国“败走麦城”呢？这自然成了议论的焦点。

多数人认为，米勒先生是个好人，工作认真，技术管理上是内行，对搞好康洁利公司怀有良好的愿望，同时，在吸收和消化先进技术方面做了许多工作。他失败的主要原因是不了解中国的实际情况，完全照搬他过去惯用的企业管理模式，对中国的许多东西不能接受，在经营管理方面缺乏应有的弹性和适应性。中方管理人员曾建议根据中国国情，参照我国有关“三资”企业的成功管理模式，结合国外先进的管理经验，制定一套切实可行的管理制度，并严格监督执行。对此，米勒先生不以为然。他的想法是“要让康洁利公司变成一个纯美国式的企业”。他对计划不信任，甚至忧虑，以致对正常的工作计划都持抵触态度，害怕别人会用计划经济的一套做法干预他的管理工作。米勒先生煞费苦心地完全按照美国的模式设计了公司的组织结构并建立了一整套规章制度，但最终还是使一个生产高新技术产品且有相当实力的企业缺乏活力，在起跑线上停滞不前，陷入十分被动的局面。

也有人认为，米勒先生到任后学会的第一个中文词就是“关系”，而他最终还是因搞不好关系而离华返美。

对于中国的市场，特别是中国“别具一格”的市场情况和推销方式，米勒先生也不甚了解。他将所有有关市场营销的事情都交给一位中方副总经理，但他和那位副总经理的关系并没有“铁”到使副总经理为他玩命去干的程度。

在管理体制下，米勒先生试图建立一套分层管理制度：总经理只管两个副总经理，下面再一层管一层。但他不知道，这套制度在中国，如果没有上下级间的心灵沟通与相互间的了解和信任，会出现什么样的状况和局面。最后的结果是管理混乱，人心涣散，员工普遍缺乏主动性，工作效率尤为低下。

米勒先生临走时扔下一句话：“如果这个企业出现奇迹，肯定是上帝帮忙的结果。”然而，上帝并未伸出援助之手，奇迹却出现了。

在米勒先生走后，中方合资厂家选派了一位懂经营管理、富有开拓精神的年轻副厂长刘思才任总经理，并随之组成了平均年龄只有 33 岁的领导班子。新班子迅速制定了新的规章制度，调整了机构，调动了全体职工的积极性。在销售方面，基于这样一个现实，即自己的产品虽好但尚未被人认识，因而采取了多种促销手段，并确定在 1994 年零利润的状态下，主动向消费者让利销售，使企业进入了良性循环。1994 年 5 月，康洁利公司首次盈利 3 万元，宣告扭亏为盈。

问题：

（1）从康洁利公司的起落中你得到了什么启示？

（2）试分析总结米勒先生的管理思想及管理哲学。

案例 1.4　管理问题分析

王中是一个冷冻食品厂厂长，该厂专门生产一种奶油特别多的冰激凌。在过去的四年中，每年的销售量都稳步递增。但是，今年的情况发生了较大的变化，到 8 月，累计销量比去年同期下降 17%，生产量比计划少 15%，缺勤率比去年高 20%，迟到早退现象也有所增加。王中认为这种情况的发生很可能与管理有关，但他不能确定产生这些问题的原因，也不知道应该怎样去改变这种状况。他决定去请教管理专家。

问题：

（1）你认为该厂的问题出在哪里？

（2）具有不同管理思想的管理专家会提出怎样的解决方法？

案例 1.5　摩托罗拉公司的多国矩阵制组织

摩托罗拉公司不仅重视研发投资，在新产品的研发速度上也远超同行。英特尔公司花费 2～3 年的研究项目，摩托罗拉通常只要一年半即可完成。这种成效主要得益于公司采用的矩阵制组织结构。从组织整体来看，摩托罗拉采用了多国矩阵制组织形式，即将地区部门化与产品部门化相结合。具体地说，它包括：四个地区类的业务组织，分别为欧洲与中东地区、日本地区、亚太地区、美洲地区；四个产品类的业务组织，分别为半导体、通信器材、一般系统技术、政府系统技术。两者交叉的结果构成矩阵制组织结构。这种模式同时被用于研发课题的推动中，并产生了极好的效果。

以半导体事业群为例，有一个著名的G9组织。它由四个地区的高级主管、事业群所属的四个高级主管以及一个专门负责研究开发的高级主管共同组成，是一个跨地区、跨产品、跨研发业务的“9人特别小组”。该小组直属一位副总裁指挥，其任务是定期召开会议，研究追踪各类产品的生产、销售及研发情况。

问题：

(1) 对于摩托罗拉这样的大型跨国公司而言，同事业部制组织结构相比，采用矩阵制组织结构的主要好处是什么？

(2) G9组织在推动产品研发方面能够起到哪些作用？

(3) 这种矩阵制组织结构是否有悖统一指挥原则？

案例1.6 微软公司别具一格的文化个性

微软公司是世界PC(personal computer，个人计算机)软件开发的先导，于1975年由比尔·盖茨与保罗·艾伦创立，总部设在华盛顿州的雷德蒙市。目前是全球最大的计算机软件提供商。其主要产品为Windows操作系统、Internet Explorer网页浏览器及Microsoft Office办公软件套件。微软这个众所周知的品牌，令人吃惊的成长速度引起世人的广泛关注。透过辉煌的业绩，我们不难发现其成功不仅在于科技创新和优异的经营管理，更重要的是创设了知识型企业独特的文化个性。

首先，比尔·盖茨独特的个性和高超的技能造就了微软公司的文化品位。这位精明的、精力充沛且富有幻想的公司创始人，向来强调以产品为中心来组织管理公司，超越经营职能，大胆实行组织创新，极力在公司内部和应聘者中挖掘同自己一样富有创新和合作精神的人才并委以重任。其次，营造管理创造型人才和技术的团队文化。微软文化能把那些不喜欢大量规则、组织、计划，强烈反对官僚主义的PC程序员团结在一起，为员工提供有趣的、不断变化的工作及大量的学习和决策机会。再次，始终如一的创新精神。创新精神应是知识型企业文化的精髓。微软人始终作为开拓者——创造或进入一个潜在的大规模市场，然后不断改进一种成为市场标准的好产品。最后，创建学习型组织。微软致力于建立学习型组织，使公司整体结合得更加紧密，效率更高地向未来进军。

显而易见，优秀的企业文化会带来持久的发展与巨大的成功。

问题：

(1) 微软公司的企业文化具有哪些特征？

(2) 微软公司的企业文化对我国企业文化建设有何启示？

复习思考题

1. 什么是企业？现代企业有哪些特征？
2. 怎样理解管理的概念？
3. 管理的性质和职能有哪些？

4. 如何理解企业管理的概念及其作用？
5. 企业管理的形成与发展经历了哪几个阶段？各阶段有何特点？
6. 如何理解管理实践、管理思想和管理理论三者之间的关系？
7. 科学管理阶段有哪些代表人物？他们的主要观点是什么？
8. 现代管理阶段有哪些主要学派？他们的主要观点是什么？
9. 如何理解现代企业管理的基本原理？并举例说明如何运用。
10. 什么是企业文化？它有哪些基本特征？
11. 企业文化的结构与功能有哪些？
12. 企业文化建设的步骤有哪些？

第2章

现代企业制度

一次失败的探索

黄河集团是以家族成员为核心进行经营管理的一家民营企业，集团的掌门人杨纪强从企业发展的长远着想，一直做着将企业由家族式企业转为现代企业的探索。1993 年 12 月，集团拿出部分优质资产成立了由其控股的兰州黄河企业股份有限公司。

黄河集团的发展和向现代企业转制的努力与探索得到了当地政府的积极扶持，1997 年，甘肃省获得 6 个上市名额，其中一个就给了兰州黄河企业股份有限公司。

准备上市时，杨纪强希望借公司此机会把转制再向前推进一步。1997 年 9 月，杨纪强聘请了曾长期跟踪报道黄河集团的记者王元为黄河集团公司副总经理，并任兰州黄河企业股份有限公司副董事长兼总经理，负责股份公司的上市和宣传工作。1999 年 6 月 23 日，兰州黄河股票上市，杨纪强出任公司董事长，王元任该公司副董事长兼总经理。此外，还聘请了包括国内知名学者、中央党校教授王钰，国内公司法专家、中国人民大学副教授董安生等 7 名非出资人担任董事，王钰和董安生为独立董事，这 7 人占据 11 名董事会席位的多数。

杨纪强在矛盾中尝试着将自己的家族企业转为现代企业。一方面，他认识到家族管理对企业发展的制约，特别是在利用资本市场方面的局限，所以发起成立股份公司，并聘请社会人士出任董事会成员和经理人员；另一方面，他又想将股份公司置于自己的控制之下，这是造成日后他同董事会一些人士产生矛盾的隐患，加之王元个人方面的原因，冲突很快爆发。

股份公司上市后不久，杨纪强与王元的矛盾逐渐暴露出来，最后到了剑拔弩张、不可调和的地步。王元指责杨纪强的家族公司即第一大股东，滥用控股地位，侵占股份公司资产，三次强行从股份公司划拨募集资金5 107万元，从而招致一些董事会成员的不满，并提出辞职。而杨纪强指责王元未经董事会授权，背着第一大股东和股份公司董事长，在多数董事会成员不知情的情况下，私自以低价转让第一大股东的股权。其间，两人多次召开各自召集的由部分董事会成员参加的董事会会议。两人的矛盾发展成为一部分董事会成员同另一部分董事会成员的矛盾。1999年11月6日，甚至发生了董事长杨纪强、总经理王元分别在兰州和北京同时召集董事会的事。

为了恢复公司秩序，兰州黄河企业股份有限公司监事会和3家大股东按照有关规定申请并获有关方面批复，于1999年12月29日召开了临时股东大会，占公司股份49.08%的6家发起人股东代表全票通过了会议议案：免去上一届全部董事和监事，选举产生了新一届董事和监事。继续选择杨纪强为公司董事长，杨纪强之子杨世江为公司副董事长，解聘全部高管人员，由杨世江兼任总经理。在新组成的董事会中，上一届8名董事被全部换掉。其中王钰、董安生两位独立董事请辞也未获挽留，董事长和他的两个儿子占据了11席中的3席，这次临时股东大会使董事长与总经理的个人冲突暂时画上了句号，公司的经营管理恢复了正常。但上市后公司的内部纷争、董事会人员的大更迭，使杨纪强企业转制的努力受到挫折。

假如你是杨纪强，应该如何实施公司的股份制改造？

现代企业制度是现代化大生产的产物，是现代市场经济中企业组建、管理、运营等一系列行为的制度和规范化。建立现代企业制度是社会主义市场经济的客观要求，是我国深化企业改革的方向。因此，建立和完善社会主义市场经济体制，就必须用现代企业制度来改造我们的企业。本章围绕现代企业制度的基本概念、基本特征和基本内容，着重介绍了企业制度的概念及种类、现代企业制度的特征、现代企业制度的内容，以及我国建立现代企业制度对公司制形式的选择等内容。通过本章学习，力求对现代企业制度有一个基本的认识。

2.1 企业制度的概念及种类

2.1.1 企业制度的概念

企业制度是指以产权制度为基础和核心的企业组织与管理制度。构成企业制度的基本内容有企业的产权制度、企业的组织制度和企业的管理制度。

企业制度的内涵很丰富，主要包含以下几个方面的含义。

(1) 从企业产生的角度看，作为生产的基本经济组织形式，企业从产生开始，就是作为一种基本制度即企业制度而被确立下来的。

(2) 从法律的角度看，企业制度是企业经济形态的法律范畴，从世界各国的情况看，通常都是指单个业主制企业、合伙制企业和公司制企业三种基本法律形式。

(3) 从社会资源配置的方式看，企业制度是相对于市场制度和政府直接管理制度而言的。市场制度就是在市场处于完全竞争状态下，根据供求关系，以非人为决定的价格作为信号配置资源的组织形式。政府直接管理制度是国家采取直接的部门管理，用行政命令的方式，通过高度集中的计划配置资源的组织形式。

当市场交易成本小于企业组织成本时，采用市场制度最好；反之，当市场交易成本大于企业组织成本时，采用企业制度最好。由于政府直接管理制度不但要规定人们干什么，还要规定怎样干，因此政府直接管理成本很高。只有当政府直接管理成本既小于市场交易成本，又小于企业组织成本时，政府直接管理的资源配置方式才是有效率的。政府从直接管理转为间接管理，有利于降低政府管理费用。一般来说，政府直接管理成本比较高，而政府间接管理成本则相对较低，所以，企业制度的引入，作为市场制度和政府直接管理制度的一个中间层次，有利于降低政府的管理成本。

企业作为一个将各种生产要素按一定制度组合起来的经营主体，企业制度对企业来说是非常重要的。因为企业本身就是各种生产要素的组合体，企业对各生产要素的组合实际上就是依靠企业制度完成的。因此，企业制度是企业赖以存在的体制基础，是企业及其构成机构的行为准则，是企业员工的行为规范，是企业高效发展的活力源泉，是企业有序化运行的体制框架，是企业经营活动的体制保证。

2.1.2 企业制度的种类

市场经济在其数百年的孕育和发展过程中，在国际上逐步形成了三种基本的企业制度，即单个业主制企业、合伙制企业和公司制企业。单个业主制企业和合伙制企业的经营活动都是建立在自然人的信誉上，它们属于自然人企业，出资者承担无限责任；公司制企业则是建立在法人的组织信誉上，它属于法人企业，出资者一般承担有限责任。在现代市场经济中，公司制企业虽然在数量上不是最多的，但它们却占据着支配地位，因为大中型企业通常是公司制企业。在组织结构上，公司制企业比单个业主制企业和合伙制企业要复杂得多。近代、现代市场经济中，企业制度的演变主要表现在公司制度的逐步完善和成熟上。

1. 单个业主制企业

单个业主制企业又称个体企业，这种企业是由业主自己出资、自己经营、收益归自己所有、风险也由自己承担的企业。

1）单个业主制企业的优点

(1) 由于所有权与经营权归于一体，因此，经营灵活、决策迅速、精打细算。

(2) 由于这类企业的注册资本金要求不多，因此，开业和关闭的手续都比较简单。

(3) 由于产权属于个人，因此，产权可以自由转让。

2）单个业主制企业的缺点

(1) 由于业主死亡或在产权未转让的情况下放弃经营，企业的生命就会中断，因此，企业存续时间短，信誉程度有限。

(2) 由于企业规模小，财力不大，取得贷款的能力有限，因此，难以从事投资规模较大的产业。

(3) 若经营失败，出现资不抵债时，要用自己全部家庭财产负责赔偿，因此，一旦企业倒闭，业主就有倾家荡产的可能。

(4) 企业完全依赖于业主个人的素质，素质低的业主也难以有外部人员替换。

单个业主制企业一般适合于零售商业、服务业、手工业、家庭农场等。单个业主制企业诞生于市场经济早期，是最早的企业形式，而且这种企业数量庞大，占企业总数的绝大部分，但由于其规模很小，因此，在市场经济中虽然是不可缺少的，但主要起补充作用。

2. 合伙制企业

合伙制企业是由两个或两个以上的个人或单个业主制企业通过签订合伙协议，联合经营，收益由合伙人共享，风险由合伙人共同承担的组织。

1) 合伙制企业的优点

(1) 扩大了资金来源和信用能力。与单个业主制企业相比，每个合伙人能从多方面为企业提供资金，同时，因为有更多的人对企业债务承担责任，其信用能力也扩大了，容易向外筹措资金。

(2) 集合了合伙人的才智与经验，提高了合伙制企业的竞争能力。

(3) 增加了企业扩大和发展的可能性。由于资金筹措能力和管理能力的增强，增加了企业进一步扩大和发展的可能性。

2) 合伙制企业的缺点

(1) 产权转让困难。产权转让须经所有合伙人同意方可进行。

(2) 承担无限责任。普通合伙人对企业债务负无限连带责任。即要求有清偿债务能力的合伙人，对没有清偿债务能力的合伙人应负债务的连带责任。

(3) 企业寿命不容易延续很久。因为一个关键的合伙人死去或退出，企业往往难以再维持下去。

(4) 合伙人皆能代表企业，因此对内、对外均容易产生意见分歧，从而影响决策。

(5) 企业规模仍受局限。由于合伙制企业筹措资金的能力仍然有限，不能满足企业大规模扩展的要求。

合伙制企业一般适合于资产规模较小、管理不复杂、不需设立专门的管理机构的生产和经营企业。

3. 公司制企业

公司制企业是由两个以上股东出资构造出来的能够独立对自己经营的财产享有民事权利、承担民事责任的经济组织。公司组织的原始形态最早萌芽于15世纪的欧洲。在产业革命以后，公司制便被英、美、法、德、意、日等世界主要工业发达国家广泛采用。因此，从世界各个主要工业发达国家的工业发展过程来看，尽管各国工业开始发展的社会环境、历史条件、资源状况等都有很大的差异，各国工业发展所走过的道路也不尽相同。但是，在产业革命以后，在建立工厂制度的基础上，随着商品经济和工业化的进一步发展，都无一例外地走上了建立工业公司的道路。公司制最终已普遍地成为这些国家占主导地位的企业制度。可以说，公司制的出现是企业制度发展的一个高级阶段，是生产力发展的客观要求。

1）公司制企业的特征

（1）公司是企业。公司是企业，这是公司最基本的性质。公司是独立的商品生产者和经营者，具有企业的独立性、营利性、商品性等经济特征。公司是企业制度的一种基本形式，是一种最先进、最典型、最有效的形式，但不是唯一的形式。除了公司制企业之外，还有单个业主制企业、合伙制企业，以及合作制企业等形式。

（2）公司是法人。法人和自然人一样，是民事权利的主体。法人是具有民事权利能力和民事行为能力、依法独立享有民事权利和承担民事义务的组织。公司作为法人，必须具备组织特征、财产特征、法律特征和人身特征。

（3）公司具有联合性。公司制企业都有一个共同特征——联合性。联合性包括两个方面的含义：一是人的联合，各国对各类公司的股东人数都有最低限度的规定；二是资本的联合，每个股东都必须出资，是资本的结合。

（4）投资主体多元化。公司的联合性决定了投资主体的多元化，这是因为公司股东很多，资本来自各个渠道，如国家股、法人股、个人股等。

（5）出资者所有权和法人财产权分离。虽然公司投资主体是多元化的，但公司的财产只能作为一个整体来发挥功能，任何出资者既不能独立支配公司的财产，也不能支配本人出资的那部分财产。同时，出资者也无权直接干预公司的经营管理，经营管理由专门的人员来进行。因此，出资者所有权和法人财产权是相分离的。

（6）公司法人财产具有整体性、稳定性和连续性。整体性是指股东一旦投资到公司，其财产就以公司的整体财产出现并进行运用，任何股东不能对整体财产进行分割。稳定性是指股东一旦投资到公司，就不可抽回，只能转让，因此，公司的财产不会因股东的变化而出现经常性变动。连续性是指股东个人的生命不影响公司的生命，只要公司存在，公司法人就不会丧失财产权，股东变化再大也不会影响法人财产权的连续行使。

（7）公司企业实行有限责任制度。有限责任包含两层含义：一是对股东而言，是以股东的出资额为限，对公司的债务承担有限责任；二是对公司法人而言，是以其全部法人财产为限，对公司的债务承担有限责任。

2）公司制企业的种类

由于世界各国所奉行的法律体系不同，因此，公司可划分成不同的种类。按大陆法系，公司企业有无限公司、有限公司和两合公司；按英、美法系，公司企业只有有限公司。

（1）无限公司。无限公司也称无限责任公司。它是由两个以上负无限责任的股东出资组成，股东对公司债务负连带无限清偿责任的公司。无限公司是最早出现的一种公司形式，是由合伙制企业发展演变而成的，在有限公司诞生前大量存在，现在只有极少数无限公司存在。

（2）有限公司。公司有限责任制度的出现是企业财产组织形式的一个重大进步，是企业发展史上的一次飞跃，也是现代企业制度的重要标志。一方面，投资者可以比较放心地把资本投给企业，即使公司破产了，股东损失也仅限于投资额的部分，不会连累到自己的其他财产，减少了投资风险，增大了获利的机会，是出资者自我保护的有效办法；另一方面，企业以法人财产为限承担有限责任，经营者可以比较放心大胆地经营。美国经济学家巴特勒曾说："有限责任公司是近代最伟大的一个发现，甚至连蒸汽机和电的发现都不如有限责任公司来得重要。"

有限公司是具有代表性的公司制企业，它有两种组织形式：一种是有限责任公司；另一种是股份有限公司。这两种组织形式的共同特点是都承担有限责任，但它们又具有各自的特点。

（3）两合公司。两合公司是由一个以上负无限责任的股东和一个以上负有限责任的股东所组成的公司，是介于无限公司和有限公司之间的一种公司组织形式。有限责任股东对公司债务只就出资额负责，而且其股份无须全体股东同意就可以转让。无限责任股东对公司债务应负连带无限责任，因其风险大，所以在公司中占主导地位，享有管理公司业务的权力，但其股份必须征得其他所有股东同意后才能转让。

2.2 现代企业制度及其特征

2.2.1 现代企业制度的概念

现代企业制度是适应社会化大生产和市场经济发展要求的，以产权制度为核心、以有限责任制度为保证、以现代公司制企业为主要形式的，产权清晰、权责明确、政企分开、管理科学的新型企业制度。对现代企业制度的认识和理解应从以下几个方面进行。

（1）现代企业制度是一种企业体制，或称微观经济体制。它不只是某些方面的一两项制度，也不只是企业内部的组织管理制度，而是一种制度体系，涉及企业外部环境和内部机制的各个方面。现代企业制度明确了企业的性质、地位、作用和行为方式，规范了企业与出资者、企业与债权人、企业与政府、企业与市场、企业与社会、企业与企业、企业与消费者以及企业与职工等方面的基本关系。在这些基本关系中，最主要的是确立企业民事法律关系的主体地位和市场中的竞争主体地位。

（2）现代企业制度是社会主义市场经济体制的基础。现代企业制度是局部的改革目标，而社会主义市场经济体制是整体的改革目标，现代企业制度与市场经济体制相衔接，是局部与整体的关系。现代企业制度是经济体制大系统下的一个子系统，所以推进现代企业制度的改革不能脱离整个经济体制改革。建立现代企业制度绝不仅仅是企业的事，需要外部、内部共同配合，是综合配套改革的产物。

（3）现代企业制度是一种有生有死的企业制度。现代企业制度作为一种企业体制模式，是生产关系的反映，而不是指企业的装备水平和管理手段。现代企业制度和企业现代化不是一回事，企业现代化主要是指企业生产力的发展水平，完全可以从发达国家全面引进，建立一个现代化的企业。现代企业制度可以提高企业经济效益，但并不等于建立了现代企业制度就能使每一个企业都不会被市场淘汰，而恰恰是该淘汰的一定要淘汰。

(4) 我们要建立的现代企业制度是既有中国特色又符合国际惯例的一种企业制度。建立现代企业制度不能照抄照搬,必须从中国国情出发,同时,要吸收借鉴国外先进的成果和做法,努力进行企业制度创新。建立现代企业制度涉及面广,没有现成的模式可以照搬,因此,要积极探索既有中国特色又符合国际惯例的新型企业制度。

(5) 现代企业制度是各类企业改革的共同方向。建立现代企业制度是企业改革的方向和目标,所有企业都要朝这个方向努力。国有企业建立现代企业制度是重点。因为国有企业的改革一直是经济体制改革的中心环节,因此,增强国有企业活力、建立现代企业制度是深化国有企业改革的方向。

(6) 现代企业制度的企业组织形式是多样化的。公司制是建立现代企业制度的一种最典型、最有效的组织形式,但不是唯一的形式。除了公司制企业外,与市场经济相适应的还有单个业主制企业、合伙制企业、合作制企业等多种形式。在市场经济发达的美国,单个业主制企业从数量上说是大多数,约占企业总数的 75%;合伙制企业约占企业总数的 9%;公司制企业仅占企业总数的 16%,但资本额却占 85%,营业额占 90%。可见公司制企业在现代经济中有着举足轻重的地位。公司制企业是现代企业制度的主体,但并不能把现代企业制度简单地理解为公司制,更不能简单地认为,建立现代企业制度就是公司制,公司制就是股份公司,股份公司就是股票要上市。因此,看一个企业是否建立了现代企业制度,不是看它是不是公司制,而是看它是否具有现代企业制度的基本特征,是否适应社会化大生产和市场经济体制的要求。

2.2.2 现代企业制度的特征

现代企业制度的特征是产权关系清晰、权责明确、政企分开、管理科学。

1. 产权关系清晰

产权关系清晰是指所有者产权要清晰,法人财产权也要清晰。出资者拥有出资所有权,企业中的国有资产所有权属于国家;企业拥有包括国家在内的出资者投资形成的全部法人财产权,成为享有民事权利、承担民事责任的法人实体。

产权关系清晰具体包括三个层次的内容:一是通过清产核资、资产评估,界定资产的归属,即明确出资者和出资者的所有权;二是明确企业法人财产的范围和享有的法人财产权,即资产的管理和经营;三是产权的出让、出售和流动。

这一特征就是用法律的形式界定了出资者所有权和法人财产权的关系,即产权关系。企业以其法人财产权享有民事权利,承担民事责任,并成为真正的法人实体。

2. 权责明确

1) 企业法人的责任和权利

企业以其全部法人财产,依法自主经营、自负盈亏,照章纳税,承担对出资者资产的保值、增值责任。

这一特征是从企业法人的权责出发,其权利是以全部法人财产依法自主经营;其责任是自负盈亏，向国家缴纳税款，并对出资者投资形成的财产保值、增值。

2）出资者的有限权利和有限责任

出资者按投入企业的资本额享有所有者权益，即资产收益、重大决策和选择管理者等权利。企业破产时，出资者只以其投入企业的资本额对企业债务负有限责任。

资产收益主要是经营收益，即公司的税后利润扣除公司弥补亏损和提取公积金、法定公益金后所余的利润。重大决策主要是决定公司的经营方针和投资计划；审议批准公司的年度财务预算方案、决算方案；审议批准公司的利润分配方案和弥补亏损方案；对公司增减注册资本、公司债券作出决议；对公司合并、分立、变更公司形式、解散和清算等事项作出决议及修改公司章程等。选择管理者主要是选举和罢免董事，决定有关董事报酬事项；选举和罢免由股东代表出任的监事，决定有关监事的报酬事项；审议批准董事会、监事会的报告等。

这一特征是从出资者权责出发，其权利是按出资者投入企业的资本额享有资产收益权，并享有重大问题决策权和选择管理者等；其责任是当企业破产时，只以其投入企业的资本额对企业债务负有限责任，而不负无限责任。

3. 政企分开

企业按市场需求组织生产经营，以提高劳动生产率和经济效益为目的，政府不直接干预企业的生产经营活动。企业在市场竞争中优胜劣汰，长期亏损、资不抵债的应依法破产。

这一特征提出了企业要完全面向市场，按照市场需求组织生产和从事经营。企业要以经济效益最大化为主要目标。要把政府的社会行政管理者职能与国有资产所有者职能分开、国有资产管理者职能与国有资产营运者职能分开、出资人机构与企业法人分开和政企职责分开，政府通过政策法规和经济手段进行宏观调控，引导企业进行经营活动。各类企业在市场中平等竞争，优胜劣汰，资不抵债的企业应依法破产。

4. 管理科学

建立科学的企业领导体制和组织管理体制，调节所有者、经营者和生产者之间的关系，形成激励和约束相结合的经营机制。

这一特征要求企业建立科学的组织管理机构、科学的内部管理体制和企业规章制度，要形成激励和约束相结合的经营机制，调节所有者、经营者和生产者之间的关系，做到所有者放心、经营者专心、生产者用心。

2.3 现代企业制度的内容

2.3.1 现代企业产权制度

市场经济本质上是商品经济，各经济主体通过市场形成一定的经济关系，等价交换是其遵循的最基本的准则。而进入市场的各经济主体，必须首先明确所有权主体及界区，才可能建立真正的商品经济关系，如果某经济主体的产权关系本身具有不确定性，那么真正的商品交换就不可能出现。不仅如此，市场经济的运作机制是价格机制，而市场价格也只有在交易双方所有权主体、界区明确时才可能形成。显然，作为市场经济基本主体的企业，必须明确其所有权主体和界区，这是企业进入市场的前提条件。

1. 产权

产权实质上是一种财产权，即支配财产的权利。产权是指在法律允许条件下，对资产的所有权以及对资产的占有权、使用权、收益权和处置权。产权的定义主要有以下四层含义。

(1) 产权受国家法律的确认、保护和监督。产权以所有权为基础，但也包括由所有权派生出来的相关权利、义务和责任。这些权利、义务和责任都受到国家法律的确认、保护和监督。

(2) 资产的原始产权也称为资产的所有权。它是指受法律确认和保护的经济利益主体对财产的排他性的隶属关系。

(3) 法人产权即法人财产权。它是指企业法人对资产所有者授予其的资产有占有、使用、收益与处分的权利。这是由法人制度的建立而产生的一种权利。

(4) 股权和债权。在实行法人制度后，由于企业拥有对资产的法人所有权，致使原始产权转变为股权或债权(或称终极所有权)。这时，原始出资者只能利用股东的各项权利对法人企业产生影响，但不能直接干预企业的经营活动。

产权具有明确性、独立性、转让性、收益性、责任性和法律性的基本特征。

2. 企业法人财产权

企业法人财产是由出资者依法向企业注入的资本金及其增值和企业在经营中的负债所形成的财产。企业的总资产＝负债＋所有者权益。企业的总资产就是企业法人财产。企业法人财产是由所有者权益和负债所构成的。企业法人财产权是指企业法人所拥有的，对法人财产享有占有权、使用权、收益权和处置权，并以法人财产承担民事责任。只要企业法人仍然存在，也就是说只要企业不解散、不清算或不破产，任何出资者都无权从企业中直接抽回或支配他所出资的部分，但可以依法转让，并以出资额为限承担有限责任。

3. 企业产权制度

产权制度是指以产权为依托，对财产关系进行合理有效的组合、调节的制度安排。这个制度安排具体表现为建立在一定的生产资料所有制基础上，对财产占有、使用、收益和处置过程中所形成的各类产权主体的地位、行为权利、责任、相互关系加以规范的法律制度。产权制度是生产关系与生产力相结合的机制。

产权制度的功能主要有以下几个方面。

(1) 财产约束功能。在合理的产权制度下，明晰的产权关系可以使所有者通过产权有效地约束经营者，从而保证资产增值，实现所有者利益。

(2) 自主经营和激励机制功能。产权具有排他性和独立性，企业一旦拥有产权，其生产经营权利即可得到法律保护，进而使经营者在激励机制的作用下，既可以也可能真正做到自主经营、自负盈亏。

(3) 增进资源配置效益功能。由于产权的各项权能是可以分解、转让的，因此，通过以产权转让为基础的企业间的资产联合、兼并等形式，可以促进资产的合理流动。

(4) 规范市场交易行为功能。产权关系的界定具体规定了人们与物相关的行为规范，每个人在与他人的相互交往中都必须遵守这些规范，或者必须承担不遵守这些规范的成本。这样，保障受益和受损索赔的原则可以有效抑制企业的不正当交易行为，从而使企业行为合理化。

2.3.2 现代企业组织制度

公司制企业在市场经济的发展中已经形成一套完整、科学和行之有效的组织制度，其基本特征是：所有者、经营者和生产者之间，通过公司的权力机构、决策机构、执行机构、监督机构，形成各自独立、权责分明、相互制约的关系，并以法律和公司章程加以确立与实现。

1. 股东会

股东会是公司的最高权力机构。股东会是指依照公司法、公司章程的规定而设立的由全体股东组成的决定公司重大问题的权力机构。所谓权力机构，是指公司的一切重大问题需要由该机构来作出决议，权力机构既区别于执行机构，不执行日常业务，也区别于监督机构和咨询机构。股东会只负责就公司的重大事项作出决议，集体行使所有者权益。股东会以会议的形式行使权力，而不采取常设机构或日常办公的方式，这是由股东会的权力性质和所有权与经营权相分离的现代公司制度的基本原理所决定的。

股东会的职权主要有：投资经营决定权、人事决定权、重大事项审批权、重大事项决议权和公司章程修改权。此外，股东会还享有公司章程规定的其他职权。

股东会行使职权应当按照法律规定和公司章程规定的议事方式与表决程序进行。一般情况下，股东会应当通过召开股东会会议作出决定的形式来行使自己的职权。但是，如果全体股东以书面形式一致表示同意将属于股东会职权范围内的事项，以不召开股东会会议的形式作出决定的，则应当由全体股东在相关决定文件上以签名、盖章的形式作出决定。

股东会是资产所有者的代表，以维护股东权益为宗旨，保持着对公司的最终控制权。它从产权关系上对公司董事会形成必要的制约。但股东会无权干预公司的经营活动，因此，股东会的权力也受到制约。

2. 董事会

董事会是公司的经营决策机构，受公司股东会的委托或者委任从事经营管理活动。董事会由董事组成，董事会设董事长一人，可以设副董事长。

董事会对股东会负责，执行股东会决议。董事会的主要职权有：召集股东会会议，并向股东会报告工作；执行股东会的决议；决定公司的经营计划和投资方案；制订公司的年度财务预算方案、决算方案；制订公司的利润分配方案和弥补亏损方案；制订公司增加或者减少注册资本以及发行公司债券的方案；制订公司合并、分立、解散或者变更公司形式的方案；决定公司内部管理机构的设置；聘任或者解聘高级管理人员并决定报酬事项；制定公司的基本管理制度。此外，董事会还行使公司章程规定的其他职权。

董事会实行集体决策，采取每人一票的简单多数通过的原则。《中华人民共和国公司法》(以下简称《公司法》)规定，董事会的决议须由全体董事过半数通过，同时，每个董事会成员对其投票要签字在案并且承担责任。董事会的决议违反法律、行政法规或公司章程、股东大会决议致使公司遭受严重损失的，参与决策的董事对公司负赔偿责任。但在表决时已表明异议并记载于会议记录的董事可免除责任。这就是对董事的决策能力和决策水平提出的要求，并在实践中进行检验。

3. 经理

经理负责主持公司日常生产经营管理工作，并对公司日常生产经营活动具有决策权、指挥权、控制权。

经理由董事会聘任或解聘，对董事会负责。经理的职权主要有：组织实施董事会决议；组织实施公司年度生产经营计划和投资方案；拟订公司内部的机构设置方案和规章、管理制度；提请董事会聘任或解聘副经理和财务负责人；聘任或解聘除应由董事会决定聘任或者解聘以外的负责管理人员。

经理是董事会决议的执行人，也是公司日常经营管理的负责人。公司经理可以从企业外部聘任，也可以经公司董事会决定由董事会成员兼任。

4. 监事会

监事会是公司的监督机构。监事会由股东代表和一定比例的职工代表组成。

监事会、不设监事会的公司的监事行使下列职权：检查公司财务；监督董事、高级管理人员的履职情况及提出罢免建议；要求董事、高级管理人员纠正其损害公司利益的行为；提议召开及召集、主持临时股东会会议；向股东会会议提出议案；依法对董事、高级管理人员提起诉讼；公司章程规定的其他职权。

监事会向股东会负责并报告工作。为保证监督的独立性，公司的董事、经理及其他高级管理人员一律不得兼任监事。

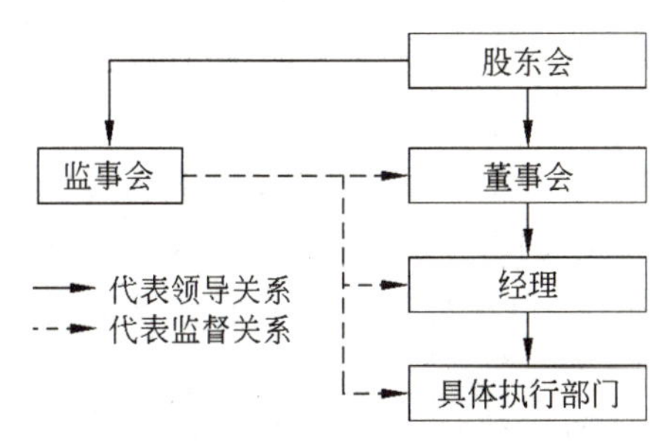

图 2-1　公司组织机构示意图

公司组织机构所包括的股东会、董事会、监事会及经理四部分及其相互间的关系构成了现代企业组织结构，如图 2-1 所示。

从图 2-1 可以看出，从产权关系上看，股东会对董事会是委托代理关系，董事会对经理是授权经营关系，监事会代表股东会对董事、经理和具体执行部门人员实行监督。从职权关系上看，它们都有各自不同的职权范围，而且这些职权是具体明确的，谁都不能越权行事，形成了彼此间的相互制约。这种财产负责关系与职权限定关系构成了整个公司的内部约束机制。同时，这种机构还将不同方面的利益关系统一在一个完整的利益机制下面。因此，这种组织制度既赋予经营者充分的自主权，又切实保障所有者的权益，同时又能调动经营者的积极性，是现代企业制度中不可缺少的内容之一。

2.3.3 现代企业管理制度

建立现代企业管理制度，就是要求企业适应现代生产力发展的客观规律，按照市场经济发展的要求，积极应用现代科学技术成果，包括现代经营管理的思想、理论和技术，有效地进行管理，创造最佳经济效益。这就要求企业围绕战略目标，按照系统观念和整体优化的要求，在管理人才、管理思想、管理组织、管理方法和管理手段等方面实现现代化，并把这几个方面的现代化内容同各项管理职能有机地结合起来，形成完整的现代化企业管理。

现代企业管理制度包括以下几个方面的内容。

(1) 具有正确的经营思想和能适应企业内外环境变化、推动企业发展的经营战略。战略管理是企业现代化管理的重要内容。现代企业所处的经营环境多变，制定战略、强化战略管理，是企业在市场中立于不败之地的重要保证。正确的经营思想是优化战略的先导，因此，必须树立质量第一观念、市场观念、竞争观念、金融观念、时间与信息观念、以人为中心的管理观念、创新观念，以及法制观念。

(2) 建立适应现代化生产要求的领导制度。现代企业领导制度是关于企业内部领导权的归属、划分及如何行使等所做的规定，建立科学完善的企业领导制度是做好企业管理的一项最根本的工作。现代企业领导制度应该体现领导专家化、领导集团化和领导民主化的管理原则。

(3) 拥有熟练地掌握现代管理知识与技能的管理人才，并具有素质良好的职工队伍。

(4) 有一套符合本企业特点、保证生产经营活动高效率运行的组织机构和管理制度。

(5) 在生产经营各个主要环节普遍、有效地使用现代化管理方法和手段，建立起比较完善的电子计算机管理信息系统，推行计算机集成制造系统(computer integrated manufacturing systems，CIMS)等现代化管理。

(6) 建设以企业精神、企业形象、企业规范等内容为中心的企业文化，培育良好的企业精神和企业集体意识。

企业管理制度实际上并没有一个统一的模式，因为企业的管理制度是不断随着生产力发展以及产权制度和组织制度的调整而变化的，就是在国际上也很难找到完全一样的企业管理制度。虽然一定时期它呈现出相对的稳定性，但从总体上来看它是不断变化的。因此，我们要非常关注企业管理制度的创新。

现代企业产权制度、现代企业组织制度和现代企业管理制度三者是相辅相成、不能互相替换的，它们共同构成了现代企业制度的总体框架。现代企业产权制度确立了企业的法人地位和企业法人财产权，真正做到了不但企业有人负责而且有能力负责，实现了企业民事权利能力和民事行为能力的统一，使企业真正作为自主经营、自负盈亏的法人实体进入市场。现代企业组织制度以合理的组织结构确定了所有者、经营者和生产者三者之间的制约关系，做到所有者放心、经营者精心、生产者用心，从而使企业始终保持较高的效率，并使企业的长期稳定发展有了组织保证。现代企业管理制度通过科学的生产管理、质量管理、营销管理、人力资源管理、研究与开发管理和财务管理等一系列管理体系的建立，以及企业管理模式、管理轴心、管理体制、管理目标和管理手段等的选择，有效地保证企业内部条件与外部环境相适应，使企业各项资源得到最有效的利用。因此，建立现代企业制度一定要把握好企业产权制度、企业组织制度和企业管理制度三者之间的关系，从我国实际出发，吸收和借鉴世界发达国家的有益经验，真正建立起既符合国情又能与国际惯例接轨的具有中国特色的现代企业制度。

2.4　我国建立现代企业制度对公司形式的选择

公司制度是现代企业制度的主体。我国《公司法》确定了两种公司形式，即有限责任公司和股份有限公司。

2.4.1　有限责任公司

1. 有限责任公司的设立

有限责任公司是根据法律规定的条件成立，股东以其出资额为限对公司承担责任，公司以其全部资产对公司的债务承担责任的企业法人。有限责任公司是一种合资公司，但也具有人合公司的特性。

有限责任公司的人合性表现在：股东人数有一定的限制，一般为 50 人以下；股东出资的转让有严格的限制，股东之间可以相互转让其出资，但股东向股东以外的人转让其出资时，必须经过全体股东过半数同意，并且股东享有在同等条件下的优先购买权，同时还应在公司依法记载；有限责任公司不得向社会募资；公司的经营状况不需要向社会公开。

有限责任公司的资合性表现在：股东对公司的债务只负有限责任，即以其出资额为限对公司承担责任；股东可以用货币出资，也可以用实物、知识产权、土地使用权等可以用货币估价并可以依法转让的非货币财产作价出资，但是法律、法规规定不得作为出资的财产除外。

有限责任公司的设立条件主要包括以下几个方面。

(1) 股东符合法定人数。我国《公司法》规定，有限责任公司的股东必须在 50 人以下。日本的《有限公司法》和英国的《公司法》也都规定股东总数不得超过 50 人。有限责任公司的股东不限于自然人，法人和政府都可以成为其股东。

(2) 有符合公司章程规定的全体股东认缴的出资额。有限责任公司不再设法定最低注册资本，理论上可以一元注册有限责任公司。

(3) 股东共同制定公司章程。设立有限责任公司必须制定公司章程，制定公司章程必须符合法律的规定，公司章程由公司股东共同制定，如果是新设立的公司，则由参与设立的各个股东共同制定。共同制定是指在制定公司章程时，股东们协商一致，有共同的意思表示，体现全体股东的意志。

(4) 有公司名称，建立符合有限责任公司要求的组织机构。设立公司必须有确定的公司名称。按照《公司登记管理条例》的规定，设立公司应当申请名称预先核准。申请名称预先核准，应当由全体股东指定的代表或者共同委托的代理人向公司登记机关提出，并提交相应的文件。公司的运行是由公司的内部组织机构来进行的，没有相应的组织机构，公司就无法开展正常的生产经营活动。设立公司应当建立符合有限责任公司要求的组织机构。

(5) 有公司住所。设立公司必须有公司住所。没有住所的公司，不得设立。公司以其主要办事机构所在地为住所。

与股份有限公司相比，有限责任公司的设立程序要简单些。股东订立公司章程并根据公司章程履行出资义务、建立公司结构、依法办理设立登记手续后，有限责任公司即可成立。有限责任公司的组织比较简单。因其只有发起设立而无募集设立，程序上较为简化；可以由一个或几个以上的人发起；其组织也比较简单，股东人数少、规模较小的公司，可以不设董事会等。

2. 一人有限责任公司

一人有限责任公司是指只有一个自然人股东或者一个法人股东的有限责任公司，是有限责任公司的一种特殊形式。一人有限责任公司是各国公司法普遍承认的一种公司形式，我国《公司法》确立了一人有限责任公司的法律地位，并设专节对一人有限责任公司作出特别规定。

1) 一人有限责任公司的特征

(1) 一人有限责任公司由一个股东投资组成。一人有限责任公司在投资主体上具有排他性和唯一性，是其区别于其他公司形态的显著标志，这从名称上就可鲜明地体现出来。各国公司法对一人有限责任公司的股东身份的规定存在差异，大多数国家都不限制一人股东的身份，即公司股东既可以是自然人，也可以是法人。我国《公司法》规定，国有独资公司是指国家单独出资、由国务院或者地方人民政府授权本级人民政府国有资产监督管理机构履行出资人职责的有限责任公司，“一个自然人只能投资设立一个一人有限责任公司。该一人有限责任公司不能投资设立新的一人有限责任公司”。

(2) 一人有限责任公司股东对公司债务承担有限责任。如果说有限责任的出现是为了更好地解决投资者利益的保护问题，那么一人有限责任公司产生的最大的原因就在于满足个人投资者对有限责任的追求。个人投资能够采取的形式除了公司外还有独资企业和合伙企业，独资企业和合伙企业的投资者承担的是无限责任和连带责任，而一人有限责任公司的股东承担的是有限责任。因此，虽然一人股东面临公司和股东双重税赋的不利处境，但是一人有限责任公司的有限责任仍然是吸引个人投资者的重要条件。

(3) 一人有限责任公司具有法人资格。一人有限责任公司有自己独立的财产，通过自己的组织机构从事经营活动，并以自己的财产对外承担有限责任，是独立的法律主体，有自己独立的法律人格。这是同没有法人资格的独资企业和合伙企业相区别的。

(4) 一人有限责任公司在内部组织上具有特殊性。由于在多数情况下，一人有限责任公司的“所有”和“经营”是不分的，因此一人有限责任公司中的内部组织很可能处于形同虚设的状态，不能真正发挥效能。在一人有限责任公司中，一人股东通常都身兼董事、经理数职并实际控制整个公司。一人股东可以很容易地将公司财产与自己私人财产混同，为自己支付巨额报酬，通过同公司的“自我交易”牟取暴利，以公司名义为自己担保或借贷，借有限责任逃避债务。正因如此，世界各国都毫无例外地对一人有限责任公司的内部组织作出特别规定(如对董事或经理的职务兼任作出限制)，防止一人股东混同公司人格与股东人格而损害债权人利益和交易安全。

2) 一人有限责任公司与个人独资企业的比较

一人有限责任公司在形式上与个人独资企业十分相似，即一人有限责任公司和个人独资企业的投资人都为一人，但二者是两种不同的企业形式。根据我国《个人独资企业法》规定：“本法所称个人独资企业，是指依照本法在中国境内设立，由一个自然人投资，财产为投资人个人所有，投资人以其个人财产对企业债务承担无限责任的经营实体。”由此可以比较出一人有限责任公司与个人独资企业的主要区别。

(1) 法律地位不同。一人有限责任公司具有法人地位，个人独资企业则不具有这一资格。一人有限责任公司有自己独立的财产，以自己的内部组织机构完成经营管理活动，承担有限责任，是独立的法人。一人有限责任公司和一人有限责任公司的股东是两个不同的法律主体，二者不能混同。而个人独资企业作为业主制企业，投资人的财产和企业的财产具有同一性，投资人与企业的人格上也具有同一性，投资人以自己的财产承担无限责任，个人独资企业因而不能成为独立的法律主体，不具有法人的主体地位。

(2) 股东对企业债务承担的责任不同。一人有限责任公司的股东对公司债务承担有限责任，股东仅以其投入公司的出资额为限承担责任，公司以其全部资产对外承担债务责任。而个人独资企业由于不具有法人资格，企业财产与投资者个人财产被视为等同，企业的负债也等同于投资者个人负债，因此投资人应当就自己的全部财产对外承担无限责任。

(3) 规范企业的法律不同。一人有限责任公司是公司的特殊形态，受公司法的调整和约束。而个人独资企业则主要受民法、商法或特别法的规制。在我国，个人独资企业主要由《个人独资企业法》来调整。

(4) 企业的税负不同。由于一人有限责任公司和一人有限责任公司的股东是两个不同的法律主体，因此在确定收益和税负时，税法应当将一人有限责任公司与其股东分别对待，即在对一人有限责任公司征收企业所得税的同时再对股东征收个人所得税，实行双重征税。而个人独资企业则不同，因为个人独资企业没有独立的法人人格，所以税法不将个人独资企业作为单独的纳税主体，只对投资者征收个人所得税。

(5) 法律对投资人的身份限制不同。我国《公司法》将一人有限责任公司的股东限定为“自然人或法人”；对于国有独资公司，其股东依《公司法》限定为“国有资产监督管理机构”。而我国《个人独资企业法》将独资企业的投资人限定为“自然人”。

3. 国有独资公司

1）国有独资公司的含义

国有独资公司属一人公司的特殊形式，此种公司形式在许多国家都存在。在我国国有独资公司属于有限责任公司的特殊形式之一，我国《公司法》规定，“本法所称国有独资公司，是指国家单独出资、由国务院或者地方人民政府授权本级人民政府国有资产监督管理机构履行出资人职责的有限责任公司”。

（1）国有独资公司是国家单独直接投资设立的公司。国有独资公司是国家单独直接投资设立的公司，由国有资产监督管理机构代表国家行使出资人（股东）的权利。这一特点使其同其他法人、自然人投资设立的非国有公司区分开来，也同国有独资公司设立的全资子公司——具有国有公司性质的国家间接投资公司区分开来。

（2）国有独资公司是国有资产监督管理机构根据本级政府授权作为唯一股东履行出资人职责的公司。国有独资公司是国有资产监督管理机构作为唯一股东单独投资设立、单独履行出资人职责的公司。由两个国有资产监督管理机构共同投资设立、共同履行出资人职责的公司，如国务院国有资产监督管理机构和地方国有资产监督管理机构共同投资设立的公司或者两个（以上）地方国有资产监督管理机构共同设立的公司，不属于国有独资公司的范畴。

（3）国有独资公司是有限责任公司。国有独资公司是由国有资产监督管理机构代表国家出资组成的公司，国有资产监督管理机构以其出资额为限对公司承担责任，公司以其全部资产对公司债务承担责任。国有独资公司本质上是有限责任公司，它是有限责任公司的一种特殊类型。作为公司的一种，国有独资公司不论在公司与股东的财产关系上还是在组织机构上，都同原来的国有企业不同。

在关系国家安全和国民经济命脉的重要行业与关键领域，可以设立国有独资公司。专门从事国有资产运营的公司，也可以为国有独资公司。

2）国有独资公司与一般有限责任公司的比较

国有独资公司是有限责任公司，法律关于有限责任公司一般原理的规定，也适用于国有独资公司。我国《公司法》规定，对国有独资公司的设立和组织机构有特别规定的，适用特别规定；没有特别规定的，适用有限责任公司的一般规定。但国有独资公司又属于有限责任公司的特殊形态，与一般有限责任公司存在着不少的差异，二者的主要区别在于以下几点。

（1）一般有限责任公司对股东资格并无特别要求，自然人和法人都可以作为出资股东设立公司。国有独资公司按照《公司法》的规定，公司只能由国家单独出资。由国务院或者地方人民政府授权本级人民政府国有资产监督管理机构履行出资人职责。国有独资公司的直接股东应当为“国有资产监督管理机构”。

（2）一般有限责任公司，股东会为必须设置的机构，而董事会和监事会都可以根据公司规模和股东人数来决定是否设置。而国有独资公司，法律规定不设股东会只设董事会，属于一般有限责任公司股东会的决策权分解为两部分，分别由国有资产监督管理机构和公司董事会行使。

(3) 国有独资公司的监事会不同于一般有限责任公司的监事会。国有独资公司的监事会成员由国有资产监督管理机构委派；监事会中的职工代表由公司职工代表大会选举产生。监事会主席由国有资产监督管理机构从监事会成员中指定。一般有限责任公司的监事会由股东代表和适当比例的公司职工代表组成。监事会主席由全体监事过半数选举产生。

(4) 董事及高级管理人员兼职禁止义务。《公司法》对公司的董事、经理规定了竞业限制的义务，这对一般有限责任公司和国有独资公司的相关人员也适用。《公司法》还规定“国有独资公司的董事长、副董事长、董事、高级管理人员，未经国有资产监督管理机构同意，不得在其他有限责任公司、股份有限公司或者其他经济组织兼职”。

2.4.2　股份有限公司

1. 股份有限公司的设立

股份有限公司是根据法律规定的条件成立，公司全部资本分为等额股份，股东以其所持股份为限对公司承担责任，公司以其全部资产对公司的债务承担责任的企业法人。

股份有限公司设立的条件主要包括以下几个方面。

(1) 发起人符合法定人数。发起人是指依法筹办创立股份有限公司事务的人。我国《公司法》明确规定，设立股份有限公司，应当有 2 人以上 200 人以下发起人，其中须有半数以上的发起人在中国境内有住所。发起人应符合法定人数，发起人少于 2 人，或者超过 200 人，都不得设立股份有限公司。

(2) 有符合公司章程规定的全体发起人认购的股本总额或者募集的实收股本总额。公司最低注册资本不再作为股份有限公司与有限责任公司的区分标准。有限责任公司和股份有限公司的区别主要体现在人数、设立方式、设立程序、人合性与资合性等方面。

(3) 股份发行、筹办事项符合法律规定。发起人为了设立股份有限公司而发行股份时，以及在进行其他的筹办事项时，都必须符合法律规定的条件和程序，不得有所违反。例如，向社会公开募集股份，应当依法报国务院证券监督管理机构核准，并公告招股说明书、认股书；应当同依法设立的证券公司签订承销协议，通过证券公司承销其发行的股份；应当在法定的期限内召开创立大会，依法决定有关事项；应当在法定的期限内依法向公司登记机关申请设立登记等。

(4) 发起人制定公司章程，采用募集方式设立，经创立大会通过。股份有限公司的章程是指记载有关公司组织和行动基本规则的文件。公司章程对公司、股东、董事、监事、高级管理人员具有约束力。由于筹办创立股份有限公司事务的人是发起人，所以在设立股份有限公司的过程中，公司章程应当由发起人制定。对于以发起设立方式设立的股份有限公司，由于是由发起人认购公司应发行的全部股份而设立公司，所以全体发起人共同制定的公司章程，就对全体发起人也就是全体股东有约束力，无须再以其他形式确认其效力。对于以募集设立方式设立的股份有限公司，由于除发起人以外，还有其他认股人参与，所以发起人制定的公司章程，还应当经有其他认股人参加的创立大会，以出席会议的认股人所持表决权的半数以上通过，方为有效。

（5）有公司名称，建立符合股份有限公司要求的组织机构。公司名称是指本公司与其他公司、企业相区别的文字符号。没有公司名称，该公司就无法参与经济活动，无法受到法律保护。因此，股份有限公司必须有公司名称，并且应依照《公司法》的规定，在其名称中标明股份有限公司或者股份公司字样。建立符合股份有限公司要求的组织机构是指公司必须依照《公司法》的规定，建立股东大会、董事会、经理、监事会，并依法行使其职权。

（6）有公司住所。根据民法通则的规定，法人以它的主要办事机构所在地为住所。设立股份有限公司，应当确定公司主要办事机构的地点，以便于公司开展经营活动和有关部门对公司的监督。

股份有限公司的设立，可以采取发起设立或者募集设立的方式。

发起设立是指由发起人认购公司应发行的全部股份而设立公司。以发起设立的方式设立股份有限公司的，在设立时其股份全部由该公司的发起人认购，而不向发起人之外的任何社会公众发行股份。由于没有向社会公众公开募集股份，所以，以发起设立方式设立的股份有限公司，在其发行新股之前，其全部股份都由发起人持有，公司的全部股东都是设立公司的发起人。发起设立不向社会公开募集股份，因此，以发起设立的方式设立股份有限公司，比较简便，只要发起人认足了股份就可以向公司登记机关申请设立登记，但它要求各个发起人有比较雄厚的资金，仅发起人就能够认购公司应发行的全部股份。

募集设立是指由发起人认购公司应发行股份的一部分，其余股份向社会公开募集或者向特定对象募集而设立公司。以募集设立方式设立股份有限公司的，在公司设立时，认购公司应发行股份的人不仅有发起人，而且还有发起人以外的人。以募集设立方式设立股份有限公司，发起人只需投入较少的资金，就能够从社会上聚集到较多的资金，从而使公司能够迅速聚集到较大的资本额。但是，由于募集设立涉及发起人以外的人，所以，法律对募集设立规定了较为严格的程序，以保护广大投资者的利益，保证正常的经济秩序。

2. 股份有限公司的股份发行

1）股份发行的原则

股份是指由股份有限公司发行的股东所持有的通过股票形式来表现的可以转让的资本的一部分。股份有限公司的股份一般具有表明资本成分、说明股东地位、计算股东权责的含义。我国《公司法》规定了有限责任公司和股份有限公司两种公司形式，但只把股份有限公司股东所持有的出资称为股份，而没有把有限责任股东所持有的出资称为股份。股份作为公司资本的一部分，是公司资本的最小构成单位，不能再分，所有股东所持有的股份加起来即为公司的资本总额。股份有限公司的股份具有平等性，公司每股金额相等，所表现的股东权利和义务是相等的，即只要所持有的股份相同，其股东可以享有的权益和应当履行的义务就相同。股份为股份有限公司股东所持有。股份是股东权利的象征，股东持有多少股份，就享有所持股份限度的权利。

股份的发行是指股份有限公司为了筹集公司资本而出售和分配股份的法律行为。

股份的发行应该遵循下列原则。

(1) 公平原则。参与股份发行的当事人在相同条件下的法律地位是平等的,相同的投资者有相同的权利,相同的发行人在法律上负有相同的责任,不应当在相同的投资者之间存在不公平的待遇。股份有限公司每次发行股份时的发行条件和发行价格对于社会公众要相同。同次发行的股份,每股的发行条件、发行价格应当相同。任何单位和个人所认购的股份,每次每股应当支付相同的价格。

(2) 公正原则。公司在发行股份时要依法处理发行中的问题,做到一视同仁。在股权发行中必须遵守统一制定的规则,当事人受到的法律保护是相同的,股份发行活动应当做到客观公正,依法办事,维护社会正义,保证有关公正原则的各项规范得以实施。

(3) 同股同权原则。相同的股份在相同的条件下应当具有平等性。同一个公司,相同的股份,在享有的权利上是平等的,在股票上所体现的权利也应当是平等的,按持有股份的多少行使表决权,股利的分配也取决于持股的多少,不应当是相同的股份有不相同的权利和股利分配。

2) 股票的性质

股份有限公司的股份采取股票的形式。股票是指由股份有限公司签发的证明股东按其所持股份享有权利和承担义务的凭证。股票具有以下几种性质。

(1) 有价证券。股票是一种具有财产价值的证券。股票记载着股票种类、票面金额及代表的股份数,反映着股票持有人对公司的权利。

(2) 证权证券。股票表现的是股东的权利。任何人只要合法占有股票,就可以依法向公司行使权利,比如要求公司分配自己的股息,要求分配公司的剩余财产。而且公司股票发生转移时,公司股东的权益也就随之转移。

(3) 要式证券。股票应当采用纸面形式或者国务院证券监督管理机构规定的其他形式,其记载的内容和事项应当符合法律的规定。

(4) 流通证券。股票可以在证券交易市场进行交易。

3) 股票的种类

股票的种类有很多,我国目前发行的股票通常按三种方式分类。

(1) 按股东的权利划分,股票可分为普通股和优先股。普通股是公司发行的无特别权利的股票,是公司资本构成中的基本部分,具有一切股票的基本特点,是最常见的投资形式,又是风险最大的投资形式。普通股可以享受红利分享权、资产分配权、公司管理权、认股优先权等。优先股是指股份有限公司为吸引希望获得稳定收入,但不能参与公司经营决策的出资者附加某种优惠条件而发行的股份。优先股比普通股具有一定优先权,即优先领到公司股息,优先分配公司剩余财产。

(2) 按股票是否记名划分,股票可分为记名股票和无记名股票。记名股票是指股东姓名记载在股票票面。无记名股票是指股东姓名不记载在股票票面。

(3) 按股票的发行对象划分,股票可分为A种股票、B种股票和H种股票。在我国的公司对境内自然人和法人发行的股票统称为A种股票。以人民币标明股票面值,以外币认购和进行交易，专供外国和我国香港、澳门、台湾地区的投资者买卖的股票，称为B种股票。外国和我国香港、澳门、台湾地区的投资者不得买卖人民币股票，即A种股票，非外国和我国香港、澳门、台湾地区的投资者不得买卖B种股票。我国的公司在中国香港上市的，其股票称为H种股票。

4）股票的发行价格

股票的发行价格是股票发行时所使用的价格，也是投资者认购股票时所支付的价格。股票发行价格一般由发行公司根据股票面额、股市行情和其他有关因素决定。股票的发行价格可以分为平价发行价格和溢价发行价格。平价发行是指股票的发行价格与股票的票面金额相同，也称为等价发行、券面发行。溢价发行是指股票的实际发行价格超过其票面金额。股票可以按照票面额发行，也可以按高于票面额的价格发行，但不能以低于票面金额的价格发行。按照市场经济的要求，股票的发行价格主要通过市场机制形成。

5）发行新股的条件

股份有限公司登记成立后，即向股东正式交付股票。公司登记成立前不得向股东交付股票。股份有限公司公开发行新股必须符合下列条件。

（1）具备健全且运行良好的组织机构。良好的公司治理是实现公司科学管理、提高公司运营效率、促进公司发展、维护股东利益的重要组织保障。我国上市公司存在的公司治理结构、机制不健全，影响公司的经营管理，使股东特别是中小股东利益受损的问题，也从反面证明了健全良好公司组织机构的极端重要性。对此，中国证监会在2001年发布的《上市公司新股发行管理办法》中就已要求上市公司发行新股“必须具有完善的法人治理结构”。

（2）具有持续盈利能力、财务状况良好。股东投资公司是为了获取股利收益，股东购买公司股票实际是购买公司的盈利能力。因而，公司的良好财务状况、持续盈利能力，就成为股东利益的重要保证。

（3）最近三年内财务会计文件无虚假记载，无其他重大违法行为。这对提高发行新股公司的依法经营意识，促进其依法经营，具有积极意义。

（4）经国务院批准的国务院证券监督管理机构规定的其他条件。根据《证券法》的规定，上市公司非公开发行新股（即向200人以下的特定对象发行新股），应当符合经国务院批准的国务院证券监督管理机构规定的条件。

6）新股发行的程序

股份发行不但要具备法定条件，还要履行法定程序。根据《公司法》的有关规定，新股发行要履行以下程序。

（1）股东大会对发行新股的有关事项作出决议。发行新股是公司增加资本的一种方式，不仅涉及公司资本的增加，而且涉及（原有）股东持股比例进而涉及其享有的权利和利益，因而公司增资发行新股，通常必须由股东大会作出决议（而且是特别决议）。需要由股东大会作出决议的有关事项包括新股种类及数额、新股发行价格、新股发行的起止日期、向原有股东发行新股的种类及数额。

（2）办理公开发行新股审核。向社会公开发行股份直接关系到社会投资者的切身利益和证券市场秩序，为保护社会公众投资者的利益，保证证券交易的安全和证券市场的秩序，国家通常会对向社会公开发行的股份进行规制。根据我国《证券法》的规定，向社会公开发行股份，必须经国务院证券监督管理机构审核；未经核准，发起人不得向社会公开发行股份。

（3）公告招股说明书和财务会计报告。招股说明书和财务会计报告是记载公司股份发行计划和公司业务、财务状况的详细资料，是投资者全面了解公司及其股票发行、判断公司经营和效益状况、进而作出投资决策的主要资料。我国《公司法》规定："公司经国务院证券监督管理机构核准公开发行新股时，必须公告新股招股说明书和财务会计报告，并制作认股书。"公司公告的招股说明书和财务会计报告必须真实、准确、完整。

（4）确定承销机构，签订承销协议。公司向社会公开发行新股，必须由证券经营机构承销。股票承销可以采取代销和包销两种方式。股票代销是指证券公司代发行人发售股票，在承销期结束时将未出售的股票全部退还给发行人的承销方式。股票包销是指证券公司将发行人的股票按照协议全部购入或者在承销期结束时将售后剩余股票全部自行购入的承销方式。承销机构确定后，发行公司要同其签订承销协议。为了收回和保存股款，发起人还要同银行签订代收股款协议。

（5）认股人认股、缴纳股款。认股人认股时，必须填写认股书。认股人应当在认股书上填写所认股份数量及金额、认股人住所，并签名、盖章。认股人认股后，有按照所填认股书缴纳股款的义务。公司发行股份全部认足后，发起人应当向认股人发出缴纳股款的通知。认股人应当按所认股款数额在规定的缴纳股款期限向代收股款的银行缴纳股款。代收股款的银行应当按照协议代收和保存股款，向缴纳股款的认股人出具收款单据，并负有向有关部门出具收款证明的义务。

（6）办理变更登记并公告。我国《公司法》规定："公司发行新股募足股款后，必须向公司登记机关办理变更登记，并公告。"

3. 股份转让

股份转让是指股份有限公司的股份持有人依法自愿将自己所持有的股份转让给他人，使他人取得股份成为股东的法律行为。

1）股份转让的特点

（1）股份转让在《公司法》中特指股份有限公司的股份转让。《公司法》将有限责任公司股东转让出资的行为称为股权转让（有的称为出资的转让）。

（2）股份转让须依法进行。所谓依法转让，是指股份持有人在转让自己的股份时必须按照《公司法》和有关法律（比如《证券法》）、行政法规的规定将自己的股份转让给他人。比如，按照《证券法》的规定，上市公司上市交易的股票必须在法定的证券交易场所进行转让等。

（3）股份转让属于相对自由的转让。股份自由转让是股份有限公司的一个特点，也是一项基本原则。在股份转让中，只要股东转让行为符合法定要求，其他人就无权干涉股份持有人转让自己的股份。股份转让，对于股份有限公司的股份持有人来讲，是将自己的出资收回;对于取得股份的人来讲,意味着成为公司的股东。股份转让不影响公司"资本"的稳定。由于股份有限公司是一种资合性的公司,公司与股东的关系如何并不重要,只要公司的"资本"不减,就能维持公司的正常运行,确保公司债权人的合法权益。所以,股份有限公司的股份转让是一种自由的转让。

(4) 股份转让在特定情况下要受到一定的限制。股份转让是股份有限公司的一般原则,股份的转让不是一种绝对自由的转让,必须遵守法律、行政法规的规定。比如,公司的发起人、董事、监事、高级管理人员所持股份的转让要受到一定的限制。

(5) 股份转让是以股票的形式出现的。按照《公司法》的规定,公司股份的具体表现形式是股票。因此,股份的转让,是通过股票的转让来完成的,是以股票的形式出现的。

(6) 股份转让是一种法律行为。转让人和受让人买卖股票的行为均是出于双方自愿,但该行为必须符合法律、行政法规的要求。

2) 股份转让的方式

股份转让在依法设立的证券交易场所进行。证券交易场所包括证券交易所和证券交易所以外的其他交易场所。关于证券交易场所的设立,《证券法》等法律、行政法规有所规定。按照现行规定,上市公司股票的转让要在证券交易所进行。目前,我国依法设立的证券交易所有两个:一个是上海证券交易所;另一个是深圳证券交易所。同时,为确保股份的依法有序转让,确保股份的自由转让,还可以采取由国务院根据我国的实际情况作出具体规定的方式进行。

3) 股份转让的限制

(1) 股东转让股份的限制,包括发起人和上市交易前的股东。

发起人持有的本公司的股份,自公司成立之日起 1 年内不得转让。其目的是增强发起人在公司创办阶段的责任感和防止某些人利用创办公司的名义实施违法投机行为。

公司公开发行股份前已发行的股份自公司股票在证券交易所上市交易之日起 1 年内不得转让。其目的是确保上市公司上市初期的稳健运作和防止某些人从事一些违法投机行为。

(2) 公司管理人员转让股份的限制,包括法律规定的限制和公司章程规定的限制。

① 法律规定的限制。一是公司董事、监事、高级管理人员应当向公司申报所持有的本公司的股份及其变动情况。二是这些人员在任职期间每年转让的股份不得超过其所持有本公司股份总数的 25%;公司股票在证券交易所上市交易的,自上市交易之日起 1 年内不得转让。三是这些人员离职后半年内,不得转让其所持有的本公司股份。其目的是防止这些人因了解公司情况从事投机行为,损害其他投资者的合法权益。需要说明的是,如果这些人属于法定限制的"发起人",则同时执行有关发起人的限制性规定。

② 公司章程规定的限制。公司章程可以对法定的公司管理人员转让股份作出更严格的规定。这项规定属于授权规定,公司章程可以规定,也可以不作规定。章程有规定的,执行章程的规定;章程没有规定的,执行法律的规定。

4. 上市公司

上市公司是指其股票在证券交易所上市交易的股份有限公司。上市公司只是股份有限公司中的一小部分,并非所有股份有限公司都是上市公司。西方发达国家对上市公司的管理非常严格,规定了非常具体的上市条件。美国有几十万家股份公司,而股票在纽约证券交易所上市的公司只有 2 000 家。日本上市公司数量在全部股份公司中所占的比重为 0.2%。在伦敦证券交易所上市的公司有 2 400 家。在巴黎证券交易所上市的法国公司有 1 000 家。西方各国对上市公司都作了严格的限制。

1) 上市公司的特征

(1) 上市公司必须是已向社会发行股票的股份有限公司。即以募集设立方式成立的股份有限公司,可以依照法律规定的条件,申请其股票在证券交易所内进行交易,成为上市公司。以发起设立方式成立的股份有限公司,在公司成立后,经过批准向社会公开发行股份后,又达到公司法规定的上市条件的,也可以依法申请为上市公司。

(2) 上市公司的股票必须在证券交易所开设的交易场所公开竞价交易。证券交易所是国家批准设立的专为证券交易提供公开竞价交易场所的事业法人。目前,在我国有深圳证券交易所和上海证券交易所。上市公司的股票,依照有关法律、行政法规及证券交易所的业务规则上市交易。

2) 上市公司的法律特征

上市公司是股份有限公司的构成部分,也是最富典型性的股份有限公司形式。与一般的股份有限公司相比,上市公司具有如下几种法律特征。

(1) 上市公司是建立在股份公开发行基础之上的股份有限公司。按照我国《证券法》规定,股份有限公司申请股票上市的条件之一就是“股票经国务院证券监督管理机构核准已公开发行”,说明公开发行股票是股份有限公司上市的前提。实践中,公开发行股票的股份有限公司又称“公众公司”,“公众公司”是上市公司的主要来源。

(2) 上市公司是股份在证券交易所集中交易的股份有限公司,“上市”的含义就是公司股份“上市交易”,即进入证券交易所进行集中交易。我国上市公司目前的股份还有流通股和非流通股之分,只有流通股才能“上市交易”,非流通股正逐步通过“股权分置”等方式来解决“上市交易”问题。

(3) 上市公司是与证券市场紧密联系的股份有限公司。上市公司作为股份有限公司的典型形式,其主要功能的形成和释放,都离不开证券市场。正是借助和依托证券市场机制,上市公司才有可能真正建立起一整套科学合理的法人治理结构,从而不断提高公司的效率。

(4) 上市公司是股东人数众多的股份有限公司。正是由于上市公司与证券市场的关系,任何社会公众只要在证券市场购买了公司股票就成为该公司的股东,因此,实践中的上市公司,股东人数动辄数万、数十万并不为奇。

(5) 上市公司是必须实行信息披露制度的股份有限公司。按照《公司法》《证券法》规定,信息披露是上市公司必须履行的一项法律义务。如果上市公司不履行这一义务或不按照规定披露信息,就可能承担相应的法律责任。

（6）上市公司是受法律严格规制的股份有限公司。就我国目前的情况看，对上市公司的规制，其严格性和严密程度超过了其他任何一种公司形式。

3）公司上市的条件

根据《证券法》的规定，股份有限公司申请股票上市交易，应当符合下列条件。

（1）股票经国务院证券监督管理机构核准已公开发行。公开发行股票包括募集设立发行与新股发行，二者均须经国务院证券监督管理机构核准。只有经核准已公开发行的股票，才能上市交易。

（2）公司股本总额不少于人民币 3 000 万元。这是对公司股票发行规模的要求，其目的是使上市公司具有较大的资本规模和较强的经济实力。

（3）公开发行的股份达到公司股份总数的 25%以上；公司股本总额超过人民币 4 亿元的，公开发行股份的比例为 10%以上。这是关于公司股本结构的要求，其目的是使公开发行的股份占有适当比例，使上市股票有足够的流通性，防止股票过于集中而可能产生的问题。

（4）公司最近 3 年无重大违法行为，财务会计报告无虚假记载。这是对公司依法、诚信经营的要求。

证券交易所可以规定高于以上 4 项的上市条件，并报国务院证券监督管理机构批准。

4）公司上市的程序

股份有限公司申请上市，除应具备法定条件外，还必须遵循相应的法定程序。股票上市交易实行核准制度。公司股票上市交易，应当向证券交易所提出申请，由证券交易所依法审核同意，并由双方签订上市协议。

（1）提出股票上市交易申请。根据我国《证券法》的规定，股份有限公司向证券交易所提出股票上市交易申请时，应当报送下列文件：上市报告书；申请股票上市的股东大会决议；公司章程；公司营业执照；依法经会计师事务所审计的公司最近 3 年的财务会计报告；法律意见书和上市保荐书；最近一次的招股说明书；证券交易所上市规则规定的其他文件。

（2）证券交易所依照法定条件和法定程序对股份有限公司的上市申请进行审核，作出同意或不同意的决定。对证券交易所作出的不予上市决定不服的，申请人可以向证券交易所设立的复核机构申请复核。

（3）和证券交易所签订上市协议，由证券交易所安排股份有限公司证券上市。

（4）进行上市公告。股票上市交易申请经证券交易所审核同意后，拟上市公司应当在规定的期限内公告股票上市的有关文件，并将该文件备置于指定场所供公众查阅。拟上市公司除公告上述上市申请文件外，还应当公告下列事项：股票获准在证券交易所交易的日期；持有公司股份最多的前 10 名股东的名单和持股数额；公司的实际控制人；董事、监事、高级管理人员的姓名及其持有本公司股票和债券的情况。

案例分析

案例 2.1 会计师事务所

为了与国际接轨,我国目前成立了大批合伙制会计师事务所。这种负有无限责任制的会计师事务所若在经营过程中发生财务审计的违规、违法行为,其会计师事务所的所有人员都将承担相应的法律责任。与有限责任制的会计师事务所相比,无限责任制会计师事务所最大的不同就在于:前者违规违法后的最高赔偿金额,只需达到其注册资本金即可;而后者一旦发生赔偿,除了要把会计师事务所内的所有财产赔出外,其从业人员还要用自己的私人财产进行赔付,直到倾家荡产。此外,在组建方式上,无限责任制会计师事务所与有限责任制会计师事务所也有很大不同。无限责任制会计师事务所不要求验资,但它必须由两个以上具有五年以上从业经验的注册会计师作为发起人,而有限责任制会计师事务所要求的注册资本通常为 30 万～50 万元。无限责任制会计师事务所的发展,可以有效地杜绝假账的发生。合伙制会计师事务所将成为这个行业未来的发展方向。

问题:

(1) 合伙企业与有限公司的主要区别是什么?

(2) 为什么会计师事务所推行合伙制?

案例 2.2 企业自挂"公司"招牌案

王鹏与张新合伙在县城郊区开办了一家榨油厂,半年下来获利可观,次年便到工商管理机关以 10 万元注册资金用"长源榨油厂"名称申请了工商登记,并取得了营业执照。2011 年 10 月,在未经批准登记的情况下,将原厂牌换为"××省长源油业有限责任公司"的牌子,二人分别以"公司"董事长和总经理的名义印制了名片,从事原料收购、榨油和销售等工作。

2012 年 2 月,他们收下外省一家企业的 5 万元定金后,由于市场行情变化未能按时交货,被对方诉上法庭。法庭在审理中发现,他们的企业不具备公司法人的条件,未经工商登记,实为两人合伙的非法人企业。法院在判令他们承担违约责任的同时,依法向工商机关提出司法建议。

当地工商机关经调查,发现王鹏与张新所设立的企业实质为合伙企业,对于企业的债务应由两人承担无限连带责任,而不能以"有限责任公司"为保护伞仅承担有限责任。因此,王鹏与张新不仅要对原告承担未能按时交货的民事责任,工商行政管理机关还对他们作出责令改正企业名称,并罚款 1 万元的处罚决定。

问题:

(1)"长源榨油厂"为什么不能以"××省长源油业有限责任公司"的名称冠名?

(2) 如果"长源榨油厂"想改制为"××省长源油业有限责任公司",在设立上需满足什么条件?

案例2.3　安徽山鹰纸业股份有限公司

安徽山鹰纸业股份有限公司前身是马鞍山市造纸厂，始建于1957年，企业于1994年5月改制为职工持股的有限责任公司，实现公司第一次改制。1999年，公司二次改制，变更为安徽山鹰纸业股份有限公司，注册资本为10 050万元人民币。2001年11月22日，安徽山鹰纸业股份有限公司6 000万A股公开在上海证券交易所发行，并于2001年12月28日开始上市交易。公司现为安徽省最大的包装纸板生产厂家和国家大型一档造纸工业企业，产量规模和经济效益连续多年居安徽省造纸行业首位。

第一次改制，马鞍山市造纸厂将其生产经营性资产进行股份制改组，组建设立山鹰有限公司。根据马鞍山会计师事务所〔1994〕第003号《马鞍山市造纸厂资产评估报告书》、马鞍山市国有资产管理局国资字〔1994〕10号《资产评估确认通知书》、马鞍山市国有资产管理局国资字〔1994〕12号《关于同意造纸厂转让部分国家股股权的批复》和马鞍山市国有资产管理局国资字〔1994〕13号《关于造纸厂股份制试点国家股股权管理的批复》，马鞍山市造纸厂用于进行股份制试点的生产经营性净资产为1 021万元，其中向企业内部职工出售142.4万元，企业内部职工以购得的该经营性净资产作为出资，马鞍山市造纸厂以213.6万元净资产作为出资，组建山鹰有限公司；由于当时马鞍山市尚未建立社会养老保险制度，为解决改制前133名离退休职工的离退休费用问题，上述经营性净资产中剩余665万元不作为股东出资，列入资本公积金，作为山鹰有限公司法人财产的组成部分，其终极所有权属于国家，由山鹰有限公司经营管理，山鹰有限公司因此承担改制前离退休人员的相关费用。

1994年7月26日，马鞍山会计师事务所出具了〔1994〕1106号《验资报告书》，验证上述出资全部到位。1994年8月2日，山鹰有限公司领取了《企业法人营业执照》，注册资本为356万元，其中马鞍山市国有资产管理局委托马鞍山市造纸厂持有60%的股权，代表山鹰有限公司内部职工持股的职工合股基金管理委员会持有40%的股权。1994年8月2日，马鞍山市山鹰有限责任公司正式由马鞍山市造纸厂改制设立，注册资本为356万元。这次改制工作程序规范，在马鞍山市体改委的指导下，企业聘请了会计师事务所等中介机构对企业认真进行资产评估，精心设计企业股权结构，使公司建立了产权清晰、权责明确的现代企业制度，并为公司以后的股份制改造及上市打下了良好的基础。

1997年3月，经山鹰有限公司第四次股东会决议和职工合股基金管理委员会决议，同意由公司工会代表持股职工行使股东权利。1997年6月，马鞍山市人民政府以马政秘〔1997〕64号文批复，同意以马鞍山市造纸厂国有资产组建安徽山鹰纸业集团有限公司，并依据安徽省人民政府皖政秘〔1996〕286号文的授权，批复该公司为国有资产授权投资主体，依法持有山鹰有限公司的国家股权。1999年2月，集团公司更名为马鞍山山鹰纸业集团有限公司。

此后，公司依照《公司法》及其他相关法律、法规关于发起设立股份公司的规定，发起人人数可以达到5人以上，全部发起人均为中国法人和自然人，注册资本可以达到1 000万元人民币以上，以现金和实物出资，对公司进行了第二次改制，公司由有限公司变更为股份有限公司。

1999年2月，经马鞍山市人民政府马政秘〔1999〕13号文批复，山鹰有限公司进行了增资扩股和股权转让事宜，注册资本增加至4 039万元，公司股东变更为：马鞍山山鹰纸业集团有限公司持有93%的股权、马鞍山市轻工国有资产经营有限公司持有5%的股权、马鞍山港务管理局持有1%的股权、马鞍山隆达电力实业总公司持有0.8%的股权、马鞍山市科技服务公司持有0.2%的股权。

1999年10月20日，依据安徽省体改委皖体改函〔1999〕74号文批复和安徽省人民政府皖府股字〔1999〕第26号《安徽省股份有限公司批准证书》，山鹰有限公司依法整体变更为安徽山鹰纸业股份有限公司，此次股份制改造完成后，公司的注册资本为10 050万元。各股东(发起人)持股情况为：马鞍山山鹰纸业集团有限公司持股数量为9 346.5万股，持股比例为93%；马鞍山市轻工国有资产经营有限公司持股数量为502.5万股，持股比例为5%；马鞍山港务管理局持股数量为100.5万股，持股比例为1%；马鞍山隆达电力实业总公司持股数量为80.4万股，持股比例为0.8%；马鞍山市科技服务公司持股数量为20.1万股，持股比例为0.2%。此次公司股份制改造，为公司进一步申请公开发行股票及上市做好了准备。

2001年11月22日，安徽山鹰纸业股份有限公司6 000万A股公开在上海证券交易所发行。在发行前，公司为减少关联交易或保证生产经营的正常进行，进行了以下资产重组事宜。

(1) 为避免同业竞争，减少关联交易，2000年10月，安徽山鹰纸业股份有限公司收购了集团公司持有的天福公司98.75%的股权。

(2) 为稳定公司购货渠道，2000年12月，安徽山鹰纸业股份有限公司控股兼并了马鞍山市蓝天废旧物资回收经营部，该经营部原为马鞍山市轻工总会下属的国有企业，注册资本为10万元，是本公司生产原料(国内废纸)的重要供应商。控股兼并该经营部后，组建成立了蓝天公司，注册资本为244万元。本公司持有其95%的股权。

至此，安徽山鹰纸业股份有限公司的改制工作基本完成，公司也顺利地在上海证券交易所完成了发行和上市工作。

本次发行前后公司的股本结构如表2-1所示。

表2-1　安徽山鹰纸业股份有限公司的股本结构

股份名称		发行前		发行后	
		数量/万股	比例/%	数量/万股	比例/%
尚未流通股份	发起股份	10 050	100	10 050	62.62
	国家股(集团公司)	9 346.5	93	9 346.5	58.24
	境内法人股	703.5	7	703.5	4.38
已流通股份		0	0	6 000	37.38
股份总额		10 050	100	16 050	100

问题：

（1）对企业存量资产进行股份制改组的主要形式有哪些？你认为对不同的企业进行股份制改组应该如何选择？

（2）安徽山鹰纸业股份有限公司建立现代企业制度的过程对你有何启示？

（3）现代企业制度的内容有哪些？你认为建立现代企业制度的关键是什么？

复习思考题

1. 什么是企业制度？它的含义包括哪些方面？
2. 市场经济条件下的企业制度有哪几种？单个业主制企业与合伙制企业各有何优缺点？
3. 公司制企业有哪些特征？
4. 公司制企业的种类有哪些？什么是无限公司？什么是两合公司？
5. 如何理解现代企业制度的概念？
6. 现代企业制度有哪些特征？
7. 现代企业制度的内容有哪些？它们之间关系如何？
8. 什么是产权？什么是法人财产权？
9. 产权制度及其功能有哪些？
10. 现代企业组织制度的基本特征有哪些？
11. 设立有限责任公司应具备哪些条件？
12. 什么是一人有限责任公司？其有何特征？
13. 什么是国有独资公司？国有独资公司与一般有限责任公司有何不同？
14. 股份有限公司设立的条件有哪些？
15. 什么是股票？股票的种类有哪些？
16. 什么是上市公司？股份有限公司申请股票上市必须符合哪些条件？

第3章

市场营销

美国一个制鞋公司要开发国外市场，公司派了一个业务员去非洲的一个岛国，让他了解一下能否将本公司的鞋销售给他们。这个业务员到非洲待了一天就发回一封电报："这里的人不穿鞋，没有市场。我即刻返回。"不久，公司又派了一名业务员去同样的地方，这个业务员待了一个星期后发回一封电报："这里的人不穿鞋，鞋的市场很大，我准备把本公司生产的鞋卖给他们。"公司总裁得到两种不同的结果后，为了解到更真实的情况，于是又派去了第三个人，这个业务员到非洲待了三个星期后发回一封电报："这里的人不穿鞋，原因是他们长有脚疾，他们也想穿鞋，过去不需要我们公司的鞋，是因为我们的鞋太窄。我们必须生产宽鞋，才能适应他们对鞋的需求。这里的部落首领不让我们做买卖，除非我们借助于政府的力量和公关活动搞大型市场营销。我们打开这个市场需要投入大约1.5万美元。这样我们每年能卖大约2万双鞋，在这里卖鞋可以赚钱，投资收益率约为15%。"

如果你是这家制鞋公司的总裁，你将采纳哪一个业务员的建议？为什么？

市场是有竞争的，营销是企业成功的要素。伴随着经济发展和企业营销管理需要而出现的市场营销学，是20世纪发展最快的管理学科之一，它是现代企业和企业家营销实践的总结。市场营销学的研究对象是以满足消费者需求为中心的企业市场营销活动过程及其规律。本章着重介绍市场营销的基本概念、市场分析、市场细分与目标市场选择、市场营销组合策略等内容。

 3.1 市场营销的基本概念

3.1.1 市场与市场营销

1. 市场

市场营销活动总是同市场联系在一起的。市场是商品经济发展的产物，是随着社会分工和商品经济的产生而发展起来的。最初的市场主要是指商品交换的场所。因为在人类社会初期，生产力水平很低，能交换的产品极少，交换关系也十分简单，生产者的产品有剩余时，就需要寻找一个适当的地点来进行交换，这样就逐渐形成了市场。随着生产和社会分工的发展，商品交换日益频繁，人们对交换的依赖程度也日益加深，从而“使他们各自的产品互相成为商品，互相成为等价物，使它们互相成为市场”。在这里，交换关系复杂化了，市场成为不同生产者通过买卖方式实现产品相互转让的商品交换关系的总和。因此，市场这一概念明显包括双重含义。其一是商品交换的场所，这是进行商品交换的必要条件，没有一定的场所，交换就无法进行；其二是一切商品交换关系的总和，即从事商品生产和交换的生产者、经营者以及商品的消费者之间错综复杂的交换关系的总体。

从市场营销的角度来看，市场是对某种商品或服务具有需求、有支付能力并且希望进行某种交易的人或组织。市场包含有某种需要的人口、为满足这种需要的购买能力和购买欲望三个主要因素，用公式表示如下：

$$市场 = 人口 + 购买能力 + 购买欲望$$

市场的这三个因素是相互制约、缺一不可的，只有三者结合起来才能构成现实的市场，才能决定市场的规模和容量。

2. 需要、欲望和需求

需要和欲望是市场营销活动的起点。

需要是一种感到不满足或感到缺乏的生理或心理状态，人类有许多需要，如衣、食、住、行、用的需要，情感和归属的需要，知识的需要，自我实现的需要等。这些需要是人类所固有的，企业的营销活动不能创造需要，只能想尽各种方式去满足它们。

欲望是由需要派生出来的，是人们对一种特定物品的渴求，它受社会文化和人们个性的限制。如为了满足“行”的需要，人们想拥有一辆汽车；为了满足“住”的需要，人们想拥有别墅；为了满足“饥饿”的需要，人们想得到食物等。然而欲望的满足毕竟要受到社会特定条件的限制，对于落后的国家和地区来说，人们的欲望不可能追求吃什么能吃得好，而是吃什么能吃得饱。随着人们生活水平的提高和观念的改变，这种欲望也会发生变化。

需求是指有支付能力的欲望。人的欲望是无止境的，而需求是有限的。顾客总是将有限的支付能力用于物有所值的购买行为上，以最大限度地满足其欲望。营销就是要让顾客感到物有所值，或让其有超值感受，在有限的支付能力下最大限度地满足其欲望。

3. 市场营销

市场营销是指企业从顾客需求出发，综合运用科学的营销组合策略，把商品和服务顺利地销售给消费者，以尽可能地满足他们的需求，最终实现企业目标的经营活动。

市场营销源于销售活动，但绝对不等同于销售，它的内涵比单纯的销售活动要广得多。因此，正确理解市场营销的概念需要把握以下三个要点。

(1) 市场营销的目的是满足顾客需求。以顾客需求为出发点，并以顾客满意为归宿点，是企业一切经营活动的最高准则。企业经营者总希望能获取尽可能多的利润，但只有了解了顾客的需求，并提供经得起竞争的产品和服务满足顾客，才是企业获利的关键。

(2) 市场营销的中心是顺利完成交换。交换就是交换者通过提供某种东西作为回报，从他人那里取得自己所需之物的行为。市场营销活动通过交换过程实现，企业向顾客提供产品和服务，顾客支付货币，从而实现企业盈利的目的。

(3) 市场营销的手段是综合运用营销组合。营销组合是企业根据目标市场的需求特点，将各种营销因素有机结合，实现最优化组合，以形成企业的经营特色、达到企业的营销目标。这些因素包括产品(product)因素、价格(price)因素、分销渠道(place)因素和促销(promotion)因素，简称4P。营销组合既是一种技巧，也是一种艺术。

所谓综合运用，是指企业运用这四个因素时，在对每一个因素进行分析研究的基础上，把它们结合起来应用，而不是各自单独运用。企业在开展市场营销时，首先要考虑为顾客提供什么样的产品；其次应给这一产品定价；再次要考虑给这一产品寻找分销网点；最后还要考虑采取什么样的促销措施来激发顾客购买这一产品。因此，这四个因素是紧密相连、统一运用的。

3.1.2 市场营销观念

营销观念是企业从事营销活动的指导思想，其核心是企业如何正确处理社会、顾客和企业三者之间的关系，并以此为指导开展营销活动。市场营销观念随着生产力的发展和科学技术水平的提高、市场供求关系的变化、市场竞争的激化和市场营销管理由低级向高级发展的需要，而相应地发生着演变。

1. 传统的营销观念

传统的营销观念是卖方导向的观念，它属于“以产定销”“以产促销”范畴，即企业生产什么就卖什么，生产多少就卖多少。一般都是先有产品后找市场，经营方向是从企业到顾客而不是从顾客到企业。传统的营销观念的主要表现形式有生产观念、产品观念和推销观念。

(1) 生产观念。生产观念是市场营销观念的早期表现形式之一，这种观念的基本出发点是：消费者总是偏好那些可以随处得到、价格低廉的产品。在这种出发点的影响下，就形成了生产观念的基本内容，即企业以改进、增加生产为中心，集中一切资源和力量来增加产量、降低成本，生产出何种产品就销售何种产品。生产观念的侧重点是在企业内部，这就会使企业以自我为中心，而对外部环境以及消费者需求的变化反应不够敏感，这就与市场营销的基本原则发生了背离。

(2) 产品观念。产品观念也是一种市场营销观念。它的基本出发点是：企业生产的产品是满足消费者需求的基础，而质量好、性能高、有特色的产品总会受到消费者的欢迎。在产品观念指导下，企业通常将运营核心放在提高产品质量和性能上。比较而言，产品观念比生产观念多了一层竞争的色彩，并且在无意中更贴近消费者的需求，所以它比生产观念要先进一些。但是，产品观念也存在着严重不足。它是以企业的产品为中心的，容易使企业不适当地把注意力放在产品上，而不是放在市场需要上，最终会使企业的发展陷入不良状态。

(3) 推销观念。随着产品生产过剩的出现，生产观念和产品观念已经不能适应企业的需要，推销观念由此产生。推销观念认为，如果顺其自然，消费者通常不会大量购买某一组织的产品，所以，该组织为了把产品销售出去，就必须积极地进行各种促销活动。在推销观念指导下，企业通常把工作的重点放在广告和推销方面，努力向现实顾客和潜在顾客展示本企业产品，促进其购买。由于推销观念的出发点是企业的既有产品，使推销观念存在一个致命的缺陷，即在推销观念的指导下，很多企业都不顾及消费者的想法，而极力诱使消费者购买，至于消费者是否需要、买回去是否有用，企业就不关心了。这一缺陷会使企业缺乏发展后劲。

2. 市场营销观念

市场营销观念又称为以顾客为中心的观念，它是以买方为导向的观念。市场营销观念的出现是营销观念的一次历史性进步。与其他营销观念相比，它的指导原则不再是销售能够生产出来的产品，而是生产能够销售出去的产品。市场营销观念认为，实现组织多个目标的关键在于正确确定目标市场的欲望和需要，并且比竞争对手更有效、更便利地供给目标市场所期望满足的东西。市场营销观念的产生以及迅速普及，使企业在激烈的竞争环境中找到了生存与发展的契机，它极大地改变了现代企业的经营与管理，甚至使企业的组织结构也发生了深刻的变革。市场营销观念与其他营销观念有着本质的区别，它已经把企业活动的中心由企业内部转向了企业外部，把消费者的利益放到了企业思考和处理问题过程中第一重要的位置上。

3. 社会营销观念

社会营销观念是以社会为中心，突出以社会为导向的观念。与生产观念、产品观念和推销观念相比，市场营销观念虽然是一种先进的、动态发展的观念，但是，它给企业所带来的动态发展是有限的。市场营销观念只是在“消费者—企业”的二维空间中谋求动态发展，而忽视了消费者和企业所共同面对的社会环境。如果社会环境被破坏了，那么企业和消费者都将无法继续生存，更谈不上什么发展了。所以，人们需要一种新的观念来修正或取代市场营销观念。于是，社会营销观念应运而生。社会营销观念认为，组织的任务是确定各个目标市场的需要、欲望和利益，并以保护或者提高消费者和社会福利的方式，比竞争者更有效、更便利地向目标市场提供所期待满足的东西。社会营销观念打破了“消费者和企业二维交流的模式”，引入社会利益概念，使社会利益成为公司决策的重要因素。对社会利益的慎重考虑可以为企业带来两方面的好处：从宏观来讲，可以保护消费者和企业生存与发展的环境，为人类社会生存价值的不断提高创造条件；从微观来讲，可以提高企业在消费者心目中的形象，从而更有利于企业的生产与经营。

3.1.3　顾客让渡价值

在现代市场营销观念的指导下，企业把主要精力集中在向顾客提供高价值的产品、追求高顾客满意度上。而要实现让顾客满意，需要从顾客的立场出发设计和生产产品。消费者在购买商品和服务时考虑的是顾客让渡价值，他们会购买能提供最高顾客让渡价值的产品。

1. 顾客让渡价值的含义

顾客让渡价值是指顾客购买的总价值与顾客购买的总成本之间的差额，用公式表示如下：

顾客让渡价值＝顾客购买的总价值－顾客购买的总成本

顾客购买的总价值是指顾客购买某一产品或服务所期望获得的一组利益，它包括产品价值、服务价值、人员价值和形象价值等。顾客购买的总成本是指顾客为购买某一产品所支付的货币资金以及所耗费的时间、精神、体力，它包括货币成本、时间成本和精力成本等。

顾客在购买产品或服务时总是从价值与成本两个方面来进行比较分析，从中选出价值最高、成本最低即顾客让渡价值最大的产品作为优先选购的对象，以获取更多的实际利益，使自己的需要得到最大限度的满足。

2. 顾客购买的总价值

顾客购买的总价值由产品价值、服务价值、人员价值和形象价值四个方面构成，其中每一方面都会对顾客购买的总价值产生影响。用公式表示如下：

顾客购买的总价值＝产品价值＋服务价值＋人员价值＋形象价值

(1) 产品价值。产品价值是指顾客购买某种产品本身的价值，即产品的质量、功能、特性、款式、特色和包装等与产品直接相关的诸多因素。它是顾客需要的中心内容，也是顾客选购产品的首要因素，更是决定顾客购买的总价值大小的关键所在。

(2) 服务价值。服务价值是指伴随产品实体的出售，企业向顾客提供的各种附加服务，包括产品介绍、送货、安装、调试、维修、退换、使用指导、技术咨询与培训和产品保证等所产生的价值。服务是产品的延伸，是全面满足消费需要和提高产品价值的重要内容。服务可分为售前服务、售中服务和售后服务。服务价值是构成顾客购买的总价值的重要因素之一。

(3) 人员价值。人员价值是指企业员工的经营思想、经营作风、业务能力、知识水平、应变能力和工作效益等因素带给顾客的利益。企业员工的素质高低直接决定着企业为顾客提供的产品与服务的质量和顾客需求的满足与否，决定了顾客购买总价值的大小。

（4）形象价值。形象价值是指企业及其产品在目标顾客或社会公众中形成的总体形象所产生的价值。它包括企业的产品、技术、质量、包装、商标和工作场所等构成的有形形象所产生的价值，还包括企业及其员工的职业道德行为、经营行为、服务态度和工作作风等行为形象所产生的价值，以及企业的价值观念、管理哲学等理念形象所产生的价值等。

3. 顾客购买的总成本

顾客购买的总成本是顾客通过购买获得某种利益时付出的代价。它由货币成本、时间成本和精力成本构成，用公式表示如下：

顾客购买的总成本＝货币成本＋时间成本＋精力成本

式中，时间成本和精力成本称为非货币成本。

（1）货币成本。货币成本是指顾客购买产品时支付的直接和间接货币支出。直接支出是指在购买时支付的价格、包装费等；间接支出是指顾客为购买和使用产品而支付的相关费用，如交通费、产品运费、安装维修费等。一般情况下，顾客在购买产品时首先考虑价格因素，即货币成本的大小，因此，货币成本是构成顾客购买的总成本大小的主要和基本因素。在其他因素相同或差别甚微的条件下，顾客首先选择价格低、相关费用少的产品。

（2）时间成本。时间成本是指顾客为得到和使用所需产品而耗费的全部时间。它包括信息收集时间、路途往返时间、交易过程时间、交货等待时间、产品运输时间和售后服务时间等。时间成本的大小与顾客购买的总成本的高低成正比，与顾客购买的总价值成反比。因此，企业应提高工作效率，缩短顾客在购买与消费的等候时间，尽可能在保证产品和服务质量的前提下，采取有效措施减少顾客的时间成本，提高顾客让渡价值。

（3）精力成本。精力成本是指顾客购买和使用产品时在精神和体力方面的耗费与支出，包括精神成本和体力成本。顾客在搜集信息、判断选择、购买、运输、安装使用和维修等各个环节都需要付出一定的精力。如果企业能从产品价值链的各个环节，即设计、供应、生产、接单、交货、结算和服务等环节都以提高顾客让渡价值为目标，千方百计提高价值链的营销效率，就有利于在企业内部减少产品或服务的顾客购买的总成本，增加顾客购买的总价值，使产品和服务更有竞争性。比如，通过各种渠道向潜在顾客提供全面详尽的信息，就可以减少顾客搜集信息和判断选择所耗费的精力。

顾客让渡价值理论表明：顾客购买过程是一个总价值与总成本的比较过程。在这个比较过程中，能为顾客实现价值最大化，即综合利润最大化才是其购买的真正原因。因此，企业要从顾客购买的总价值与总成本两个方面提供比竞争对手更为优越的选择，令顾客满意，才能取得经营的成功。

3.1.4 市场营销的新发展

以互联网、知识经济、高新技术为代表，以满足消费者的需求为核心的新经济的迅速发展使企业营销活动的环境因素发生了深刻的变化。与环境的变化相适应，企业的营销活动也发生了很大的变化：提供的产品从有形产品转向提供系统的问题解决方案；营销目标从注重市场占有率转向注重客户感受和加强客户关系；沟通媒介从大规模的大众媒体转向特色化的网络媒体等。市场营销的新领域和新理论层出不穷，其中最重要的发展方向包括网络营销、服务营销、绿色营销和体验营销。

1. 网络营销

网络营销是利用计算机网络、现代通信技术以及数字交互式多媒体技术来实现营销的现代营销方式。网络营销是利用计算机互联网作为实现交易的手段；网络营销是企业通过计算机网络对目标顾客直接营销；网络营销的本质是以计算机网络为基础，实现企业与目标顾客的互动性市场接触，实施定制营销，即根据顾客特定的要求提供相应的产品或服务。网络营销是伴随信息技术的发展而发展的，它是有别于传统市场营销的新营销手段，它使企业在控制成本费用、开拓市场以及与顾客保持关系等方面具有很大的竞争优势。

与传统的营销策略和营销手段相比，网络营销具有以下特点。

(1) 虚拟性。网络营销本身依附于虚拟空间，营销活动的全过程在一种“虚拟”的网络环境中进行。网络营销活动不受空间的限制，节约了大量的开店成本，可以在短时间内很快地扩大销售规模。

(2) 互动性。营销过程具有信息交流的互动性、产品交易的互动性以及服务的互动性。顾客可以主动参与到产品的设计、生产和销售过程中。

(3) 便利性。网络延伸到哪里，网络营销就可以延伸到哪里，没有地域的限制，没有时间的延迟。顾客可以非常方便地找到他所需要的产品，还可以很容易地进行价格比较。

(4) 服务性。网络营销可提供全方位、全过程和全天候的服务。利用网络，企业可以同时向大量顾客提供服务，极大地提高了服务的效率。同时，异地服务也成为可能，企业的服务人员可以向顾客提供远程服务，在很大程度上克服了地域上的限制。

(5) 低成本。网络营销无店面租金成本，减少了流通环节，节省流通成本。网络还是一种低成本的媒体，在网络上发布企业的广告，成本要比传统的大众媒体低得多。

2. 服务营销

服务是指一方能够向另一方提供的基本上是无形的任何行为和绩效，并且不导致任何所有权的产生。它的产生可能与某种物质产品相联系，也可能毫无联系。服务作为一种无形产品，它具有的无形特征却可给人带来某种利益或满足感，同时它也是可供有偿转让的一种或一系列活动。服务渗透于人们生活中的方方面面。随着人类社会的发展，服务在社会经济中的地位和作用与日俱增。近年来，在发达国家，服务业占总就业的比例和占国民经济的比重均在60%以上，个别国家接近80%；在发展中国家的GDP(国内生产总值)和人均生活费支出中，服务的比重也在不断上升，新增就业机会大多数来自服务业，服务已成为国际贸易的重要组成部分。

服务营销是指以提供服务为主的企业或从事附加服务的部门的营销活动。服务是无形产品，它与有形产品有着明显的不同，因而，服务市场营销与有形产品的市场营销相比，有其自身的特点，主要表现为以下几个方面。

（1）营销对象复杂。针对同样的服务产品，不同消费者的购买动机和购买目的是不同的。因为他们可能来自不同的社会阶层，每个人的生活方式有较大的差异性。

（2）具有较大的需求弹性。马斯洛需求层次理论指出，人的需求结构是多层次的，人的需求随着社会的进步和个人生活环境的改变而不断向高层次变化。人类在低层次上的生理和安全需求可以通过有形产品来满足。但是，高层次上的精神文化的需求仅仅依靠有形产品是远远不够的，现代人在追求生活质量时，更多的是看购买产品（无形或有形）时所获得的利益，这就是对服务的需求。社会向前发展，人们在追求美好生活的过程中，对服务的需求会不断地提高。需求弹性是服务行业研究的永恒课题。

（3）营销方式的单一性。有形产品可以有经销、代销和直销等多种营销方式，无形产品则没有这些方式。服务过程是在产品的生产与消费的同一时点发生的。服务的这一特点决定了服务营销方式只能是单一的，即生产者与消费者面对面、直接营销的方式。如顾客不与理发师直接接触，就不能享受到理发师给他带来的理发服务。服务营销方式的单一性使服务产品的生产者不可能同时在多个市场上出售自己的产品。

3. 绿色营销

绿色营销的概念有广义和狭义之分。广义的绿色营销是指企业在营销活动中体现的社会价值观、伦理道德观，充分考虑社会效益，既自觉维护自然生态平衡，又自觉抵制各种有害营销。狭义的绿色营销是指企业在营销活动中，谋求消费者利益、企业利益和环境利益的协调，既要充分考虑消费者的要求，实现企业利润的目标，也要充分考虑保持生态平衡。实施绿色营销的企业，在产品创意、设计、生产以及促销等环节都要以保护生态环境为前提，力求减少和避免环境污染，保护和节约自然资源，维护人类长远利益，实现经济与环境的可持续发展。

绿色营销是在传统营销的基础上发展起来的，但它强调在企业的营销全过程中充分考虑环境保护的要求，以实现企业的可持续发展。因此，它不同于传统营销。绿色营销的特点主要表现在以下三个方面。

（1）绿色营销以绿色消费为前提。消费需求是由低层次向高层次发展的，绿色需求是较高层次的消费观念。人们的温饱问题得到基本解决后，便会产生对清洁环境和绿色产品的需求。

（2）绿色营销以绿色观念为指导。绿色营销以满足消费者的绿色需求为中心，为消费者提供能有效防止资源浪费、环境污染以及损害健康的产品。绿色观念追求的是人与自然的和谐发展，强调人类的长远利益和可持续发展。

（3）绿色营销以绿色法治为保障。绿色营销是着眼于社会整体利益的新观念。在竞争性市场上，必须有完善的法律制度作为保障，以法律制约市场行为主体的行为，维护全社会的长远利益。

（4）绿色营销以绿色科技为支撑。技术进步是产业进步的决定因素，绿色产业的形成必然以绿色科技为支撑。绿色科技促进绿色产品的开发，节约能源和促进资源再生是绿色营销的技术保证。

4. 体验营销

体验营销是指企业通过采用让目标顾客观摩、聆听、尝试、试用等方式，使其亲身体验企业提供的产品或服务，让顾客实际感知产品或服务的品质和性能，促使顾客认知、喜好并购买这种产品或服务，最终创造满意交换、实现双方目标的一种营销方式。体验营销在方式上是一个大胆的创举，因其具有的优越性而备受关注。它作为企业用于拉近同消费者之间距离的一种重要的经营手段，正在成为企业获得竞争优势的新武器。

体验营销是企业以服务为舞台，以商品为道具，以消费者为中心，创造能够使消费者参与、值得消费者回味的活动。体验营销是企业站在消费者角度来理解和强调产品，使消费者从体验中获得真实的感受，诱发消费者购买动机的产生。体验营销的特点主要表现在以下三个方面。

(1) 以顾客需求为导向。企业从顾客的真正需要出发，通过其所接受的方式和所需要的产品来进行各方面的沟通，即从过去的“拉”转为“推”，增大了企业的主动性。

(2) 以顾客沟通为手段。企业要能够满足顾客的需要，尤其是个性的需要，就要建立与顾客的双向沟通，尽可能地搜集顾客信息，及时地反映在顾客所购买的商品上，这样才能有效地推动消费者的购买。

(3) 以顾客满足为目标。在现代社会，人们已不满足于单纯地购买产品，而更看重购买产品过程中所产生的满足。因此，企业在提高产品本身的使用价值时，更要注重开展各种沟通活动，满足顾客的体验需求，从而使顾客在物质上和精神上得到双重的满足。

3.2 市场分析

3.2.1 市场营销环境分析

1. 微观环境

微观环境是指对企业服务其顾客的能力构成直接影响的各种力量，包括企业本身及其市场营销渠道企业、市场、竞争者和各种公众，这些都会影响企业为其目标市场服务的能力。

(1) 企业。企业本身包括市场营销管理部门、其他职能部门和最高管理层。企业为实现其目标，必须进行制造、采购、研究与开发、财务、市场营销等业务活动。而市场营销部门一般由市场营销副总裁、销售经理、推销人员、广告经理、市场营销研究经理、市场营销计划经理和定价专家等组成。市场营销部门在制定决策时，不仅要考虑企业的外部环境力量，而且要考虑企业的内部环境力量。首先，要考虑其他业务部门(如制造部门、采购部门、研究与开发部门、财务部门等)的情况，并与之密切协作，共同研究制订年度和长期计划。其次，要考虑最高管理层的意图，以最高管理层制定的企业任务、目标、战略和政策等为依据，制订市场营销计划，并报最高管理层批准后执行。

(2) 市场营销渠道企业。市场营销渠道企业包括供应商、商人中间商、代理中间商和辅助商。在现代市场经济条件下，生产企业一般都通过市场营销中介机构(即代理中间商、商人中间商、辅助商等）来进行市场营销研究、推销产品、储存产品和运输产品等，因为这样分工比较经济。

(3) 市场。市场营销学是根据购买者及其购买目的进行市场划分的，市场包括消费者市场、生产者市场、中间商市场、政府市场和国际市场。

(4) 竞争者。企业要想在市场竞争中获得成功，就必须比竞争者更有效地满足消费者的需要与欲望。因此，企业所要做的并不仅仅是迎合目标顾客的需要，而是要通过有效的产品定位使企业产品与竞争者产品在顾客心目中形成明显差异，从而取得竞争优势。竞争者包括愿望竞争者、一般竞争者、产品形式竞争者和品牌竞争者。

(5) 公众。公众是指对企业实现其市场营销目标构成实际或潜在影响的任何团体，包括金融公众、媒体公众、政府公众、市民行动公众、地方公众、一般群众和企业内部公众。

2. 宏观环境

宏观环境是指那些给企业造成市场机会和环境威胁的主要社会力量，包括人口环境、经济环境、自然环境、科学技术环境、政治法律环境以及社会文化环境。这些主要社会力量代表企业不可控制的变量。

(1) 人口环境。企业市场营销的人口环境因素通常包括人口总量、人口地理分布、人口结构（年龄结构、性别构成、籍贯构成、民族构成）、婚姻家庭状况、受教育程度及职业特点、人口增长速度、人口密度以及动性等。人口环境对市场的影响具有整体性和长远性的特点，并直接反映到消费需求的变化上。

(2) 经济环境。经济环境是指企业营销活动所面临的外部社会经济条件，其运营状况和发展趋势会直接或间接地对企业营销活动产生影响。经济环境研究一般包括经济发展阶段、消费者收入水平、消费者支出模式及消费结构、消费者储蓄和信贷水平等。

(3) 自然环境。自然环境是指企业发展过程中所需的生态环境以及人民和政府对生态环境所采取的态度。随着经济的快速增长，自然资源遭到严重破坏，再加上环境保护意识相对淡薄，企业面临的生态环境不断恶化。企业主要面临的问题有某些自然资源短缺或即将短缺、环境污染日益严重、公众的生态意识不断提高、政府对自然资源管理的干预日益加强。

(4) 科学技术环境。科学技术环境是指企业在产品的设计、开发、制造和营销过程中所受到的科技发展的影响。科学技术进步对企业营销活动的影响主要表现在：科技进步正在影响着人们的生活方式，影响零售商业和消费者的购物习惯；科技进步的速度加快使产品不断更新换代，科技实力和科技水平对人们的需求和产业结构产生了巨大的冲击；科技创新创造出更多的机会；由于研究开发的投资越来越大，投资的风险也在加大等。

(5) 政治法律环境。政治法律环境主要是指影响和制约企业营销活动的政府机构、法律、法规及公众团体等。政治法律环境直接与一个国家的体制和宏观经济政策联系起来，它规定了整个国家的发展方向及政府采取的措施。

(6) 社会文化环境。社会文化环境是指在一种社会形态下已经形成的信息、价值、观念、宗教信仰、道德规范、审美观念及世代相传的风俗习惯等被社会所公认的各种行为规范。文化是影响人们欲望和行为的一个很重要的因素。社会文化因素通过影响消费者的购买行为间接地影响到企业营销活动。社会文化环境因素主要包括物质文化、教育状况、宗教信仰、价值观念、风俗习惯和审美观念等。

3.2.2　消费者市场购买行为分析

所谓消费者市场，是指所有为了个人消费而购买物品或服务的个人和家庭所构成的市场。消费者市场是现代市场营销理论研究的主要对象。成功的市场营销者是那些能够有效地开发对消费者有价值的产品，并运用富有吸引力和说服力的营销方法将产品有效地呈现给消费者的企业和个人。因而，研究影响消费者购买行为的主要因素及其购买决策过程，对于开展有效的市场营销活动至关重要。

1. 影响消费者购买行为的主要因素

消费者不可能凭空作出购买决策，他们的购买决策在很大程度上受到文化、社会、个人和心理等因素的影响。

(1) 文化因素。文化、亚文化和社会阶层等文化因素对消费者的行为具有最广泛和最深远的影响。文化是人类欲望和行为最基本的决定因素，低级动物的行为主要受其本能的控制，而人类行为大部分是通过学习而获得的，在社会中成长的儿童通过其家庭和其他机构的社会化过程学到了一系列基本的价值、知觉、偏好和行为的整体观念。文化都包含着能为其成员提供更为具体的认同感和社会化的较小的亚文化群体，如民族群体、宗教群体、种族群体、地理区域群体等。所谓社会阶层，是指一个社会中具有相对的同质性和持久性的群体，它们是按等级排列的，每一阶层的成员具有类似的价值观、兴趣爱好和行为方式。

(2) 社会因素。消费者购买行为也受到诸如参照群体、家庭、社会角色与地位等一系列社会因素的影响。参照群体是指那些直接或间接影响人的看法和行为的群体。参照群体对消费者购买行为的影响表现在三个方面：参照群体为消费者展示出新的行为模式和生活方式；由于消费者有效仿其参照群体的愿望，因而消费者对某些事物的看法和对某些产品的态度也会受到参照群体的影响；参照群体促使人们的行为趋于某种“一致化”，从而影响消费者对某些产品和品牌的选择。家庭是社会组织的一个基本单位，也是消费者的首要参照群体之一，对消费者购买行为有着重要影响。家庭购买决策大致可分为三种类型：一人独自做主；全家参与意见，一人做主；全家共同决定。一个人在其一生中会参加许多群体，如家庭、俱乐部及其他各种组织。每个人在各个群体中的位置可用角色和地位来确定，每一个角色都将在某种程度上影响其购买行为。每一个角色都伴随着一种地位，这一地位反映了社会对他或她的总评价。而地位标志又随着不同阶层和地理区域而有所变化。

(3) 个人因素。消费者购买决策也受其个人特性的影响，特别是受其所处的生命周期阶段、职业、经济状况、生活方式、个性以及自我观念的影响。生活方式是一个人在世界上所表现的有关其活动、兴趣和看法的生活模式。个性是一个人所特有的心理特征，

它导致一个人对其所处环境的相对一致和持续不断的反应。

（4）心理因素。消费者购买行为要受动机、知觉、学习以及信念和态度等主要心理因素的影响。动机是一种升华到足够强度的需要，它能够及时引导人们去探求满足需要的目标。知觉是指个人选择、组织并解释信息的投入，以便创造一个有意义行为的过程，它不仅取决于刺激物的特征，而且还依赖于刺激物同周围环境的关系以及个人所处的状况。感觉是指通过视、听、嗅、味、触五种感官对刺激物的反应。随着感觉的深入，将感觉到的材料通过大脑进行分析综合，从而得到知觉。人们要行动就得学习。学习是指由于经验而引起的个人行为的改变。人类行为大都来源于学习。通过行为和学习，人们获得了自己的信念和态度，而信念和态度又反过来影响人们的购买行为。信念是指一个人对某些事物所持有的描述性思想。人们根据自己的信念作出行动，如果一些信念是错误的，并妨碍了购买行为，生产者就要运用促销活动去纠正这些错误信念。态度是指一个人对某些事物或观念长期持有的好与坏的认识上的评价、情感上的感受和行动倾向。态度能使人们对相似的事物产生相当一致的行为。一个人的态度呈现为稳定一致的模式，改变一种态度就需要在其他态度方面做重大调整。

综上所述，一个人的购买行为是文化、社会、个人和心理因素之间相互影响与作用的结果。其中很多因素是市场营销者无法改变的，但这些因素在识别那些对产品有兴趣的购买者方面颇有用处。其他因素则受到市场营销者的影响，市场营销者借助有效的产品、价格、地点和促销管理，可以诱发消费者的强烈反应。

2. 消费者的购买决策过程

市场营销者在分析了影响购买者行为的主要因素之后，还需了解消费者如何真正作出购买决策，即了解谁作出购买决策、购买决策的类型以及购买过程的具体步骤。

1）参与购买的角色

人们在购买决策过程中可能扮演不同的角色包括以下几种。

（1）发起者，即首先提出或有意向购买某一产品或服务的人。

（2）影响者，即其看法或建议对最终决策具有一定影响的人。

（3）决策者，即对是否买、为何买、如何买、何处买等方面的购买决策作出完全或部分最后决定的人。

（4）购买者，即实际采购人。

（5）使用者，即实际消费或使用产品或服务的人。

2）购买行为类型

消费者购买决策随其购买决策类型的不同而变化。较为复杂和花钱多的决策往往凝结着购买者的反复权衡和众多人的参与。根据参与者的介入程度和品牌间的差异程度，可将消费者购买行为分为以下四种。

（1）习惯性购买行为。对于价格低廉、经常购买、品牌差异小的产品，消费者不需要花时间进行选择，也不需要经过搜集信息、评价产品特点等复杂过程，因而，其购买行为最简单。

（2）寻求多样化购买行为。有些产品品牌差异明显，但消费者并不愿花长时间来选择和估价，而是不断变换所购产品的品牌。这样做并不是因为对产品不满意，而是为了寻求多样化。

(3) 化解不协调购买行为。有些产品品牌差异不大，消费者不经常购买，而购买时又有一定的风险，所以，消费者一般要比较、看货，只要价格公道、购买方便、机会合适，消费者就会决定购买。购买以后，消费者也许会感到有些不协调或不够满意，在使用过程中，会了解更多情况，并寻求种种理由来减轻、化解这种不协调，以证明自己的购买决定是正确的。经过由不协调到协调的过程，消费者会有一系列的心理变化。

(4) 复杂购买行为。当消费者购买一件贵重的、不常买的、有风险的而且又非常有意义的产品时，由于产品品牌差异大，消费者对产品缺乏了解，因而需要有一个学习过程，以广泛了解产品性能、特点，从而对产品产生某种看法，最后决定购买。

3) 购买决策过程

在复杂购买行为中，购买者的购买决策过程由引起需要、搜集信息、评价方案、决定购买和购买后行为五个阶段构成。

(1) 引起需要。购买者的需要往往由两种刺激引起，即内部刺激和外部刺激。市场营销人员应及时了解消费者产生需要的原因、类型和强度，制定适当的市场营销策略，促使消费者对企业的产品产生强烈的需求，诱发其产生购买动机。

(2) 搜集信息。一般来讲，引起的需要不是马上就能满足的，消费者需要寻找某些信息。消费者信息来源主要有个人来源(家庭、朋友、邻居、熟人)、商业来源(广告、推销员、经销商、包装、展览)、公共来源(大众传播媒体、消费者评审组织等)和经验来源(处理、检查和使用产品)四种。市场营销人员应对消费者使用的信息来源认真加以分析，设法扩大对自己有利的信息传播。

(3) 评价方案。消费者对产品的判断大都是建立在自觉和理性基础之上的。消费者的评价行为一般要涉及如下几点：产品属性——产品能够满足消费者需要的特性；属性权重——消费者对产品有关属性所赋予的不同的重要性权数；品牌信念——消费者对某品牌优劣程度的总的看法；效用函数——描述消费者所期望的产品满足感随产品属性的不同而有所变化的函数关系；评价模型——消费者对不同品牌进行评价和选择的程序与方法。

(4) 决定购买。评价行为会使消费者对可供选择的品牌形成某种偏好，从而形成购买意图，进而购买所偏好的品牌。但是，在购买意图和决定购买之间，别人的态度、意外情况、可察觉风险的大小都会对购买决策产生不同程度的影响。

(5) 购买后行为。将商品买回家以后，消费者的购买决策过程还没有终止，因为开始使用产品以后，消费者一般要用购前期望为标准，检查、评价自己买回来的商品，为的是看看有没有什么问题或不满意的地方。消费者对其购买的产品是否满意将影响以后的购买行为。如果对产品满意，则在下一次购买中可能继续采购该产品，并向其他人宣传该产品的优点。如果对产品不满意，则会尽量减少不和谐感。市场营销人员应采取有效措施尽量减少购买者买后不满意的程度。

3.2.3 组织市场购买行为分析

企业的市场营销对象不仅包括广大消费者，也包括各类组织机构，这些组织机构构成了原材料、零部件、机器设备、供给品和企业服务的庞大市场。为此，企业必须了解组织市场主要是产业市场及其购买行为。

1. 组织市场的构成

组织市场是由各种组织机构形成的对企业产品和劳务需求的总和。它可分为三种类型，即产业市场、中间商市场和政府市场。

(1) 产业市场。产业市场又称为生产者市场或企业市场，是指一切购买产品和服务并将其用于生产其他产品或劳务，以供销售、出租或供应给他人的个人和组织。

(2) 中间商市场。中间商市场又称为转卖者市场，是指那些通过购买商品和劳务以转售或出租给他人获取利润为目的的个人和组织。中间商市场由各种批发商和零售商构成，其中，批发商是指购买产品和服务并将其转卖给其他批发商或零售商及产业用户、非营利性组织用户等，但不面向最终消费者的中间商组织；零售商是指把产品或服务直接销售给最终消费者的中间商组织。

(3) 政府市场。政府市场是指那些为执行政府的主要职能而采购或租用商品的各级政府单位。也就是说，一个国家的政府市场上的购买者是该国各级政府的采购机构。

2. 组织市场的特点

组织市场与一般消费者的购买活动相比具有以下特点。

(1) 组织市场的购买活动所要达到的目标更为多样化，如获取利润、降低成本、满足员工需求、履行社会职能等。

(2) 组织市场的购买决策的参与者更多。在一些重大项目的购买申请中，决策的参与者来自不同部门，使用不同的决策标准。

(3) 组织市场的购买范围十分广泛。小到办公用品，大到飞机、火箭，而且在购买物质产品的同时，往往还连带要求提供相关的配套服务。

(4) 组织市场购买所需资金额更大、涉及的产品项目更多。无论是产业用户还是政府用户，其购买往往是大宗的批量购买，需要耗费大量的资金。

(5) 组织市场在进行购买时，采购人员必须遵守组织所制定的各项政策、限制和要求，在购买中使用报价、建议书、购买合同等复杂的采购工具。

3. 产业市场的购买行为分析

在组织市场中，产业市场的购买行为与购买决策具有典型的代表意义，所以，在此仅对产业市场购买行为进行阐述。

1) 产业购买者的决策参与者

产业用品供货企业不仅要了解谁在市场上购买和产业市场的特点，而且要了解谁参与产业购买者的购买决策过程，他们在购买决策过程中扮演什么角色、起什么作用，也就是说要了解其顾客的采购组织。

在任何一个企业中,除了专职的采购人员之外,还有一些其他人员也参与购买决策过程。所有参与购买决策过程的人员构成采购组织的决策单位,称为采购中心。企业采购中心通常由使用者、影响者、采购者、决定者和信息控制者五种成员组成。

当然,并不是任何企业采购任何产品都必须有上述五种人员参加购买决策过程。企业采购中心的规模大小和成员多少会随着欲采购产品的不同而有所不同。

2) 影响产业购买者购买决策的主要因素

(1) 环境因素,即一个企业外部周围环境的因素。诸如一个国家的经济前景、市场需求、技术发展变化、市场竞争和政治等情况。

(2) 组织因素,即企业本身的因素。诸如企业的目标、政策、步骤、组织结构和系统等。

(3) 人际因素,如上所说,企业采购中心通常包括使用者、影响者、采购者、决定者和信息控制者,这五种成员都参与购买决策过程。这些参与者在企业中的地位、职权、说服力以及他们之间的关系有所不同,这种人事关系必然会影响产业购买者的购买决策和购买行为。

(4) 个人因素,即各个参与者的年龄、受教育程度、个性等。这些个人因素会影响各个参与者对要采购的用品和供应商的感觉、看法,从而影响购买决策和购买行动。

3) 产业购买行为的类型

根据购买情况的复杂程度,产业购买者的购买决策分为以下三类。

(1) 直接重购,即企业的采购部门根据过去和许多供应商打交道的经验,从供应商名单中选择供货企业,并直接重新订购过去采购的同类产业用品。此时,组织购买者的购买行为是惯例化的。

(2) 修正重购,即企业的采购经理为了更好地完成采购工作任务,适当改变要采购的某些产业用品的规格、价格等条件或供应商。这类购买情况较复杂,因而参与购买决策过程的人数较多。

(3) 新购,即企业第一次采购某种产业用品。新购的成本费用越高,风险越大,那么需要参与购买决策过程的人数和需要掌握的市场信息就越多。这类购买情况最复杂。

4) 产业购买者的购买过程

供货企业的最高管理层和市场营销人员还要了解其顾客购买过程的各个阶段的情况,并采取适当措施,以适应顾客在各个阶段的需要,才能成为现实的卖主。产业购买者的购买过程的阶段的多少也取决于产业购买者购买情况的复杂程度。

在直接重购这种最简单的购买情况下,产业购买者的购买过程的阶段最少;在修正重购情况下,购买过程的阶段多一些;而在新购这种最复杂的情况下,购买过程的阶段最多,一般要经过八个阶段,包括认识需要、确定需要、说明需要、物色供应商、征求意见、选择供应商、选择订货程序和检查合同履行情况。

3.3 市场细分与目标市场选择

3.3.1 市场细分

1. 市场细分的含义

市场细分又叫市场细分化，是指从区分顾客的不同需求出发，根据顾客购买行为的差异性，把整体市场划分为若干个具有类似需求的子市场的过程。属于不同细分市场的消费者对同一产品的需求存在显著差异，而属于同一细分市场的消费者则具有极为相似的需求。理解市场细分概念应把握以下三点。

（1）市场细分既不是市场分类，也不是产品分类，而是顾客分类。

（2）市场细分的基础是顾客需求的差异性。

（3）市场细分是一个聚集而不是分解的过程。

2. 消费者市场细分的依据

市场细分要依据一定的细分变量来进行。消费者市场的细分变量主要有地理细分变量、人口细分变量、心理细分变量和行为细分变量四类。

（1）地理细分变量。地理细分变量是指按消费者所处的地理位置、地理条件来细分市场。消费者所处的地理位置不同，其需求特点也不同。地理细分变量的具体变量有国家、地区、乡村、城市规模、交通条件、人口密度、地形地貌、气候等。

（2）人口细分变量。人口细分变量是根据人口统计因素，如年龄、性别、家庭规模、家庭收入、职业、教育、宗教、民族、国籍和家庭生命周期等因素来细分市场。

（3）心理细分变量。心理细分变量是按消费者的心理特征对市场进行细分。由于社会阶层、生活方式、性格、购买动机等不同，同样性别、年龄、收入的消费者会有不同的需求特征，这是心理因素的影响。心理因素包括生活格调、个性、购买动机和价值取向等。

（4）行为细分变量。行为细分变量是根据消费者购买行为的不同来细分消费品市场的。消费行为的细分变量包括消费者进入市场的程度、对品牌的忠诚程度（品牌偏好）、购买或使用产品的时机、使用数量的多少和使用频率以及消费者追求的利益点等。

3. 工业品市场细分的依据

（1）客户所在行业。客户所在行业不同，对产品的要求也不同。

（2）客户规模。工业品市场的客户有大用量客户、小用量客户。客户的规模不同，企业的营销方案也不同。

（3）客户的地理位置。客户的地理位置不同，其需求会有很大的差异。由于地理区域的条件特点，会形成产业地区按客户地理位置来细分产业市场，选择用户较为集中的地区作为自己的目标市场，则联系起来比较方便，有利于提高销售量，充分利用营销力量，节省运费，降低营销成本。

（4）客户的购买行为。工业品市场客户的购买行为主要包括追求的利益点、购买批量、品牌忠诚度、渠道忠诚度、购买频率、对价格的敏感程度、对服务的敏感程度和购买方式等。

3.3.2 目标市场选择

市场细分的目的在于有效地选择并进入目标市场。所谓目标市场，就是企业决定要进入的那个市场部分，是企业拟投其所好、为之服务的那个顾客群（这个顾客群有很多相似的需要）。在现代市场经济条件下，任何产品的市场都有各自的顾客群，他们各有不同的需要，而且他们分散在不同的地区。因此，一般来说，任何企业（即使是大公司）都不可能很好地满足所有顾客群的不同需要。为了提高企业的经营效益，企业必须细分市场，并且根据自己的任务目标、资源和特长等，权衡利弊，进而决定进入哪个或哪些市场部分，为哪个或哪些市场部分服务。

1. 目标市场涵盖战略

企业在决定为多少个子市场服务，即确定其目标市场涵盖战略时，有以下三种选择。

（1）无差异市场营销。无差异市场营销是指企业在市场细分之后，不考虑各子市场的特性，而只注重子市场的共性，决定只推出单一产品，运用单一的市场营销组合，力求在一定程度上适合尽可能多的顾客的需求。

（2）差异市场营销。差异市场营销是指企业决定同时为几个子市场服务，设计不同的产品，并在渠道、促销和定价方面都加以相应的改变，以适应各个子市场的需要。

（3）集中市场营销。集中市场营销是指企业集中所有力量，以一个或少数几个性质相似的子市场作为目标市场，试图在较少的子市场上有较大的市场占有率。

2. 目标市场选择需考虑的主要因素

上述三种目标市场涵盖战略各有利弊，企业在选择时需考虑五个方面的主要因素，即企业资源、产品同质性、市场同质性、产品所处的生命周期阶段和竞争对手的目标市场涵盖战略。

（1）企业资源。如果企业资源雄厚，可以考虑实行差异市场营销；否则，最好实行无差异市场营销或集中市场营销。

（2）产品同质性。产品同质性是指产品在性能、特点等方面的差异性的大小。对于同质产品或在需求上共性较大的产品，一般宜实行无差异市场营销；对于异质产品，则应实行差异市场营销或集中市场营销。

（3）市场同质性。如果市场上所有顾客在同一时期偏好相同，购买的数量相同，并且对市场营销刺激的反应相同，则可视为同质市场，宜实行无差异市场营销；反之，如果市场需求的差异较大，则为异质市场，宜采用差异市场营销或集中市场营销。

（4）产品所处的生命周期阶段。处在介绍期和成长期的新产品，市场营销重点是启发和巩固消费者的偏好，最好实行无差异市场营销或针对某一特定子市场实行集中市场营销；当产品进入成熟期时，市场竞争剧烈，消费者需求日益多样化，可改用差异市场营销战略以开拓新市场、满足新需求、延长产品生命周期。

(5) 竞争对手的目标市场涵盖战略。一般来说，企业的目标市场涵盖战略应与竞争者有所区别，反其道而行之。如果强大的竞争对手实行的是无差异市场营销，企业则应实行集中市场营销或更深一层的差异市场营销；如果企业面临的是较弱的竞争者，必要时可采取与之相同的战略，凭借实力击败对手。

3.4 市场营销组合策略

市场营销组合策略是指企业针对目标市场的需要，对可控制的各种市场手段与营销因素的优化组合和综合运用。美国市场学家尤金·麦卡锡把各种市场手段或营销因素分成四大类：产品、价格、渠道和促销。营销组合主要是这四个P的适当配合，并由此派生出产品策略、价格策略、分销渠道策略和促销策略。市场营销组合策略的基本思想在于：从制定产品策略入手，同时制定价格、促销及分销渠道策略，组合成策略总体，以便达到以合适的商品、合适的价格、合适的促销方式，把产品送到合适地点的目的。企业经营的成败在很大程度上取决于这些组合策略的选择和它们的综合运用效果。

3.4.1 产品策略

产品是指满足人们需要的一切物品和劳务。产品策略是企业针对实际情况，在产品问题上所作的各项决策的总称。产品策略是企业市场营销战略的核心，也是制定市场营销组合策略的基础。它主要包括产品生命周期策略、新产品开发策略、产品组合策略、品牌策略和包装策略。

1. 整体产品概念

现代营销学认为，产品是个整体的概念，即凡是提供给市场的能满足消费者或用户某种需要和欲望的任何有形物品与无形服务均为产品。有形物品如产品实体及其品质、特色、式样、品牌和包装等；无形服务如可以给消费者或用户带来的附加利益和心理上的满足感及信任感的售前服务、售中服务、售后服务等。

整体产品概念由核心产品、形式产品和延伸产品三个基本层次组成。

(1) 核心产品。核心产品是产品最根本的使用价值。消费者或用户购买某种产品不是为了获得构成产品的各种材料，而是为了满足某种特定的需求。如人们购买电冰箱，就是为了满足冷藏和保鲜食品的需求。

(2) 形式产品。形式产品是产品形体的外在表现，包括品质、特征、形态、商标和包装。形式产品向人们展示的是核心产品的外部特征，它能满足同类消费者的不同要求。如人们购买冰箱时，要考虑冰箱的品质、造型、颜色、品牌等因素。

(3) 延伸产品。延伸产品是形式产品的延伸、附加，是顾客购买形式产品时所能得到的附加服务和利益的总和，即带给顾客的更大满足，满足人的使用需要。如提供信贷、免费送货、安装、调试、技术指导和“三包”等。

核心产品、形式产品和延伸产品构成了产品的整体概念。其中核心产品是基础，是本质；核心产品必须转变为形式产品才能得到实现；在提供形式产品的同时还要提供更广泛的服务和附加利益，形成延伸产品。

2. 产品生命周期策略

产品生命周期是指某一个产品从完成试制、投放市场开始，直到最后被淘汰退出市场为止的过程所经历的时间。产品生命周期的不同阶段具有不同特征，对于处于不同阶段的产品也应采取不同的经营策略。典型的产品生命周期包括四个阶段：投入期、成长期、成熟期和衰退期。

1）投入期的特征及营销策略

投入期一般是指新产品试制成功到市场试销的阶段。这一阶段的主要特征是：产品刚进入市场，尚未被顾客所接受，销售额缓慢增长；生产批量很小，研制费用很大，因而产品生产成本较高；用户对产品不了解和不熟悉，需要多采用广告，销售费用较高；除仿制品以外，产品在市场上一般没有同行竞争。

投入期营销策略有以下四种。

（1）快速撇脂策略。这种策略采用高价格、高促销费用，以求迅速扩大销售量，取得较高的市场占有率，尽快收回投资。这种策略适用于多数消费者还不了解该产品，已经了解该产品的消费者又愿意按高价购买的情况，企业面临潜在竞争者的威胁。

（2）缓慢撇脂策略。以高价格、低促销费用形式经营，寻求以尽可能低的代价取得尽可能大的收益。这种策略适用于市场规模相对有限，大多数消费者已经熟悉该产品，并愿意出高价购买的情况，潜在竞争威胁不大。

（3）快速渗透策略。实行低价格、高促销费用策略，迅速打入市场，以最快的速度取得尽可能大的市场占有率。这种策略适用于市场容量很大，消费者对该产品不熟悉但对价格非常敏感的情况，此时潜在竞争激烈，企业可以扩大规模，降低单位产品的生产成本。

（4）缓慢渗透策略。以低价格、低促销费用推出新产品，低价格可促使市场易于接受新产品；低促销费用是为了尽可能降低成本，多取得利润。这种策略适用于市场容量大，消费者熟知该产品但对价格反应敏感，并且存在潜在竞争者的市场环境。

2）成长期的特征及营销策略

当消费者开始接受新产品时，该产品进入成长期。这一阶段的主要特征是：产品销售量迅速增长；产品设计和工艺基本定型，可以组织成批或大批量生产，产品成本显著下降；用户对产品已经有所熟悉，广告费用可以相对减少，销售成本大幅度下降；随着产量和销量的迅速增加，企业利润迅速上升；竞争者开始仿制这类产品，市场上开始出现竞争趋势。

成长期营销策略有以下几种。

（1）改进产品策略。改进产品质量，增加特色，提高竞争能力。

（2）开拓新市场策略。进入新的子市场，开辟新的分销渠道。

（3）塑造品牌策略。广告宣传的重点应从产品介绍转到建立产品形象、树立企业产品品牌上。

（4）适当降价策略。在适当时机降低价格，既可以吸引价格敏感型消费者，又可以阻止新的竞争者进入。

3）成熟期的特征及营销策略

成熟期一般是指产品进入大批量生产，而在市场上处于竞争最激烈的阶段。这一阶段的主要特征是：市场需求渐趋饱和，销售量达到最高点；生产批量大，产品成本低，利润也将达到最高点；很多同类产品进入市场，市场竞争十分激烈。

成熟期营销策略有以下几种。

（1）调整市场策略。寻找新的子市场和营销机会。

（2）调整产品策略。改进产品质量，增加产品的功能和特点，吸引消费者。

（3）调整营销组合策略。通过对产品、定价、渠道和促销等市场营销组合因素的调整，刺激销售的回升。

4）衰退期的特征及营销策略

衰退期一般是指产品市场寿命已逐渐老化，转入更新换代时期。这一阶段的特征是：又有新产品开始进入市场，并逐渐代替老产品；除少数或个别的名牌产品外，市场销售量日益下降，利润也在不断下降；市场竞争突出地表现为价格竞争，产品价格不断下跌。

衰退期营销策略有以下几种。

（1）维持策略。用原营销组合，保持原有的细分市场。

（2）集中策略。把企业能力和资源集中在最有利的子市场与分销渠道上，从中获取利润。

（3）收缩战略。大幅度降低促销水平，尽量降低促销费用，以增加目前的利润。

（4）放弃策略。当机立断，放弃经营，转战新的市场或产品。

3. 新产品开发策略

所谓新产品，不仅包括全新产品，还包括现有产品的改进、更新换代等。企业获得新产品技术可以有两条途径：收购和开发。收购又有三种方式：直接寻找并收购其他企业；从其他企业购买新产品专利；购买其他企业新产品的生产许可证或特许权。开发新产品也有两种方式：企业组织自己的技术人员在实验室里开发新产品；与独立的研究机构或新产品开发代理商订立合同，为企业开发特定的新产品。

4. 产品组合策略

产品组合是指一个企业生产和经营的产品的范围与结构，它是由不同的产品线与产品项目组成的。产品线是满足同类需求的一组产品，产品项目是指产品线中的个别产品。如某企业生产冰箱、空调、洗衣机，则该企业有三条产品线，在冰箱产品线内有双开门、三开门、分体、一体等各种产品项目。

由于产品线的多少与构成不同，这就构成了产品组合的宽度、长度和关联度。产品组合的宽度是指企业拥有的产品线的数量；产品组合的长度是指各种产品线中不同规格、型号的产品项目的数量；产品组合的关联度是指各种产品线之间在用途、生产条件、销售渠道或其他方面存在的关联度。关联度越大，如使用相同的销售渠道和生产设备时，营销成本相对就越低。汽车制造厂，如果生产小轿车、卡车和大客车三大类产品，而这每一类产品又分别有三种、五种、七种型号，那么这个企业的产品线就有三条，即宽度为3，小轿车、卡车和大客车的长度分别为3、5、7，这三条产品线关联度密切。

产品组合策略是指在产品组合的宽度、长度和关联度等方面作出的筹划与安排。拓展产品的宽度，即增加产品线，扩大业务范围，实行一体化或多角化经营，可以充分利用企业的各种资源发挥企业优势，开拓新的市场，提高经济效益；延长产品线，即增加产品品种，使各产品线具有更多规格、花色丰富的产品，可以适应更加广泛的消费者需求，吸引顾客，扩大总的销售量；提高产品组合的关联度，可以增强企业的市场地位，充分发挥企业的技术、生产和销售能力。产品组合策略主要有以下几种。

1）扩大产品组合策略

扩大产品组合策略包括拓宽产品组合的宽度和延长产品组合的长度，具体有以下三种不同的策略。

（1）垂直多样化策略。不增加产品线宽度，只增加产品线长度，即增加新产品。

（2）相关系列多样化策略。按照产品组合相关化原则，增加新的产品线。

（3）无关联多样化策略。拓展与原产品线不相关的新产品。

2）产品线延伸策略

产品线延伸策略是指全部或部分地改变现有产品的市场地位的策略。产品线延伸是为了开拓新的市场、增加顾客，或者是为了适应顾客需求的改变，配齐该产品线的所有规格、品种，使之成为完全产品线。产品线延伸有向下延伸、向上延伸和双向延伸三种形式。

（1）向下延伸策略。它是指企业原来生产高档产品，后来决定增加低档产品。企业可以利用高档产品的声望来扩大销路，但也存在损害高档产品的风险。

（2）向上延伸策略。它是指企业原来生产低档产品，后来逐步增加高档产品。企业可以提高产品的声誉，增加盈利，但也存在顾客对其高档产品的质量与性能缺乏信任的风险。

（3）双向延伸策略。它是指定位于市场中端的企业逐渐向高档和低档两个方向延伸，分别在高档和低档市场推出新的产品项目。企业可以扩大产品的销售量，占领更大的市场，但不利于企业品牌的打造。

3）缩减产品组合策略

缩减产品组合策略是减少产品组合宽度和长度的策略，具体有以下两种。

（1）有限产品线策略。将企业的生产经营集中在少数几个获利多的产品线上，实行专业化生产与经营。

（2）合并产品项目策略。将两种以上不同功能的产品合成一种产品，实行产品的多功能化，以节省生产成本和顾客的购买成本。

5. 品牌策略

品牌是销售者给自己的产品规定的商业名称，是用于识别产品的某一名词、符号、文字、数字、标记及其组合。其基本功能是把不同企业生产的产品区别开，使竞争者之间的产品不发生混淆。

品牌策略是企业的重要竞争策略之一，品牌策略包括以下内容。

1）品牌有无策略

产品是否使用品牌，即是否给产品取名，必须依据产品的特点而定。一般来讲，品牌可以起到很好的促销作用，但并非所有的产品都必须使用品牌。通常，原料产品，产品特色与厂商无关的产品，临时一次性出售的产品，生产简单、价格低、选择性不大而且消费者在购买习惯上不认品牌的产品可以不使用品牌。除以上情况外，大多数产品都要有品牌。随着市场经济的发展，越来越多的产品纷纷品牌化。

2）品牌使用者策略

在使用品牌时，企业可以有以下三种选择。

（1）企业可以决定使用自己的品牌，这种品牌称为企业品牌、生产者品牌。

（2）企业可以决定将其产品大量地卖给中间商，中间商再用自己的品牌将物品转卖出去，这种品牌称为中间商品牌。

（3）企业可以决定有些产品使用自己的品牌，有些产品使用中间商品牌。

3）品牌统分策略

企业决定其产品大部分或全部产品都是用自己的品牌，则要进一步决定其产品是分别使用不同的品牌，还是统一使用一个或几个品牌。企业有以下四种选择。

（1）个别品牌策略。个别品牌是企业对各种产品分别采用不同的品牌。个别品牌策略的主要优点在于不会因为某一品牌信誉下降而承担较大的风险；能够为新产品树立最佳品牌提供条件，有利于新产品和优质产品的推广。

（2）统一品牌策略。统一品牌是指企业所有的产品都统一使用一个品牌名称。统一品牌策略的好处在于企业宣传介绍新产品的费用开支较低，良好的企业形象和声誉必然促进产品的销售。

（3）分类品牌策略。分类品牌是指企业的各类产品分别命名，一类产品使用一个品牌。分类品牌策略的好处在于可以区分不同类型的产品和不同质量水平的产品。

（4）企业名称加个别品牌策略。这种品牌策略是指企业对其不同的产品分别使用不同的品牌，而且各种产品的品牌前面还冠以企业的名称。企业采取这种品牌策略的好处在于新产品可以享受企业的信誉，而各种不同的新产品分别使用不同的品牌名称，又可以使各种新产品各有特色。

4）品牌扩展策略

品牌扩展策略是指企业利用其成功品牌名称的声誉来推出改良产品或新产品。企业采取这种策略可以节省宣传介绍新产品的费用，使其能迅速、顺利地打入市场。

5）多品牌策略

多品牌策略是指企业同时经营两种或两种以上相互竞争的品牌。企业采取这种策略的目的在于吸引消费者、开拓不同的市场、鼓励内部竞争等。

6）品牌重新定位策略

某一个品牌在市场上的最初定位即使很好，但是随着时间的推移，面对竞争者推出类似品牌、消费者的偏好发生变化等，企业必须进行重新定位，其时要考虑重新定位的成本与风险。

6. 包装策略

包装是指为了保护商品质量和数量，便于运输、装卸、储存和销售，采用适当的材料制成与商品相适应的容器，并加以标志和装饰的活动与措施。包装是实体产品的一个重要组成部分，具有保护和美化产品、便于经营和消费，以及促进销售等功能。

常用的包装策略主要包括以下几种。

（1）类似包装策略。一个企业所生产的各种不同的产品在包装上使用相同的图案、色彩或某些共同的特征，使顾客一见就联想到它们是同一企业的产品，有利于树立企业形象和介绍新产品。

（2）差异包装策略。企业的各种产品都有自己的独特包装，在设计上采用不同的风格、色调和材料。这样可以避免企业某一产品的失败而影响其他产品的声誉，但也会增加相应的费用。

（3）配套包装策略。企业将多种有关联的产品组合在一起，置于同一包装容器内进行销售。这样做既便于消费者使用，又能够扩大多种产品的销售量。

（4）再使用包装策略。包装内的商品用完之后，包装本身还有其他用途，此种包装上都有企业的标志。这样可以引起消费者的购买兴趣，同时还具有促销功能。

（5）附赠品包装策略。在产品包装物外面或包装内赠送奖券、实物等，以吸引消费者购买。这是目前市场上比较流行的包装策略。

（6）分等级包装策略。将产品分为若干等级，对不同等级的产品，按产品的特征，在设计上采取不同的风格、不同的色调和不同的材料进行包装。这样可以适应不同的购买力水平，但成本较高。

3.4.2 价格策略

价格是反映市场供求变化的最灵敏因素，也是市场营销组合中最活泼的因素。因此，科学而恰当的定价是产品成功进入市场的重要因素之一。现代市场营销理论认为，产品的最高价格取决于产品的市场需求；产品的最低价格取决于产品的成本；在最高价格与最低价格之间，企业对产品的定价取决于竞争者同类产品的价格。

1. 影响定价的因素

制定价格策略首先要了解影响和制约商品价格的因素。影响企业定价的因素有两类：一类是企业不可控制的因素；另一类是企业可控制的因素。这些因素具体包括：成本；市场需求情况；市场结构与竞争状况；商品的市场特点，如消费者购买频率、商品的易腐性、易毁性和季节性；产品需求弹性；社会经济形势；市场范围等。

2. 定价目标

（1）追求利润最大化。利润最大化是指企业在一定时期内可能获得的利润总额达到最大。但是利润最大化并不等于制定最高的销售价格。利润最大化以良好的市场环境为前提，当企业及其产品在市场上享有较高声誉、企业具有相对竞争优势时，可以通过定价获得最大利润。

(2) 扩大市场份额。用保持和增加市场占有率作为定价目标，有利于企业参与竞争。市场占有率的高低不一定与资金利润率相一致。为了扩大市场份额，企业有时需要在价格上作出牺牲，这样做可能会导致资金利润率下降，但随着市场份额的扩大，企业的资金利润率也有可能提高。

(3) 适应竞争。价格竞争是市场竞争的主要手段之一。有的企业为了在市场上站住脚，总是努力以价格作为竞争武器，利用价格竞争排挤竞争者。在低价格的冲击下，有些企业由于承受不了低价格带来的亏损而被迫退出竞争，或者开拓新的市场，甚至破产。这种办法多用于产品差异比较小的行业，如质量大致相同的煤炭，规格大致相同的彩电、冰箱、洗衣机等。

(4) 稳定价格。为了保持现有的经营地位、市场占有率及企业形象，保持现有的盈利水平，企业一般以稳定价格为定价的目标。这种定价目标一般适用于在同行业中举足轻重的大企业。大企业有相当大的市场占有率和利润，希望通过价格的稳定保持住现有的状态，而且大企业也有足够的实力来稳定价格。

3. 定价方法

(1) 成本导向定价法。成本导向定价法主要是依据成本因素进行定价的方法。企业在产品成本(包括生产成本、管理费用、销售费用等在内的总成本)的基础上，加上企业满意的利润额，或乘上一个利润率，便确定了产品的价格。成本导向定价法主要包括成本加成定价法、目标收益定价法、收支平衡定价法和边际成本定价法等。

(2) 需求导向定价法。需求导向定价法是按市场需求的强弱情况制定不同的价格。市场需求量大，定价就高；市场需求量小，定价就低。需求导向定价法主要包括理解价值定价法和需求差异定价法等。

(3) 竞争导向定价法。竞争导向定价法主要根据市场上竞争者产品的售价作为自己定价的依据，随着竞争状况的变化调整价格水平。竞争导向定价法主要包括随行就市定价法、投标定价法和拍卖定价法等。

4. 产品定价策略

1) 新产品定价策略

新产品定价策略主要有以下三种。

(1) 撇脂定价策略。撇脂定价犹如从牛奶中撇去奶油，是指在新产品进入目标市场时，制定较高的价格，以期在竞争者进入之前，迅速获取利润，收回产品开发的成本和投资。

(2) 渗透定价策略。渗透定价策略与撇脂定价策略的做法正好相反，为了让消费者迅速地接受新产品，尽快扩大产品的销售量，占领更大的市场份额，企业有意将产品的价格定得很低。

(3) 适宜定价策略。适宜定价策略是介于渗透定价策略与撇脂定价策略之间的一种定价策略。

2) 心理定价策略

心理定价策略是针对不同的消费心理，制定相应的商品价格以满足不同类型消费者需求的策略。这种定价策略主要有以下几种。

(1) 尾数定价策略。它是指所确定的产品价格以零头作为尾数,而不是采用证书价格,这样可以使消费者感到产品的价格是经过精心核算的。

(2) 整数定价策略。它是指产品价格以整数结尾,不带零头。对于高档消费品,消费者往往会有“一分价钱,一分货”的心理感觉。

(3) 声望定价策略。它是利用消费者仰慕名牌产品或名店的声望的心理来确定产品的价格。

(4) 习惯定价策略。消费者经常购买、使用的一些日用消费品,已经在消费者心目中形成一种习惯性的价格标准,一旦轻易提高价格,消费者容易产生抵触心理,而降低价格会被认为是质量降低了。

3) 差别定价策略

差别定价策略是企业根据地理、顾客、产品和时间等因素的差异,对其基本价格进行调整。这种定价策略主要有以下几种。

(1) 地理差别定价策略。它主要是指在定价中灵活反映和处理运输、装卸、仓储、保险等费用,且产品价格不一定与供货成本成固定比例。

(2) 顾客差别定价策略。它是指同一产品以不同的价格销售给不同的消费者。如外国客人的一些服务收费价格要高于国内客人。

(3) 产品差别定价策略。它是指对不同型号或形式的产品分别确定不同的价格。

(4) 时间差别定价策略。它是指在不同的季节、不同的日期、不同的时刻出售同一产品,所定的价格却不相同。

4) 折扣定价策略

折扣定价策略是指企业为鼓励客户及早付清货款、大量购买、淡季购买或鼓励渠道成员积极扩销本企业的产品,而在基本价格的基础上以一定比例降低其基本价格。这种定价策略主要有以下几种。

(1) 现金折扣。对一次性付清货款的顾客,按原价给予一定的折扣。

(2) 数量折扣。对大量购买者,给予一定的折扣优惠。

(3) 季节折扣。鼓励购买者在淡季购买,淡季定价较低。

(4) 价格折让。通过“以旧换新”等形式减价销售。

3.4.3 分销渠道策略

分销渠道是指某种商品和服务从制造商向消费者转移过程中,取得这种商品和服务的所有权或帮助所有权转移的所有企业和个人。分销渠道的起点是制造商,终点是消费者或用户,中间环节包括各种批发商、零售商、经销商和代理商等。

1. 分销渠道的类型

1) 直接渠道和间接渠道

按照产品从企业流向消费者或用户手中的过程是否有中间商介入,可以把分销渠道分为直接渠道和间接渠道。

(1) 直接渠道。直接渠道是生产企业直接把产品销售给用户(顾客),没有中间商的介入。如定做、推销员上门推销、邮寄等。采用直销策略,可及时将产品投入市场,以减少产品损耗、变质等损失;企业将独占全部利润;有助于加强售前、售后服务工作;同消费者直接接触,可随时听取消费者对于产品的改进意见,有利于改善企业的经营管理。但是,实现直销策略需要大量的直销人员,销售成本也很高。

(2) 间接渠道。间接渠道是由生产企业通过中间商把产品销售给顾客。中间商是指在生产者与消费者之间,参与商品交易业务、促使买卖行为发生和实现的具有法人资格的经济组织与个人,是生产者向消费者出售产品时的中间环节。企业直接面对中间商,可简化交易工作,可以将采购、运输和销售商品等实际业务部分地转移给中间商,企业集中力量组织生产。更重要的是,利用中间商丰富的市场营销经验、与顾客间广泛而密切的联系以及对市场情况及顾客需求的深入了解,企业可以最大限度地促进销售。

2) 长渠道和短渠道

分销渠道可以按流通环节的多少划分为长渠道和短渠道。

在产品从生产者流向消费者(用户)的过程中,所经历的中间环节的多少称为渠道的长度。中间环节越多,渠道越长;反之则越短。销售量大、面广的商品一般适用长渠道,通过批发商,再经过零售商销售给消费者。而有些商品,其特点要求及时、迅速运送,或零售商要求直接购买,或由于企业不愿利用批发商,就采取短渠道。销售渠道越短,企业保留的商业责任越多;销售渠道越长,转移给中间商的商业责任也就越多。企业应从实际出发,分析主客观条件,衡量自己的销售能力,选择适当的策略。

3) 宽渠道和窄渠道

分销渠道可以按分销渠道的宽度划分为宽渠道和窄渠道。

产品在从生产者流向消费者(用户)的过程中,每一中间层次上中间商数目的多少,称为渠道的宽度。每一层次上中间商越多,则渠道越宽,反之越窄。根据同一层次上中间商的多少,又可分为密集性分销、选择性分销和独家分销。

2. 分销渠道策略

(1) 广泛性分销渠道策略。广泛性分销渠道策略是指生产企业同时使用尽可能多的中间商来销售自己的产品。它可以使企业在更广泛的市场上扩大产品销售,提高企业产品在市场上的知名度,便于消费者随机地购买商品。但企业对销售渠道难以控制,并有可能降低企业的利润率。

(2) 选择性分销渠道策略。选择性分销渠道策略是指企业在分销渠道中有选择地使用一部分中间商来销售其产品。企业在销售某种产品时,往往先使用许多中间商来销售,经过一段时间以后,便对分销渠道进行分析评价,及时淘汰效率低的中间商,保留效率高的中间商。

(3) 专营性分销渠道策略。专营性分销渠道策略是指企业在某一地区市场上,仅选择一家中间商来销售其产品。通常双方签订独家经销合同,明确规定中间商不得经营竞争对手的产品。这种策略可以增强企业与中间商的依赖关系,双方从关心自身利益出发,都会努力提高效益,同时也便于企业对分销渠道的控制,节省营销费用。但是企业缺乏灵活性，一旦中间商发生意外，会直接影响到企业的产品销售。

3. 分销渠道的设计

分销渠道是连接企业与顾客的纽带和桥梁，为了使企业生产出的产品顺畅地从生产领域转移到消费领域，企业必须进行分销渠道的设计。分销渠道设计是指企业对其分销渠道的选择和策划的过程，这一过程主要包括分析顾客需求、考虑影响分销渠道选择的主要因素、分销渠道的设计、评估和选择方案。在分销渠道设计完成以后，企业营销管理人员还要对渠道成员进行选择、激励和评估，并根据市场变化适时调整分销渠道结构。分销渠道的设计实际上是要进行以下三个方面的决策。

(1) 是否使用中间商。是采取直接分销渠道销售还是采取间接分销渠道销售，这需要从销售业绩和经济效果两个方面来考虑。

(2) 确定中间商的数目。这实际上是确定分销渠道的宽度，它与企业的市场营销目标和营销战略有关。常用的分销渠道策略有广泛性分销渠道策略、选择性分销渠道策略和专营性分销渠道策略。

(3) 中间商的选择。中间商的质量如何将直接影响企业的产品销路及经济效益，企业选择中间商应充分考虑目标市场、地理位置、产品经营范围、促销措施、服务、运输和存储条件、财务状况和管理能力等条件。

3.4.4　促销策略

现代市场营销不仅要求企业生产适销对路的产品、制定吸引人的价格，使目标顾客容易取得他们所需要的产品，而且还要求企业控制其在市场上的形象，设计并传播有关的外观、特色、购买条件以及产品给目标顾客带来的利益等方面的信息，即进行促销活动。促销的实质是企业与顾客之间的信息沟通。促销策略是企业市场营销组合中的关键性策略，是最直接体现“营销”的部分。

1. 促销与促销组合

促销又叫销售促进，是并指卖方向消费者或用户传递产品和企业信息、树立产品和企业形象，唤起顾客对产品的需求，从而开拓市场的活动过程。促销方式可分为人员促销和非人员促销两大类。人员促销是指推销员直接推销；非人员促销又分为广告促销、营业推广促销、公共关系促销等。

促销组合是指为了有效实现促销目标，对各种促销方式与策略的选择、设计和配合。促销组合的目的是把广告促销、人员促销、营业推广促销和公共关系促销有机地结合起来，形成整体的促销策略。在营销活动中，企业根据产品的性质和特点、市场的特征、产品所处的生命周期阶段、企业的能力和各种促销方式的特点，选择使用一种或几种促销方式，形成整体的促销组合策略。促销组合的设计受多种因素的影响，这些影响因素主要有促销活动预算、市场性质、试图影响的目标消费者性质以及竞争对手的促销活动等。一个企业只有正确地设计及运用促销组合，才能达到既定的促销目标。

2. 广告促销策略

广告是企业用付费的方法，通过一定的媒体，运用印刷、书写、画面或口头宣传等手段，向顾客介绍和推销产品或服务的一种方式。广告是市场促销的一种主要手段。广告作为一种高度公共性质的沟通方式，可使许多人同时接收同样的信息；可把信息进行多次重复宣传，以刺激消费者接收这些信息；可巧妙地利用印刷、声音和颜色等为公司及其产品提供生动的表达。

广告总是通过一定的载体，即广告媒体进行。随着科学技术的进步和不断发展，广告可以利用的媒体越来越多，总的来说，可以分为三大类：视觉媒体、听觉媒体和视听两用媒体，具体有报纸、杂志、广播、电视、电影、外包装、邮件、产品目录、小册子、海报、传单、说明书、广告牌、招牌、售货现场陈列、标志和标语等。不同的媒体，信息传播的效果不同；不同的地区，信息传播的作用不同，企业要根据其市场营销目标，考虑到不同地区、不同媒体的特点，选择合适的广告媒体。一般情况下，企业在选择广告媒体时，应考虑产品特性、目标市场的适应性、媒体的传播范围和影响力、媒体的成本等因素。

3. 人员促销策略

人员促销是一种通过与顾客的人际接触来推动销售的促销方式。它具有直接联系、机动灵活、现场洽谈、反馈及时和选择性强等特点，有利于培养业务单位间良好的人际关系。但与其他促销活动相比，人员促销的费用较高。在运用人员推销这种促销策略时，应注重推销人员的选拔、组织与管理。

人员促销策略灵活多样，主要有以下三种。

（1）“刺激—反应”策略。“刺激—反应”策略是在推销人员不了解顾客真实、确切需要的情况下经常采用的策略。推销人员运用预先准备好的话题与顾客交谈，观察顾客的反应，试探其具体要求。然后根据顾客的反应再运用一系列的刺激方式，引起顾客的购买动机，产生购买行为。

（2）“启发—配合”策略。“启发—配合”策略是指推销人员在初步掌握顾客的某些具体要求后，针对这些要求，积极、主动地与顾客交谈，恰到好处地宣传、说服，引起对方的共鸣，从而促成交易。

（3）“需要—满足”策略。“需要—满足”策略是指推销人员通过与顾客交谈，引起顾客的某种需要，并说明推销的商品如何能满足这种需要，从而引导顾客形成强烈的购买欲望。

4. 营业推广策略

营业推广又称销售推广，主要是指能够刺激顾客的强烈反应、促进短期购买行为的各项促销措施。通过营业推广，企业向顾客提供特殊的优惠条件，能够引起他们的兴趣和注意，影响他们的购买决策，刺激购买行为，在短期内达成交易；也可以依靠售后服务、技术培训、义务咨询等手段，促进与顾客的中长期业务联系。

如果说广告提供了购买理由，营业推广则提供了立即购买的理由。营业推广包括多种方式，如产品陈列和现场表演、产品展销、样品赠送、发放优惠券等。营业推广的类型有很多，归纳起来主要有：针对消费者的营业推广、针对中间商的营业推广和针对产业的营业推广。其方式具体有竞赛、游戏、彩票、举办讲座、赠送样品、礼品、商品展销会、现场陈列和表演、优惠券、现金付款折扣、价格折让、招待会、免费试用、赠送印花、交易折扣和津贴等。

5. 公共关系促销策略

公共关系是指企业为获得公众信赖、加深顾客印象而用非付费方式进行的一系列促销活动。公共关系的特点在于：它是一种双向的信息沟通活动；是企业或组织或个人的一种有目的、有计划的活动过程；是组织或个人同与之相关的社会公众建立联系的手段；是一项建立信誉、改善形象、增强组织目标与公众利益一致性的工作。公共关系的促销工具主要包括：记者招待会、演讲、研讨会、年度报告、慈善捐献、公益赞助、新闻公报、有奖比赛、文字宣传材料、视听宣传材料、企业识别系统（corporate identity，CI）、座谈会和咨询会等。

案例分析

案例 3.1　“康师傅”发迹内地

在我国方便面市场上，“康师傅”“统一面”和“一品面”已成三足鼎立之势。相比之下，“康师傅”更是抢滩夺地，咄咄逼人。在许多地方，“康师傅”简直成了方便面的代名词。

“康师傅”的投资者是我国台湾的顶宏集团，他们之中有 90% 是福建彰化县永靖镇人，平均年龄 40 岁出头，大多数股东原先在我国台湾生产、经营工业用蓖麻油，并不熟悉食品业，而且在岛内也不那么风光，是一批所谓的“名不见经传”的小业主。

据顶宏集团的一位董事透露，1987 年年底，他们原本计划到欧洲投资。动身前，我国台湾当局宣布开放内地探亲，他们灵机一动，立即改变行程，决定在内地市场寻找发展机会。开始，他们并不清楚搞什么行当最能挣钱，于是决定先去看看。经过内地之行的实地调查后，发现改革开放后的内地，经济建设搞得如火如荼，“时间就是金钱”的口号遍地作响，人们的生活节奏日趋加快。更重要的是，方便面行业在内地刚刚起步，市场上基本是 1 元左右的低价袋装方便面。于是，一个新点子涌上他们的脑海：为什么不去适应内地的快节奏，在快餐业上寻求发展的机会呢？想当年，日本的日清公司抓住 20 世纪 50 年代后期日本经济腾飞的时机，开发出方便面而大获成功，我们为什么不去占领内地的方便面市场呢？在对中国内地的经济、政治形势和现有方便面生产厂家的情况进行了冷静的分析之后，顶宏集团决定在内地开发生产新口味的方便面。

新产品要名副其实，才能真正赢得市场。然而，要想使新产品符合中国内地消费者的口味，首先要进行消费者分析，了解消费者的口味。为了使“康师傅”在内地市场畅通无阻，必须要在“内地风味”上下功夫。在这点上，顶宏集团的决策者采用了“最笨”“最原始”的办法——“试吃”来研究方便面的配料和制作工艺。他们以牛肉面为首打面，先请一批人试吃，不满意就改。待这批内地人接受了某种风味后，再找第二批人品尝，改善配方和工艺后再换人试吃，直到有 1 000 人吃过后，他们才将“内地风味”确定下来。难怪当新口味的“康师傅”方便面正式上市销售时，消费者几乎异口同声地说：“味道好极了！”一年后，“康师傅”在北京、天津、上海、广州等大城市销售火爆，中国台湾报纸惊呼顶宏集团的创举乃“小兵立奇功”。

其实，说顶宏集团是“小兵”，是相对我国台湾食品业的巨子“统一集团”和“一品集团”而言的，尤其是“统一集团”，可以说是我国台湾食品业的龙头老大。然而，这位老大在内地生产经营方便面却不太理想。当年，“统一”与“顶宏”差不多同时到达内地，但是“统一”在营销策略上犯了一个错误：他们采取了“以货试市”的路线，先把岛内最畅销的鲜虾面端出来，想让内地人尝尝“我国台湾风味”，过过现代快餐食品的瘾。谁知是“剃头匠的挑子——一头热”，内地消费者对鲜虾面敬而远之。接着，他们又换上岛内排名第二、第三的方便面，依然未能成功。在惊异两岸同胞的口味差异如此之大后，“统一”老大哥这才想起“入乡随俗”的古训，放下“我国台湾架子”，进行本土化的研究，然而，“统一”集团想以龙头老大的身份一统方便面的天下已绝非易事了。

问题：

(1) “康师傅”在内地成功的原因是什么？

(2) “康师傅”和“统一”分别信奉哪种营销观念？试比较这两种营销观念的特点。

案例 3.2　米勒公司的市场细分策略

米勒公司原来是一个业绩平平的企业，在全美啤酒行业中排名第七，市场占有率仅为 4%。1970 年，生产、经销“万宝路”香烟的菲利浦·摩里斯公司买下了米勒公司。到 1993 年，米勒公司的市场占有率达到 21%，仅次于排名第一位的布什公司(其市场占有率为 34%)，但已将排名第三、第四位的公司远远抛在了后头，以至于当时人们普遍认为米勒公司创造了一个奇迹。

米勒公司之所以能够制造这一奇迹，关键在于菲利浦·摩里斯公司买下米勒公司后，实施了该公司曾使“万宝路”成功的经营技巧，即市场细分策略。它由研究消费者的需要和欲望开始，将市场进行细分后，找到了机会最好的目标市场，并针对这一目标市场做了大量广告进行促销。米勒公司的实践也使啤酒同行业者纠正了一个概念上的错误，即过去一直认为啤酒市场是同质市场，只要推出一种产品及一种包装，消费者就得到了满足。

菲利浦·摩里斯公司买下米勒公司后的第一步行动，是将原有的唯一产品“高生”牌啤酒重新定位，美其名曰“啤酒中的香槟”，吸引了许多不常饮啤酒的妇女及高收入者。他们在进行了大量的市场调查后发现，占饮酒人数 30%的狂饮者消耗的啤酒量占到了 80%。于是，米勒公司在广告中展示了石油钻井成功后两个人狂饮的镜头，还有年轻人在沙滩上冲刺后开怀畅饮的镜头，塑造了一个“精力充沛的形象”，广告中强调“有空就喝米勒”，从而成功地占据了啤酒豪饮者市场达 10 年之久。

在占据啤酒豪饮者市场之后，米勒公司还寻找了新的目标市场。他们在调查中发现，怕身体发胖的妇女和年纪大的人觉得，12 盎司罐装啤酒的分量太多，一次喝不完，对此，他们又开发了一种 7 盎司装的号称“小马力”的罐装啤酒，推入市场后极为成功。

1975 年以后，米勒公司成功地推出了一种名叫 Lite 的低热量啤酒。虽然 1970 年以来，不少厂商试图生产低热量啤酒，但他们往往把销售对象放在节食者身上，广告宣传它是一种节食者的饮料，效果当然很差。因为大多数节食者原本就不太喝啤酒，结果导致低热量啤酒被误认为是一种带娘娘腔的东西。而米勒公司的 Lite 啤酒则反其道而行之，销售给那些真正喝啤酒者，并强调这种啤酒喝多了也不觉得胀肚子，广告上聘请著名运动员现身说法，说喝多了也不觉得肚子发胀。产品包装设计上也使用男性雄伟的线条，使它看起来不是娘娘腔的东西，而是像真正的啤酒。低热量啤酒从此销路大开。

米勒公司还推出高质量超级王牌啤酒，与啤酒头号公司——布什公司展开对攻战，定价很高，结果获得很大成功，使人们认为在特殊场合一定要用这一米勒超级王牌啤酒——“鲁文伯罗”招待好朋友。

问题：

(1) 米勒公司根据什么标准对啤酒市场进行细分？

(2) 米勒公司是如何进行市场定位的？

案例 3.3　海尔品牌的创造之路

创立于 1984 年的海尔集团，在 30 多年的时间里创造了从无到有、从小到大、从弱到强、从国内到海外的卓著业绩。海尔从创业发展到现在，创下了中国家电市场中的许多第一和唯一，创出了中国家电第一品牌，并首先以海尔冰箱这一名牌为龙头，带动了其他产品的发展。目前，海尔冷柜、海尔空调和海尔洗衣机以市场占有率位居国内同类产品榜首的业绩跨入海尔名牌系列，海尔彩电、海尔微波炉、海尔手机、海尔计算机和海尔洗碗机等一系列产品的市场占有率稳步提高。海尔在 1999 年全国最有价值品牌评估中，以高达 265 亿元的品牌价值位居全国白色家电、黑色家电和米色家电之首；在 2000 年的全国最有价值品牌评估中，品牌价值更是高达 330 亿元，蝉联第一名。

海尔已成为在国内外有一定影响的大型企业集团，这些无不得益于海尔在创业之初就确定的名牌战略。海尔的经验清楚地表明，名牌是海尔在市场中克敌制胜的法宝，是推动海尔联合舰队快速前进的风帆。

创名牌是一项系统工程，涉及企业经营管理工作的方方面面，海尔重点抓好了以下几个方面：①确保产品质量，做到持之以恒；②发展规模经济，增强企业实力；③加强科学管理，培养优秀人才；④注重形象宣传，提高企业信誉；⑤坚持开发创新，增强名牌活力；⑥做好顾客服务，赢得顾客信赖。

问题：

(1) 你从海尔创建品牌的过程中得到了什么启示？

(2) 试析海尔在品牌的创造之路上重点抓好了哪些方面。

案例 3.4　美国在线公司的营销策略

仅仅 15 年，美国在线公司就从一无所有发展成为今天美国最大的互联网接入服务提供商，它为 2 100 万名订户服务，销售收入达 20 亿美元。与一些历史悠久的传统企业相比，如可口可乐公司，美国在线公司只能算是小孩子，但在使用互联网的美国家庭中，美国在线公司为其中 42%的家庭提供接入服务。它在收购了时代华纳公司后，正在成为美国第一大媒体公司，但这还只是开始。

只要消费者对介入互联网感兴趣，美国在线公司就无处不在。美国在线公司将其促销战略的所有方面联系在一起，通过各种媒体和各种形式的促销活动传递出一个清晰、一致的信息。

美国在线公司成功的基石是邮寄数以百万计的试用光盘，让潜在的用户毫无风险地体验它的服务。这些光盘也出现在计算机商店、杂货店和音像店的柜台上，让愿意给这家公司一个机会的人们免费取用。尽管分发光盘与其他促销方式相比代价更加高昂，但美国在线公司的营销总监知道，只要能让人们把这张光盘放入他们的计算机中，他们就会明白美国在线公司究竟能给他们带来什么。这个计划取得了明显的效果，1999 年，美国在线公司吸引了 600 万名新订户，比其他互联网接入服务的用户总额还多。

此外，美国在线公司每年大约花费 5 000 万美元，通过各种媒体进行广告宣传。有线电视获得它的大部分广告预算，其次还有杂志和电视网。美国在线公司的广告非常简洁明了，主要展示公司的服务以及一些满意用户的推荐书。尽管它的主要目标市场是由一些对因特网还不熟悉的消费者组成的，但这个促销战略还是取得了非常好的效果。一些电台和电视台的节目中甚至提供给消费者免费的号码，让他们打电话与美国在线公司签订接受服务的合同。

一部由梅格·瑞恩和汤姆·汉克斯主演的浪漫喜剧电影《网上情缘》为美国在线公司赢得了口碑。在影片中，男主角是一家书店的老板，他通过美国在线公司的 E-mail 坠入爱河。这部电影帮助美国在线公司确立了作为流行文化一部分的地位，而在这种流行文化中，E-mail 地址就像电话号码一样普通。

美国在线公司取得巨大成功的一个主要因素是其销售人员与公司其他员工的合作。美国在线公司的 120 名销售人员负责争取非订阅业务，主要来自广告销售、电子商务和营销伙伴。销售代表按行业分工，如健康护理、房地产和包装消费品，并要求他们对待业务伙伴的生意就像对待自己的一样。美国在线公司的销售人员观察客户目前的营销体系，并向客户展示互联网将如何使他们获益。美国在线公司这种极具进攻性的销售力量已经使其与可口可乐公司等签订了大笔的广告和营销合同。

问题：

(1) 美国在线公司都采用了哪些促销工具？

(2) 每种促销工具的主要作用是什么？

(3) 哪些因素影响了其对促销工具的选择？

复习思考题

1. 什么是市场？什么是市场营销？
2. 简述市场营销观念的演变过程。
3. 什么是顾客让渡价值？企业应如何提高产品的顾客让渡价值？
4. 网络营销、绿色营销和体验营销各有哪些特点？
5. 消费者市场购买行为的影响因素有哪些？
6. 市场细分的目的是什么？
7. 产品生命周期各阶段的特点是什么？
8. 企业应如何开展促销活动？

第4章

现代企业战略管理

麦当劳公司的经营战略

麦当劳公司是全球消费市场上占据领先地位的食品服务零售商，拥有强有力的品牌声誉，所有餐馆的年销售总额接近350亿美元。公司所拥有的25 000多家餐馆中，80%的餐馆都被授权给全世界的将近5 000名所有者或经营者。在过去的10年内，公司所有下属单位的销售总额以平均每年8%的速度增长，每年为投资者带来20%的投资回报。

麦当劳公司对食品质量的规定、设备技术、营销和培训计划、营运须知、店址选择技术以及供应系统在世界各地都被看作一种行业标准。

麦当劳公司的战略愿景是成为世界上最好的提供快速服务的餐馆。"成为最好的"的含义就是通过提供卓越的产品质量、服务、清洁和价值，始终比竞争对手能更好地满足顾客需要。

麦当劳公司的战略是保持持续的增长、为客户提供超值的服务、永远做一个高效高质的供应商、提供美味优质的产品、使组织各个层次的职员都能得到发展、使位于世界各地的下属公司都能采用最好的管理实践，并且通过在公司产品名称、设施、营销、运作和技术方面的不断创新来更新快餐概念。

1. 公司的成长战略

(1) 业务的拓展。公司每年增加2 500家麦当劳分店，它们或自己经营或许可经营，有90%的分店设在美国本土之外，并逐渐渗透到公司尚未进入的地区和市场。麦当劳公司在其他国家的市场上建立起了超越竞争对手的、领先的市场地位，公司还通过增加菜单上的服务项目、提供低价格的特殊服务、增加饮食以及儿童游乐场所等方法，吸引更多的顾客。

(2) 捕捉市场机会。麦当劳公司充分利用已经建立起来的供应商网络、齐备的基础设施及其在多层次餐馆管理的经验、精心的店面设计、科学的选址以及产品营销方面所具有的优势，及时捕捉市场机会，提升企业的核心能力。

2. 特许经营战略

麦当劳公司的经营权只授予那些有事业心、有经营天赋、正直、有业务经验的企业家，并且努力把他们培养成积极、有责任心的麦当劳餐馆的所有者。

3. 经营选址与企业形象定位战略

分店地点的选择必须能够为客户提供便利，为公司提供增长和盈利。麦当劳公司的研究表明：顾客有关到麦当劳用餐的决策中，有70%是一时冲动而作出的。所以，公司的目标就是使所选择的分店地点尽可能地方便客户的光临。所以，麦当劳公司除了在传统的城区繁华地带开设新店之外，还在食品商场、机场、医院、大学、大型的购物中心和服务地点建立经营分支机构。

在店面的设计方面，各分店尽量使用节约成本的标准饭店设计；在设备和材料采购时，通过全球采购寻源系统进行统一采购，从而减少地点选择成本和店面建筑成本。

公司对分店环境的基本要求是：确保麦当劳的分店里里外外都有吸引力，令人感到身心舒畅。如果可行，麦当劳还可以提供流动车服务，为儿童提供游乐的场所。

4. 产品线战略

有限的菜单服务项目；提高产品的口味，尤其是三明治产品系列的口味；扩大产品的种类，进入快餐食品领域，为关心健康的人提供更多的服务项目；大量而快速地推出新型的、吸引人的产品，及时淘汰那些不能流行起来的产品，确保产品的高质量以及对顾客有足够的吸引力。

5. 店面经营战略

在食品的质量、饭店和设备的清洁度、饭店的经营运作程序以及友善礼貌的柜台服务方面执行严格的标准；进一步扩展“为您制造”的概念，将其应用于更多餐馆的运作过程。公司所实施的“为您制造”方案包括安装先进设备、高级计算机系统以及使用新的配制方法，从而可以根据顾客订单要求供应食品。

6. 营销战略

通过媒体进行大规模的广告宣传，在店内开展促销活动，根据顾客在每个饭店的消费额为其提供一定比例的回报；通过这些行动提高麦当劳的质量形象，用罗纳尔德·麦当劳的吉祥物提高麦当劳品牌在儿童中的知晓度，利用“麦克”这个称谓使菜单上的食品同麦当劳公司之间的联系更为密切。公司要通过各种方式以幸福和兴趣的态度影响儿童。

7. 人力资源战略

公司在每一个分店为员工提供公平、非歧视性的工资；为员工培训工作技能；既奖励个人的优秀业绩，又奖励团队的优秀业绩；为员工创造职业机会；为学生雇员提供灵活的工作时间。公司雇用那些有良好工作习惯和礼貌处事的员工，对他们进行系统培训，使他们的一举一动深深感染顾客；尽快地提升有前途的员工。

公司在客户满意度和快餐业务经营方面，为麦当劳的特许经营者、管理者和管理助理提供适当到位的培训。通过将在一个分店中所形成的最好的实践做法和新的观点积极地转移到世界其他地区的方式，促进一种全球性的思维模式的形成。

8. 承担社会及社区责任

公司积极承担社区责任——支持当地的福利事业和社区项目，帮助创造一种社区邻里精神；促进教育上的卓越；为有严重疾病的无家可归的孩子建立一个家庭，让他们接受附近医院的治疗；提高员工的多样性，提倡自愿的肯定的行动，促进少数者拥有特许经营权；通过提供学生奖金、教师回报和免费的指导战略的方法支持教育事业；采纳和鼓励对环境有利的做法和惯例；通过计算机为顾客提供有关麦当劳公司食品中所包含的营养成分的信息。

现代企业面临动荡不安的经营环境，企业管理者必须牢牢把握那些关系企业未来生存和发展的关键性、全局性的战略问题，从战略高度考虑合理运用可取得的资源，充分利用环境所提供的机会改善本身的素质，努力实施适应环境变化的战略性管理，才能使企业在竞争中求得成长和发展。本章围绕战略管理的原则，着重介绍战略环境分析、竞争战略以及企业战略管理过程等基本内容和基本方法。

4.1 企业战略管理概述

4.1.1 企业战略与企业战略管理

1. 企业战略

战略是指对重大、带有全局性的或决定全局的问题的谋划和策略。任何事物都是作为系统而存在的，都是由相互联系、相互依存、相互制约的多层次、多方面，按照一定结构组成的有机整体。这就要求领导者必须牢固树立战略与全局思想，置局部于整体之中，从全局看局部。战略问题是关系全局的问题。凡是关系到全局的存在、巩固、发展的问题，凡是涉及组织整体活动目标、方向、未来、成败和根本效益的问题，凡是在全局中带有共性并有普遍指导作用的问题，都是战略问题。

企业战略是企业以未来为基点，在分析企业外部环境和内部条件的现状及其变化趋势的基础上，为寻求和维持持久竞争优势而作出的有关全局的重大筹划和谋略。

2. 企业战略管理

企业战略管理是指企业战略的分析与制定、评价与选择、实施与控制，使企业能够达到其战略目标的动态管理过程。企业战略管理的概念包括以下三个方面的含义。

（1）企业战略管理是企业战略的分析与制定、选择与评价、实施与控制，三者形成一个完整、相互联系的管理过程。

（2）企业战略管理是把企业战略作为一个不可分割的整体来加以管理的，其目的是提高企业整体水平，如何使企业战略管理各个部分有机整合以产生集成效应是战略管理的主要目的。因此，企业资源配置、各职能部门策略都要从全局出发，而不是只顾及企业内部个别子目标的实现而不顾及全局。

（3）企业战略管理关心的是企业的长期稳定和高速发展，它是一个不断循环往复、不断完善、不断创新的过程，是螺旋式上升的过程。一次战略管理过程完成之后，并不是战略管理过程的结束，而是新一轮战略管理过程的开始。每经过一次循环，就应当使企业战略管理水平提高一步。

总之，企业战略管理是一个过程，不是一个事件。企业战略管理是将企业战略的分析与制定、评价与选择、实施与控制看成一个完整过程加以管理，这三个环节既相互联系又相互区别，忽视其中任何一个都不能获得有效的战略管理。

4.1.2 企业战略的构成要素

1. 企业使命和目标

企业的存在是为了在各种不同的环境条件下实现某种特定的社会目标，或满足某种特殊的社会需要。每个企业从其建立开始，就应该承担相应的责任并履行相应的使命。企业使命是指企业区别于其他类型组织而存在的原因或目的，它不是企业经营活动具体结果的表述，而是为企业提供了一种原则、方向和哲学。企业目标是企业战略构成的基本内容，主要表明企业在实现其使命的过程中要达到的长期结果。

2. 经营范围

经营范围是指企业从事生产经营活动的领域，可以是单一领域，也可以是多个领域。按照时间的不同，企业的经营范围可分为两种：一种是现时经营范围，即企业现时生产经营活动所包括的领域；另一种是未来经营范围，即根据企业内外发展变化在战略中所确定的生产经营活动所包括的未来领域。企业应该根据自己所处的行业、自己的产品和市场来确定自己的经营范围，只有产品与市场相结合，才能真正形成企业的经营业务。

3. 资源配置

资源配置是指企业过去和目前对资源和技能进行配置、整合的能力与方式。资源配置的优劣差异会极大地影响企业战略的实施能力，影响企业实现战略目标。企业只有注重对异质战略资源的积累，形成不可模仿的自身特殊能力，才能更好地开展生产经营活动。如果企业的资源匮乏或缺乏有效配置，企业对外部机会的反应能力会大大削弱，企业的经营范围也会受到限制。

4. 竞争优势

竞争优势是指企业在竞争中优于其竞争对手、关系经营全局成败的优越地位和强大实力，它具有战胜竞争对手的作用。竞争优势既可以来自企业在产品和市场上的地位，也可以来自企业对特殊资源的正确运用。如领先于时代的技术水平、享誉全球的产品品牌、独特的生产工艺及产品配方等。

5. 增长向量

增长向量说明企业经营运行的方向，主要表明企业从原有产品与市场组合向未来产品与市场组合移动的方向，故也称成长方向，如表 4-1 所示。企业根据所处环境与自身实力的分析判断,可以选取表 4-1 中的九个发展方向。其中既有在一个行业发展的方向,也有跨行业甚至在多个行业发展的方向,越偏向右下方,难度和风险越大,但是,其发展速度可能更快。

表 4-1 企业增长向量矩阵

市场＼产品	原有	相关	全新
原有	市场渗透	产品发展	产品革新
相关	市场开拓	多角化	产品发明
全新	市场转移	市场创造	创新发展

6. 协同作用

协同作用是指两个以上事物,如果能有机地结合、协调,共同发挥作用,会使效果大于各个事物分别作用的效果之和。协同作用指明了一种联合作用的效果,常常被描述为"1+1＞2"的效果。但是,如果协同作用使用不当,也会产生"1+1＜2"的结果,即产生负的协同作用。协同作用具体落实到企业战略,就是指企业进行资源配置、确定经营范围和创建企业优势决策时,要达到匹配、协调、互利、互补的效果,使企业总体资源的收益大于各部分资源收益之和,使企业全局效益大于企业各个局部效益之和。

企业战略构成的要素更深一层的意义还在于企业应考虑如何寻求获利能力。企业宗旨指明了企业发展的方向;经营领域确定了企业获利能力的范围;增长向量指出了企业经营领域扩展的方向;竞争优势指出了企业获取机会的特征;利用协同作用可以挖掘企业总体获利能力的潜力。它们之间相辅相成,共同构成了企业战略的内核。

4.1.3 企业战略的层次

一个典型的现代企业,其战略一般包括三个层面:公司总体战略、经营单位战略(事业部战略)和职能战略。相应地,企业战略管理也可以划分为公司总体战略管理、经营单位(事业部)战略管理和职能战略管理三个层次,如图 4-1 所示。

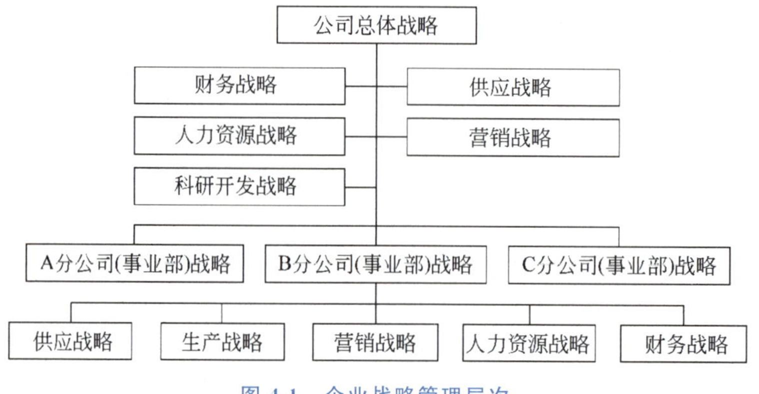

图 4-1 企业战略管理层次

1. 公司总体战略

公司总体战略的研究对象是一个由一些相对独立的业务或战略经营单位组合而成的整体。这一层次的战略是一个企业的整体战略总纲，是企业最高管理层指导和控制企业的一切行为的最高纲领。其主要内容包括企业战略决策的一系列最基本的因素，是企业存在的基本逻辑关系或基本原因。

公司总体战略主要强调两个方面的问题：一是应该做什么业务，即确定企业的使命与任务，明晰企业的产品与市场领域，以及企业的经营活动的范围和重点；二是怎样去发展这些业务，即在企业不同的战略经营单位之间如何配置企业有限的资源，以及选取什么样的成长方向。

公司战略管理的侧重点在于：确定企业使命，即企业最适合于从事哪些业务领域，为哪些消费者服务，以及企业向哪些领域发展；战略经营单位的划分以及制定战略经营单位的发展规划，如开发新业务的时机与方式，对现有事业是放弃，还是维持或者扩展的安排，以及进行调整的深度和速度；制定关键的战略经营单位战略目标。

2. 经营单位战略

经营单位战略又称事业部战略，它是在公司总体战略的指导之下，经营管理某一个特定的战略经营单位的战略计划，是公司战略之下的子战略。企业从组织上把具有共同战略因素的若干事业部或其中某些部分组合成一个经营单位，每个战略经营单位一般都有自己独立的产品和细分市场。在企业内，如果各个事业部的产品和市场具有特殊性，也可以视其为独立的经营单位。

经营单位战略主要是针对不断变化的外部环境，在各自的经营领域里有效地竞争。为了保证企业的竞争优势，各经营单位要有效地控制资源的分配和使用。同时经营单位战略还要协调各职能层次的战略，使之成为一个统一的整体。具体来说，经营单位战略是企业在某一行业或某一特定细分行业内，确立其市场地位和发展态势的战略。对于大型企业或企业集团来说，某一个经营领域的战略表现为某一战略单位，如事业部或分公司在其特定经营领域的战略，在中小企业则表现为某一特定产品在其特定市场的战略。这一战略涉及的是企业在某一经营领域中如何竞争、在竞争中扮演什么样的角色，以及在各战略经营单位如何有效地利用好分配到的资源等问题。

经营单位战略管理的侧重点在于：如何贯彻企业使命；各经营领域发展的外部环境中的机会与威胁分析；各经营领域的内部条件分析，以便认识自身的优势与劣势；战略目标的制定；明确各经营领域的战略重点、战略阶段和主要的战略措施。

3. 职能战略

职能战略是公司总体战略和经营单位战略在各专业职能方面的具体化，它是企业内主要职能部门的短期战略计划。职能战略可以使各职能部门的管理人员更加清楚地认识到本职能部门在实施企业总体战略中的责任和要求，它使笼统的战略内容更加明确化，以指导各项具体的业务决策，有效地运用研究开发、营销、生产、财务、人力资源等方面的经营职能，为实施以上两个层次的战略服务。这一层次战略的重点是提高企业资源的利用效率，使企业资源的利用效率最大化。职能层次的战略可分为营销战略、人力资源战略、财务战略、生产战略和研究与开发战略等。

职能战略管理侧重点在于：如何贯彻事业部发展的战略目标；职能目标的论证及细分；确定职能战略的战略重点、战略阶段和主要战略措施；战略实施中的风险分析和应变能力分析。

从实施意义上讲，只有在被各专业职能充分探讨的基础上，制定出职能战略之后，公司总体战略才得以形成，因为它涉及战略在各专业经营职能之间如何展开以形成战略体系，也涉及各职能如何利用所分配的资源及其利用的效果，以保证战略的实施。所以，职能战略不明确，公司战略仅仅是一个空中楼阁。

4.2 企业外部环境分析

4.2.1 企业宏观环境分析

企业宏观环境是指那些给企业带来市场机会或造成环境威胁的主要社会力量，直接或间接地影响着企业的战略管理。

1. 政治和法律环境

政治和法律环境是指那些制约与影响企业的政治要素和法律系统及其运行状态。如国家的政治制度，国家的权力机构，国家颁布的方针政策，政治团体和政治形势，法律、法规、法令，以及国家的执法机构等因素。这些因素对企业的生产经营活动具有控制和调节的作用。它规定了企业可以做什么，不可以做什么，同时也保护企业的合法权益和合理竞争，促进公平交易。

2. 经济环境

经济环境是指构成企业生存和发展的社会经济状况及国家的经济政策，包括社会经济结构、经济体制、宏观经济政策等要素。衡量这些因素的经济指标有平均实际收入、平均消费水平、消费支出分配规模、实际国民生产总值、利率和通货供应量、政府支出总额等。

3. 科技环境

科技环境是指企业所处环境中的科技要素及与该要素直接相关的各种社会现象的集合，包括国家科技体制、科技政策、科技水平和科技发展趋势等。随着国家科学技术的发展，新技术、新能源、新材料和新工艺等的出现与运用，企业在战略管理上需要作出相应的战略决策，以获得新的竞争优势。

4. 社会文化环境

社会文化环境是指企业所处的社会结构、社会风俗和习惯、信仰和价值观念、行为规范、生活方式、文化传统、人口规模与地理分布等因素的形成和变动。其中，人口因素是一个极为重要的因素，包括人口规模、地理分布、年龄分布、迁移等方面。

5. 自然环境

自然环境是指企业所处的生态环境和相关的自然资源，包括土地、森林、河流、海洋、生物、矿产、能源、水源，环境保护、生态平衡等方面的发展变化。这里，环境保护的要求对企业的生产经营有着极为重要的影响。企业一定要保护好所处地区的环境，履行企业的社会责任。

4.2.2　行业竞争力分析

传统的产业组织理论是以市场结构、企业行为和效益为研究框架的。哈佛商学院的著名战略管理学家迈克尔・波特(M.E.Porter)教授在 20 世纪 90 年代末，将传统的产业组织理论与企业战略结合起来，形成了竞争战略与竞争优势的理论。根据他的观点，一个行业中存在五种基本的竞争力量，即潜在进入者、替代品、购买者、供应者以及行业内现有竞争者间的抗衡，彼此之间相互作用。

在一个行业里，这五种基本竞争力量的状况及其综合强度引发行业内在经济结构上的变化，从而决定着行业内部竞争的激烈程度，决定着行业中获得利润的最终潜力，如图 4-2 所示。

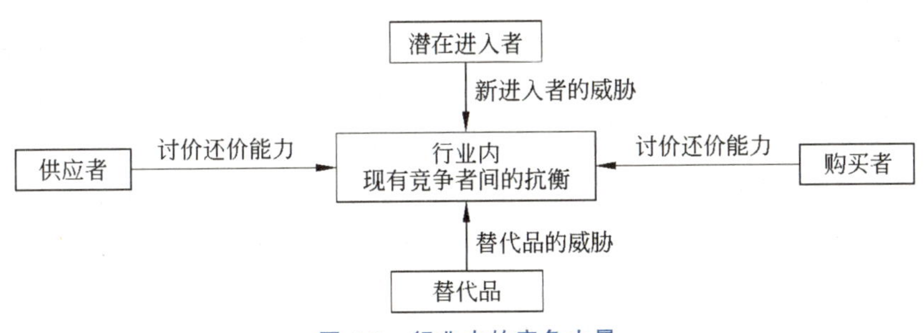

图 4-2　行业中的竞争力量

1. 潜在进入者

对于一个行业来说，潜在进入者或新加入者会带来新的生产能力和新的物质资源，从而对已有的市场份额格局提出重新分配的要求。特别是那些进行多种经营的企业，从其他的行业进入后，常常运用已有的资源优势对新进入的行业产生强有力的冲击。结果是，行业内产品价格下跌或企业内在成本增加，使行业的获利能力降低。

1）进入障碍

潜在进入者或新加入者是否能够进入某行业，并对该行业构成威胁，取决于该行业所存在的进入障碍。如果进入障碍高，外部进入的威胁就小。可以构成行业的进入障碍的主要因素有以下几点。

(1) 规模经济。规模经济是指在一定时期内，企业所生产的产品或劳务的绝对量增加时，其单位成本趋于下降。产品或服务的规模经济可以构成行业的进入障碍，迫使新加入者在考虑进入某行业时，作出两种令人难以接受的选择：一种是以大的生产规模进入该行业，并且冒着行业中现有企业强烈抵制的风险；另一种是以小的生产规模进入该行业，忍受着产品成本过高的劣势。

（2）产品差别化。产品差别化是指由于顾客或用户对企业产品的质量或商标信誉的忠实程度不同而形成的产品之间的差别。当产品或服务形成进入障碍时，新加入者往往要花费较长的时间攻克这一壁垒，并且会以一定时期的亏损作为代价。

（3）资金的需求。资金也可以形成一种重要的进入障碍。在进入新的行业时，企业如果需要大量的投资，则会考虑是否进入或如何进入。特别是对于资金密集型的行业来讲，企业如果筹不到足够的资金，就很难进入该行业。即使贸然进入，也要承担巨大的投资风险。

（4）转换成本。转换成本是指企业从一个行业转向另一个行业从事生产经营活动时，或从一种产品转向另一种产品时，所要支付的成本。转换成本包括企业购置新的辅助设备的成本、产品再设计的成本、职工再培训的成本等。如果转换成本过大，企业又不能在内部消化，则面对一种新的进入障碍。企业或者冒着成本过高的风险忍受失败，或者停滞不前。

（5）分销渠道。企业在进入一个新的行业时，如果没有自己的产品分销渠道，也会面临进入障碍。原有的分销渠道一般都是为已有的企业服务，新加入者必须通过让利、合作、广告、津贴等方式让原有的分销渠道接受其产品，这样必然减少新加入企业的利润。为了克服这种进入障碍，企业必须开辟新的分销渠道，为自己的产品服务。

（6）原材料与技术优势。行业中已有的企业可能会凭借自己在获得原材料方面的优势，或者拥有技术专利等方面的优势，为潜在进入者或新加入者设置进入障碍。新加入企业无论怎样扩大自己的规模，都难以消除这种壁垒。

（7）政府政策。政府的政策、法规和法令等都会在某些行业中限制新加入者。例如，政府对环境污染的法令就可能禁止那些不合格的企业在某种行业中从事生产经营活动。

2）退出障碍

企业在分析进入障碍的同时，也需要考虑退出障碍。退出障碍是指那些迫使投资收益低甚至是亏损的企业仍然留在行业中从事生产经营活动的因素。这些因素主要有以下几点。

（1）固定资产高度专业化。在特定经营业务或地理位置上，企业拥有高度专业化的资产，但其清算价值低，或者转换成本高，难以退出现有的行业。

（2）退出成本过高。企业在考虑退出行业时，应认真考虑包括劳动合同、重新安置费用、保养备件的生产能力等成本是否合理。如果成本过高，企业则难以退出。

（3）协同关系密切程度。企业内的经营单位之间的协同关系是企业战略的重要因素。如果其中某一经营单位退出现有行业，就会使原有的协同关系遭到破坏。

（4）感情障碍。企业在制定经济合理的退出决策时，往往会引发一些管理人员和职工出现抵触情绪。例如，员工对多年所从事的经营业务具有感情，不愿意放弃；或者担心个人的前途而拒绝采纳合理的决策。

（5）政府和社会的限制。政府考虑到失业问题和对地区经济的影响，有时会出面反对或劝阻企业轻易退出的决策。退出障碍与进入障碍之间有着密切的经济联系。从利润收益的角度看，最好的情况是进入障碍高而退出障碍低。在这种条件下，新加入者的进入会受到阻拦;经营不善的企业会退出行业的竞争,从而保证行业内的企业有较高而且稳定的经济收益。

2. 替代品

替代品是指那些与本企业产品具有相同功能或类似功能的产品。在质量相等的情况下,替代品的价格会比被替代产品的价格更具有竞争力。替代产品投入市场后,会使企业原有产品的价格处在较低的水平,降低了企业的收益;替代产品的价格越具有吸引力,价格限制的作用就越大,对企业构成的威胁也就越大。为了抵制替代品对行业的威胁,行业中各企业往往采取集体行动,进行持续的广告宣传、改进产品质量、提高产品利用率、促进市场营销等活动。

3. 购买者

对于行业中的企业来讲,购买者是不可忽视的竞争力量。购买者所采取的手段主要有:要求压低价格,要求较高的产品质量或更多的服务,甚至迫使作为供应者的企业互相竞争等。所有这些方式都会降低企业的获利能力。重要的购买集团对行业所产生的竞争能力,取决于该集团所处市场的特性,取决于该集团在该行业的购买活动与其整个业务相比较的重要程度。

当具备以下条件时,购买集团就会有较高的竞争能力。

(1) 该集团的购买力集中,或者对于企业来说是一笔很可观的交易。如果企业的大部分产品为某个固定的购买者所购买,该购买者的重要性就会增加。

(2) 该集团从某行业中购买的产品占该集团全部费用或全部购买量的相当大的一部分。在价格优惠并且可以挑选的情况下,购买者愿意花费必要的资金购买。反之,该集团从某行业中购买的产品如果只占其全部费用的一小部分,购买者通常对价格不很敏感。

(3) 该集团从某行业中购买的产品是标准的,或是没有差别的。在这种情况下,购买者常常确信自己总能找到可以挑选的供应者,并使供应企业之间互相竞争,从而得利。

(4) 该集团转换成本不高。转换成本高,会迫使购买者不得不固定地从某个或某些特定的销售企业处购买产品。相反,如果转换成本低,购买者不必固定地从某个或某些特定的企业处购买产品,其竞争能力便会提高。

(5) 该集团盈利低。由于盈利低,购买者就会千方百计地压低购买费用。如果购买者盈利高,便不会在价格上太敏感。

(6) 购买者采用向后一体化,会威胁作为供应者的企业。购买者实行向后一体化,会使其在交易中取得优惠者的地位。例如,有的公司在自己内部生产所需的一部分零部件,从而了解了零部件的生产成本。在从公司外的供应者手中购买同类的零部件时,该公司就会处于有利的谈判地位。同样,作为供应者的企业如果实行向前一体化时,也会削弱购买者的竞争能力。

(7) 供应者的产品对购买者的产品质量或劳务质量没有重大的影响。如果供应者的产品对购买者的产品质量影响很大时,购买者一般在价格上不太敏感。例如,油田设备产品对采油业影响很大，一台设备发生故障会造成巨大损失。这样，油田设备制造公司就对采油公司有较高的讨价还价能力。

（8）购买者掌握了充分的信息。购买者掌握了有关市场需求、市场价格、供应者制造成本等详尽的信息，就会具有较强的讨价还价能力。购买者便会在交易中获得优惠价格。在受到供应者威胁时，购买者还可以进行有力的反击。

4. 供应者

供应者通过扬言要抬高产品和劳务的价格或降低出售的质量，对作为购买者的企业进行威胁，以发挥他们讨价还价的能力。

前面所述的那些可以使购买者具有强大竞争能力的条件，基本上也适用于供应者。一般来讲，供应者加强自己竞争能力的方式有以下几种。

（1）少数几家公司控制供应者集团。在将产品销售给较为零散的购买者时，供应者通常能够在价格、质量和条件上对购买者施加相当大的影响。

（2）替代品不能与供应者所销售的产品相竞争。如果替代品加入市场竞争，供应者即使再强大有力，其竞争能力也会受到替代品的牵制。

（3）作为购买者的企业不是供应者的重要主顾。在一些行业里，市场上所销售的产品或劳务对供应者来说不占其产品或劳务很大比重时，供应者具有较强的竞争能力。反之，如果某行业中的企业是供应者的重要主顾，则供应者的命运与该行业息息相关。

（4）供应者的产品是购买者从事生产经营的一项重要投入。由于这种投入对于购买者的制造过程或产品质量有着重要的影响，从而提高了供应者讨价还价的能力。

（5）供应者集团的产品存在着差别化。购买其产品的企业不会设想去打供应者的牌，而承认供应者的竞争能力。

（6）供应者集团实行向前一体化。这样，供应者集团具有较强的竞争能力，购买者行业很难在购买条件上与之进行讨价还价。

5. 行业内现有竞争者间的抗衡

行业内部的抗衡是指行业内各企业之间的竞争关系与程度。常见的抗衡手段主要有价格战、广告战、引进新产品以及增加对消费者的服务等。

1）产生抗衡的原因

企业之间形成抗衡主要是企业感受到了竞争的压力或看到了改善其竞争地位的机会。

（1）行业内有众多或势均力敌的竞争对手。在行业中，如果企业较多，常常会有一些表现特殊的企业引发竞争。如果行业中企业在规模与资源上比较均衡，也会产生不稳定的现象。

（2）行业发展缓慢。在这种情况下，企业为了寻求发展，便转向在市场占有率上进行竞争。这种竞争变化较大，而且比行业快速发展时还要激烈。

（3）固定成本或库存成本高。在行业存在剩余生产能力时，固定成本高，会对行业中所有企业造成巨大压力，迫使它们进一步满足生产能力。结果，往往导致产品的价格下降。在库存高的情况下，企业常常为了尽快销售积压产品，不得不采取降价的行动。结果，企业的获利很少。

（4）缺少产品差别化。若企业的产品缺少差别化，购买者在挑选企业的产品时，常常从产品的价格或服务上进行考虑。在这种情况下，企业之间常常会爆发激烈的价格战或服务战。事实上，价格战等形式的竞争是不可取的。在价格战中，一个企业的减价行动会很快被同行的竞争对手采纳。结果，降价会使行业中所有企业的收入水平降低。

（5）生产能力大幅度提高。在规模经济要求生产能力大量增加的行业，新增的生产能力会经常打破行业的供需平衡。结果，该行业就会出现生产能力过剩与价格削减的周期性循环。

（6）竞争战略不同。在如何竞争以及如何在竞争中保持领先地位的问题上，每个竞争者的目标和战略都会有所不同。在一个行业里，企业如果选择了正确的竞争战略，就会使那些竞争战略有误的企业处于劣势。

（7）退出障碍高。退出障碍高时，过剩的生产能力不能离开行业，而且那些在竞争中败北的企业，也不能放弃经营。结果，那些经营不善的企业不得不继续在行业中消耗有限的资源，会使整个行业的获利能力一直保持在较低的水平。

2）抗衡因素的变化

行业内，决定竞争抗衡强度的因素在一定条件下会发生改变。

（1）行业的寿命周期发生了变化。行业成熟期发生的行业增长率的变化就是一个非常普遍的例证。在行业处于成熟期时，其增长率下降，企业间的抗衡加剧，利润下降，实力薄弱的企业就会被淘汰。

（2）企业技术实现革新。这种革新会提高企业生产过程中的固定成本，打破原有的抗衡格局，使行业内的抗衡发生新的变化。

（3）管理风格发生变化。企业内部的高层管理发生变动，或者企业被兼并后，一种新的管理风格引进了原来的行业，都会出现新的抗衡格局。

（4）企业战略发生转变。在行业中，企业虽然必须面临那些决定行业抗衡强度的因素，但它们在制定与改变战略上尚有自己的活动空间。企业可以通过满足顾客生产经营需要的产品设计，或使顾客依赖于自己的技术等，提高顾客的转换成本；可以通过产品的变化、市场营销革新和新型服务等提高产品差别化；可以把销售工作的重点放在发展最快的分市场上，或者放在固定成本最低的市场领域里，弱化行业抗衡的影响；可以用避免直接面对具有高退出障碍的竞争者的方法，避免卷入激烈的削价斗争，或者设法降低自身的退出障碍等。

4.3　企业内部环境分析

4.3.1　SWOT 分析

SWOT 分析法是由美国哈佛商学院率先采用的一种经典的方法。它根据公司拥有的资源，分析公司内部优势与劣势以及公司外部环境的机会与威胁，进而选择适当的战略。

1. SWOT 分析法的基本原理

SWOT 分析法是一种综合考虑企业内部条件和外部环境的各种因素，进行系统评价，从而选择最佳经营战略的常用方法。这里，S 是指企业内部的优势(strengths)，W 是指企业内部的劣势(weaknesses)，O 是指企业外部环境的机会(opportunities)，T 是指企业外部环境的威胁(threats)。

企业内部的优势和劣势是相对于竞争对手而言的，一般表现在企业的资金、技术设备、职工素质、产品、市场和管理技能等方面。判断企业内部的优势和劣势一般有两项标准：一是单项的优势和劣势。例如，企业资金雄厚，则在资金上占优势；市场占有率低，则在市场上占劣势。二是综合的优势和劣势。为了评估企业的综合优势和劣势，应选定一些重要因素，加以评价打分，然后根据其重要程度按加权确定。

企业外部的机会是指环境中对企业有利的因素，如政府支持、高新技术的应用、良好的购买者和供应者关系等。企业外部的威胁是指环境中对企业不利的因素，如新竞争对手的出现、市场增长率缓慢、购买者和供应者的讨价还价能力增强、技术老化等。这是影响企业当前竞争地位或影响企业未来竞争地位的主要障碍。

2. SWOT 分析法的应用

SWOT 分析法依据企业的目标，列示出对企业生产经营活动及发展有着重大影响的内部及外部因素，并且根据所确定的标准对这些因素进行评价，从中判定出企业的优势与劣势、机会与威胁。SWOT 分析法使公司真正考虑到：为了更好地对新出现的行业和竞争环境作出反应，必须对企业的资源采取哪些调整行动？是否存在需要弥补的资源缺口？公司需要从哪些方面加强其资源？要建立公司未来的资源必须采取哪些行动？在分配公司资源时，哪些机会应该最先考虑？这就是说，SWOT 中最核心的部分是评价公司的优势和劣势，判断所面临的机会和威胁，并作出决策，即在公司现有的内外部环境下，如何最优地运用自己的资源，并且考虑建立公司未来的资源。SWOT 分析如图 4-3 所示。

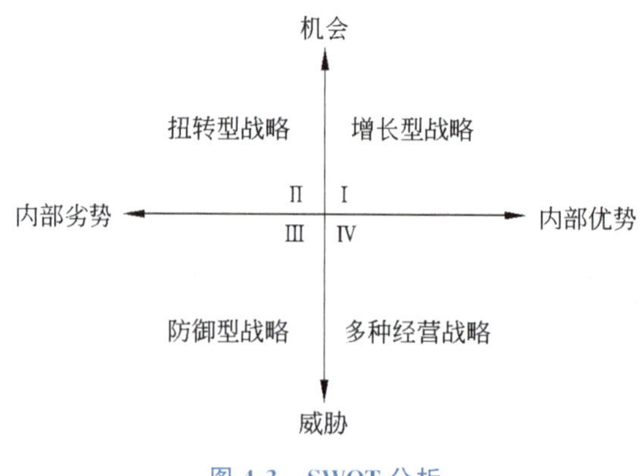

图 4-3　SWOT 分析

从图 4-3 中可以看出，第Ⅰ类企业具有很好的内部优势以及众多的外部机会，应当采取增长型战略，如开发市场、增加产量等；第Ⅱ类企业面临巨大的外部机会，却受到内部劣势的限制，应采取扭转型战略，充分利用环境带来的机会，设法清除劣势；第Ⅲ类企业的内部存在劣势，外部面临强大威胁，应采取防御型战略，进行业务调整，设法避开威胁和消除劣势；第Ⅳ类企业具有一定的内部优势，但外部环境存在威胁，应采取多种经营战略，利用自己的优势，在多样化经营上寻找长期发展的机会。

4.3.2 价值链分析

企业要分析自己的内部资源，判断可以由此产生的竞争优势，则需要确定自己的价值活动、识别价值活动的类型，最后构成具有自身特色的价值链。

1. 价值链基本原理

美国哈佛商学院迈克尔·波特教授认为企业每项生产经营活动都是其创造价值的经济活动；那么，企业所有的互不相同但又相互关联的生产经营活动便构成了创造价值的一个动态过程，即价值链，如图 4-4 所示。

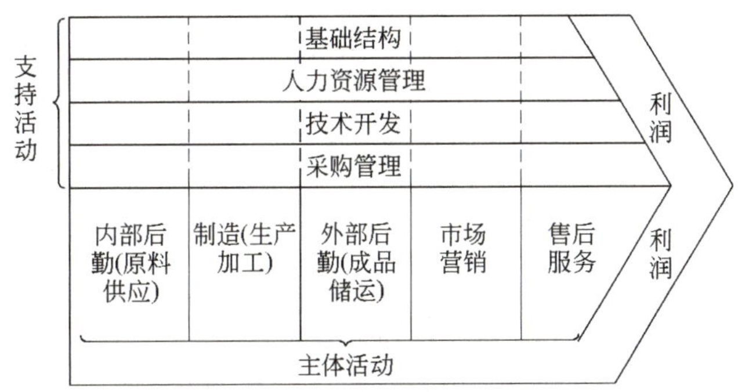

图 4-4 企业的价值链

从图 4-4 中可以看出，价值链将企业的生产经营活动分成主体活动和支持活动两大类。

1）主体活动

主体活动是指生产经营的实质性活动，一般可以再细分成内部后勤（原料供应）、制造（生产加工）、外部后勤（成品储运）、市场营销和售后服务五种活动。每一种活动又可以根据具体的行业和企业的战略再进一步细分成若干项活动。

（1）内部后勤（原料供应）是指与产品投入品的进货、仓储和分配有关的活动，如原材料的装卸、入库、盘存、运输以及退货等。

（2）制造（生产加工）是指将投入转换成最终产品的活动，如加工、装配、包装、设备维修、检测等。

（3）外部后勤（成品储运）是指与产品的库存、分销给购买者有关的活动，如最终产品的入库、接收订单、送货等。

（4）市场营销是指与促进和引导购买者购买企业产品有关的活动，如广告、定价、销售渠道等。

（5）售后服务是指与为保持或提高产品价值有关的活动，如培训、修理、零部件的供应和产品的调试等。

2）支持活动

支持活动是指用于支持主体活动，而且内部之间又相互支持的活动，包括企业投入的采购管理、技术开发、人力资源管理和基础结构。图 4-4 上的虚线表明采购管理、技术开发、人力资源管理这三种支持活动，既支持整个价值链的活动，又分别与每项具体的主体活动有着密切的联系。企业的基础结构活动支持整个价值链的运行，不与每项主体发生直接的关系。与主体活动一样，每一种支持活动又可依行业不同进一步细分成若干项独具特色的活动。

（1）采购管理。它是指采购企业所需要的投入品的职能，而不是指被采购的投入品本身。这里的采购是广义的，既包括生产原材料的采购，也包括其他资源投入的管理。例如，企业聘请咨询公司为企业进行广告策划、市场预测、管理信息系统设计、法律咨询等，都属于采购管理。改进采购管理活动可以在很大程度上改进被购买的投入品的质量和费用，以及使用该投入品的质量和费用。

（2）技术开发。它是指可以改进企业产品和工序的一系列技术活动。这也是一个广义的概念，既包括生产性技术，也包括非生产性技术。因此，企业中每项生产经营活动都包含着技术，只不过其技术的性质、开发的程度和使用的范围不同而已。有的属于生产方面的工程技术，有的属于通信方面的信息技术，还有的属于领导的决策技术。这些技术开发活动不仅仅是与企业最终产品直接相关，而且支持着企业全部的活动，成为判断企业竞争实力的一个重要因素。

（3）人力资源管理。它是指企业职工的招聘、雇用、培训、提拔、激励和退休等各项管理活动。这些活动支持着企业中每项主体活动和支持活动，以及整个价值链。人力资源管理在调动职工生产经营的积极性上起着重要的作用，影响着企业的竞争能力。

（4）基础结构。它是指企业的组织结构、控制系统以及文化等活动。企业高层管理人员往往在这些方面发挥着重要的影响作用。因此，高层管理人员也往往被视作基础结构的一部分。企业的基础结构与其他的支持活动有所不同，一般是用支持整个价值链的运行，即所有其他的价值创造活动都在基础结构中进行。在多种经营的企业中，公司总部和经营单位各有自己的基础结构。

由此可见，整个价值链反映出企业生产经营活动的历史、重点、战略、实施战略的方法，以及生产经营活动本身所体现的经济学观念。

2. 价值链的内在联系

价值链不是一些独立活动的集合，而是相互依存的活动构成的一个系统。在这个系统中，各项活动之间存在着一定的联系。这些联系体现在某一价值活动进行的方式与成本之间的关系，或者与另一活动之间的关系上。例如，机械加工的企业购买高质量的已剪切好的钢板，可以简化生产流程并减少废料。

1）形成价值活动间联系的原因

价值活动间的联系很多，最常见的是价值链中主体活动与支持活动间的各种联系。

(1) 同一功能可以以不同的方式实现。例如,为了保证产品合格,企业可以采购高质量的原材料或零部件,或者明确规定生产工艺流程中的最小公差,或者对产品进行全面检验。

(2) 通过支持活动保证主体活动的成本或效益。例如,通过优化时间安排(支持活动),企业可以减少销售人员的出差时间或交货车辆运输时间(主体活动)。

(3) 以不同的方式实现质量保证功能。例如,企业可以通过进货检查,部分或全部替代成品检查。

2) 内在联系形成竞争优势的方式

企业价值活动间的内在联系所形成的竞争优势有两种形式:最优化与协调。

(1) 企业为了实现其总体目标,往往在各项价值活动间的联系上进行最优化的抉择,以获得竞争优势。例如,企业在考虑产品设计与服务成本时,为了获得差别化优势,可能会选择成本高昂的产品设计、严格的材料规格或严密的工艺检查,以减少服务成本。

(2) 在协调方面,企业通过协调各活动间的联系,增加产品的差别化或降低成本。例如,企业要按时发货,则需要协调企业内部的生产加工、成品储运和售后服务等活动之间的联系。

在最优化与协调的过程中,企业需要大量的信息去认识形式多样的联系。因而企业有必要利用信息技术,建立自己的信息系统,创造与发展新的联系,增强原有的联系。

3. 价值链的外在联系

价值活动的联系不仅存在于企业价值链内部,而且存在于行业结构的价值链之间。各价值链之间的关系是直接受益和制约的关系,它们之间的接触点在很大程度上影响着企业的成本和差异化的程度。其中,最典型的是纵向联系,即企业价值链与供应商或销售渠道价值链之间的联系。这些联系往往对企业活动的成本和效益产生影响。例如,企业的采购和原料供应活动如果能与供应商的订单处理系统相互作用,同时,供应商的应用工程技术人员与企业的技术开发和生产人员也协同工作,供应商的产品特点以及其他方面就会明显地影响企业的成本和差别化。

企业价值链与供应商价值链之间的各种联系为企业增强竞争优势提供了机会。通过影响供应商价值链的结构,或者通过改善企业与供应商价值链之间的关系,企业与供应商常常会双方受益。在企业和其供应商之间分配由于协调或优化各种联系所带来的收益,取决于供应商的讨价还价能力,并反映为供应商的利润。

销售渠道的各种联系与供应商的联系类似。销售渠道具有企业产品流通的价值链,对企业产品的抬价经常在最终销售价格中占很大比重(50%)。此外,销售渠道进行的各种促销活动可以替代或补充企业的活动,从而降低企业的成本或提高企业的差别化。销售渠道也存在与企业分配由于协调和优化各种联系所带来的收益问题。

除此之外还表现在企业与顾客和竞争对手的相互关系上。企业的差异化战略归根结底产生于企业在为顾客创造价值的过程中,对买方价值链所产生特殊、积极的影响。

4. 价值链的确定

价值链分析方法是确定竞争优势、制定竞争战略的基础。确定价值链时应注意的问题有以下两点。

（1）确定每一价值链的范围。经营单一产品的企业主要从生产经营流程方面确定其价值链范围。多元化生产的企业除了确定每一经营领域的价值链范围外，还应找出每一价值链中各种价值活动的协调关系。

（2）竞争活动的分解和归类。价值链中的各类经营活动都可以再分解为相互独立的多种活动。这样可将某项活动进行选择归类，使它们能够划归到最能代表企业竞争优势的类别。通过这种分类，还可重新确定价值链。

明确价值活动的内在联系。竞争优势一方面来源于价值活动本身，另一方面来源于各价值活动之间的优化和协调。

确定每一活动的方式。从用户的角度来确定每项活动的行为方式，它不仅影响成本，也影响差异化。

价值链分析法能使企业清楚地知道自己的优势在哪里、其原因何在、行业结构特点怎样、企业应寻求什么样的优势和怎样获取优势等。

5. 形成企业竞争优势的过程

（1）确定价值链中各价值活动与用户价值活动的联系。用户是企业产品或服务的最终证实者，只有找出与用户价值活动最有关的活动，才能更有效地利用自己有限的资源，增加活动的价值。

（2）通过企业价值链中各价值活动的相互联系形成企业的竞争优势。各活动之间的联系形式和协调关系是企业竞争优势之所在。如生产和销售之间有多种联系方式，对企业来说究竟哪种方式最能满足用户的需求，这是值得认真研究的问题。

（3）通过比较企业价值链系统与竞争对手价值链系统的差别，找出强化企业竞争优势的方向。竞争者价值链之间的差异是竞争优势的一个关键来源。企业通过对每项价值活动的逐项分析，发现存在哪些优势、劣势，分析价值链中各项活动的内部联系，这种联系以整体最优化和协同两种方式给企业带来哪些优势。

4.3.3　投资组合分析

资金和盈利是企业生产经营活动中的两大中心问题。只有通过对企业资金的综合平衡和效益分析，企业才能形成一个统一的战略体系。作为企业战略决策者来说，如何对各种经营方案从多方面进行衡量、评价，并作出优化选择，是一件非常重大的事项。其中最重要的是占用资金和实现盈利的多少，这就与投资问题有关。另外，企业必须根据市场的变化，对已提供市场的产品作出发展、维持现状、收缩或淘汰、退出市场的不同决策。同时，要对新产品开发和投放市场的时机作出决策。因此，无论是老产品调整还是新产品开发都会涉及资金投资组合的问题。企业可以用于分析自身投资组合的方法，基本上有以下几种。

1. 波士顿矩阵

1）基本原理

波士顿矩阵是美国波士顿咨询公司（The Boston Consulting Group，BCG）在 20 世纪

60 年代为一家造纸公司提供咨询服务时提出的一种投资组合分析方法,如图 4-5 所示。这种方法是把企业生产经营的全部产品或业务的组合作为一个整体进行分析,常用于分析企业相关经营业务之间现金流量的平衡问题。通过这种方法,企业可以找到企业资源的生产单位和这些资源的最佳使用单位。

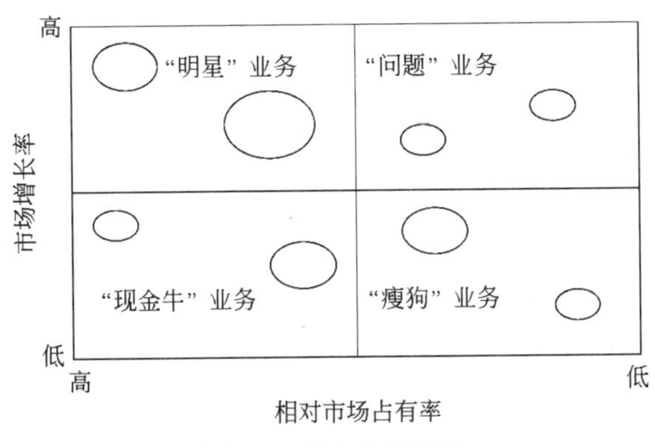

图 4-5 波士顿矩阵图

波士顿矩阵的分析前提是认为企业的相对竞争地位(以相对市场占有率指标表示)和业务增长率(以市场增长率指标表示)决定了企业业务组合中的某一特定业务应当采取何种战略。企业的相对竞争地位越强,其获利率越高,该项业务能够为企业产生的现金流越大。而市场增长率越高,则表明企业获取更多市场份额的机会越大,企业获取利润和现金投入的需求也越大。

2) 矩阵图解

在图 4-5 中,矩阵的横轴表示企业在行业中的相对市场占有率,是指企业某项业务的市场份额与这个市场中最大的竞争对手的市场份额之比。相对市场占有率的分界线为 1.0～1.5,划分出高、低两个区域。某项业务或产品的相对市场占有率高,表示其竞争地位强,在市场中处于领先地位;反之,则表示其竞争地位弱,在市场中处于从属地位。

纵轴表示市场增长率,是指企业所在行业某项业务前后两年市场销售额增长的百分比。这一增长率表示每项经营业务所在市场的相对吸引力。在分析中,通常用 10%的平均增长率作为增长高、低的界限。最近两年平均增长率超过 10%的为高增长业务,低于 10%的为低增长业务。

图 4-5 中纵坐标与横坐标的交叉点表示企业的一项经营业务或产品,而圆圈面积的大小表示该业务或产品的收益与企业全部收益的比。

3) 分析方法

根据有关业务或产品的行业市场增长率和企业相对市场份额标准,波士顿矩阵把企业全部的经营业务定位在如下四个区域中。

(1) 高增长/弱竞争地位的"问题"业务。这类业务通常处于最差的现金流量状态。一方面,所在行业的市场增长率高,企业需要大量的投资支持其生产经营活动;另一方面,其相对市场占有率低,能够生成的资金很少。因此,企业在对于"问题"业务的进一步投资上需要进行分析，判断使其转移到“明星”业务所需要的投资量，分析其未来盈利，研究是否值得投资等问题。

（2）高增长/强竞争地位的“明星”业务。这类业务处于迅速增长的市场，具有很大的市场份额。在企业的全部业务中，“明星”业务在增长和获利上有着极好的长期机会，但它们是企业资源的主要消费者，需要大量的投资。为了保护或扩展“明星”业务在增长的市场中占主导地位，企业应在短期内优先供给它们所需的资源，支持它们继续发展。

（3）低增长/强竞争地位的“现金牛”业务。这类业务处于成熟的低速增长的市场中，市场地位有利，盈利率高，本身不需要投资，反而能为企业提供大量资金，用于支持其他业务的发展。

（4）低增长/弱竞争地位的“瘦狗”业务。这类业务处于饱和的市场中，竞争激烈，可获利润很低，不能成为企业资金的来源。如果这类经营业务还能自我维持，则应缩小经营范围，加强内部管理。如果这类业务已经彻底失败，企业应及早采取措施，清理业务或退出经营。

4）波士顿矩阵的启示

波士顿矩阵分析的目的是帮助企业确定自己的总体战略。在总体战略的选择上，波士顿矩阵有两点重要的贡献。

（1）该矩阵指出了每项经营业务在竞争中的地位，使企业了解它的作用或任务，从而有选择和集中地运用企业有限的资金。例如，企业要把“现金牛”业务作为重要的资金来源，并放在优先的位置上。同样，企业可以考虑把资金集中在将来有希望的“明星”业务或“问题”业务上，并根据情况，有选择地抛弃“瘦狗”业务和无望的“问题”业务。如果企业对经营的业务不加区分，采取“一刀切”的办法，规定同样的目标，按相同的比例分配资金，配备相等数量的机器和人员等，结果往往是对“现金牛”业务和“瘦狗”业务投入了过多的资金，而对“明星”业务和“问题”业务投资不足，这样的企业难以获得长期发展。

（2）波士顿矩阵将企业不同的经营业务综合到一个矩阵中，具有简单明了的效果。在其他战略没有发生变化的前提下，企业可以通过波士顿矩阵判断自己所经营业务的机会和威胁、优势和劣势，判定当前面临的主要战略问题和企业未来在竞争中的地位。比较理想的投资组合是企业有较多的“明星”业务和“现金牛”业务，少数的“问题”业务和极少数的“瘦狗”业务。

2. 通用矩阵

1）基本原理

通用矩阵又称行业吸引力矩阵，是美国通用电气公司设计的一种投资组合分析方法，如图 4-6 所示。相对于波士顿矩阵，通用矩阵有了很大的改进，在两个坐标轴上都增加了中间等级，增多了战略的变量。这不仅适用于波士顿矩阵所能适用的范围，而且对需求、技术寿命周期曲线的各个阶段以及不同的竞争环境均可适用。九个区域的划分更好地说明了企业中处于不同地位经营业务的状态，使企业可以更为有效地分配其有限的资源。

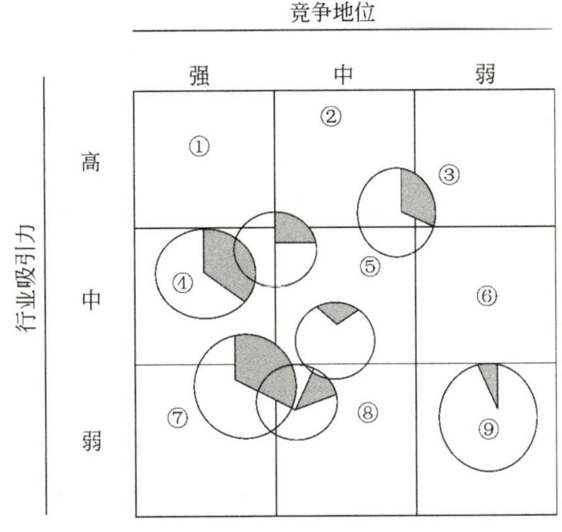

图 4-6　通用矩阵图

2）矩阵图解

在图 4-6 中，通用矩阵的横轴表示经营业务的竞争地位，纵轴表示行业吸引力。行业吸引力和竞争地位的值决定着企业某项业务在矩阵上的位置。矩阵中圆圈面积的大小与行业规模成正比，圈中扇形部分（灰度部分）表示某项业务所占有的市场份额。

3）分析方法

企业利用通用矩阵比较其经营业务以及决定其资源的分配方式时，必须估测行业吸引力及经营业务的竞争地位。

影响行业吸引力的因素有行业增长率、市场价格、市场规模、获利能力、市场结构、竞争结构、技术及社会政治因素等。评价行业吸引力的大致步骤是，首先根据每个因素的相对重要程度定出各自的权数；其次根据业务定出行业吸引力因素的级数，一般用 1、2、3、4、5 表示；最后用权数乘以级数，得出每个因素的加权数，并将各个因素的加权值汇总，即为整个行业吸引力的加权值。

影响经营业务竞争地位的因素有相对市场份额、市场增长率、买方增长率、产品差别化、生产技术、生产能力和管理水平等。评估经营业务竞争地位的原理与评估行业吸引力的原理基本相同。

从图 4-6 的九个方格的分布来看，企业中处于左上方三个方格即①、②、④的业务，最适于采取增长与发展战略，企业应优先分配资源；处于右下方三个方格即⑥、⑧、⑨的业务，一般应采取停止、转移、撤退战略；处于对角线三个方格即③、⑤、⑦的业务，应采取维持或选择性发展的战略，保护原有的发展规模，同时调整其发展方向。

3. 产品/市场演变矩阵

1）基本原理

美国战略管理学者霍佛（C. W. Hofer）针对通用矩阵的局限性，设计出一个具有 15 个方格的矩阵，用于评价企业的经营状况，如图 4-7 所示。

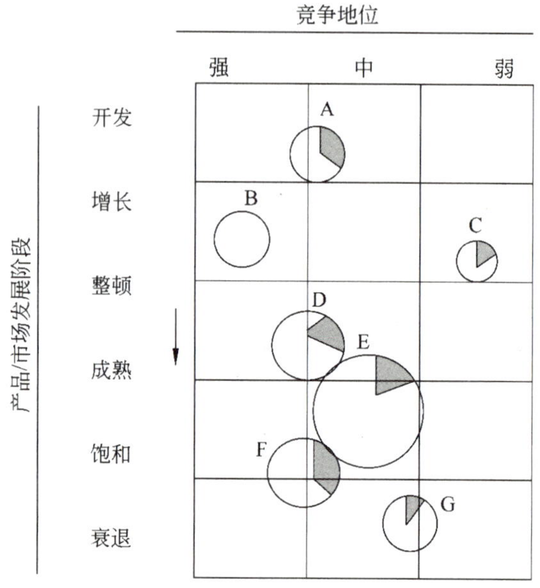

图 4-7　产品/市场演变矩阵图

2）矩阵图解

在矩阵中，圆圈表示行业规模或产品细分市场，圆圈内扇形涂黑部分表示企业某项经营业务的市场占有率。

3）分析方法

从图 4-7 中可以看出，企业各项经营业务在矩阵中所处的不同地位。A 项业务类似"明星"业务，有很大的市场占有率，但需要企业投入大量的资源支持，以加强其竞争地位。B 项业务与 A 项业务有着同样的前景，但该业务在具有很强的竞争地位的条件下却没有取得较大的市场占有率。企业只有找出真正的原因，制订出完善的修正计划以后，才能进一步分配资源给 B 项业务。D、E、F 项业务都是"现金牛"业务，可以为企业提供资金。G 项业务正变成"瘦狗"业务，企业应考虑所要采取的措施，甚至为最终撤出该经营领域做准备。

4.4　竞争战略

4.4.1　一般竞争战略

一般竞争战略是指无论在什么类型的行业中，企业都可以采用的竞争性战略。美国哈佛商学院著名的战略管理学家迈克尔·波特在其 1980 年出版的《竞争战略》一书中提出了三种一般竞争战略，即成本领先战略、差别化战略和重点集中战略。他认为，企业要获得竞争优势，一般只有两种途径：一种是成为行业中成本最低的生产者；另一种是在产品和服务上形成与众不同的特色，如图 4-8 所示。在这里，每一种战略都有自己的特色，参与竞争的途径与其他战略有着明显的区别，能够获得自己特殊的市场地位。

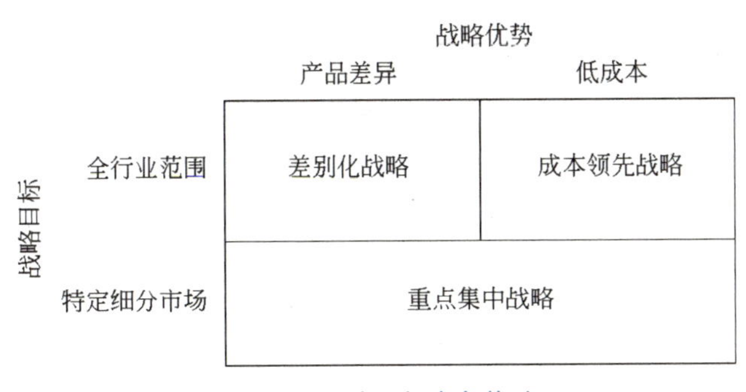

图 4-8　三种一般竞争战略

1. 成本领先战略

成本领先战略是指企业通过在内部加强成本控制，在研究开发、生产、销售、服务和广告等领域里把成本降到最低限度，成为行业中的成本领先者的战略。

1）企业采用成本领先战略的动因

在企业所在的市场上，如果购买者对价格具有很高的敏感性，那么，获得行业中总成本最低的优势就是一个有力的竞争途径。从五种竞争力量的角度来分析，企业采取成本领先战略的主要原因如下。

（1）形成进入障碍。企业的成本低，就具有削价能力，从而为行业的潜在进入者设置了较高的进入障碍。那些生产技术不熟练、经营上缺乏经验的企业，或缺乏规模经济的企业很难进入此行业。

（2）增强讨价还价能力。企业的成本低，可以在某种程度上应付由于投入因素的变化所引起的投入费用的增长现象，从而提高自身与供应者的讨价还价能力。同时，企业成本低，能够为自己提供部分的利润率保护，从而提高自己对购买者的讨价还价能力，对抗强有力的购买者。

（3）降低替代品的威胁。企业的成本低，可以在与替代品竞争时，通过降低价格来吸引大量的顾客，从而降低或缓解替代品的威胁，使自己处于有利的竞争地位。

（4）保持领先的竞争地位。企业的成本低，在与行业内的竞争对手展开价格战时，可以利用低价格的吸引力从竞争对手那里夺得销售额和市场份额，也可以在其对手毫无利润的低价格的水平上保持一定的盈利，从而保持绝对的竞争优势。

总之，企业采用成本领先战略，可以有效地面对行业中的五种竞争力量，以其低成本的优势获得高于其行业平均水平的利润。

2）成本领先战略实施的时机与条件

企业要获得成本优势，就必须使自己的价值链的累积成本低于竞争对手的累积成本。通常可以通过两个途径达到这一目的：一是要更好地管理企业价值链各种活动的成本因素，比竞争对手更加有效地开展内部价值链活动；二是改造公司价值链，省略或跨过一些高成本价值活动。企业需要考虑持续投资和增加资本、提高科研开发与制造的能力以及市场营销手段等问题。

在实践中，成本领先战略要取得显著的效果，还要考虑到企业所在的市场是否是完全竞争的市场，该行业所有企业的产品是否是标准化的产品，大多数购买者是否以同样的方式使用产品，产品是否具有较高的价格弹性，价格竞争是否是市场竞争的主要手段等。如果企业的环境和内部条件不具备这些因素，企业就难以实施成本领先战略。

3）成本领先战略存在的弱点

企业在选择成本领先战略时，还应看到这一战略也有其自身的弱点。如果竞争对手的竞争能力过强，采用成本领先战略的企业就有可能处于不利的地位。

（1）竞争对手开发出更低成本的生产方法。例如，竞争对手运用新技术或更低的人工成本，形成新的低成本优势，使企业原有的优势成为劣势。

（2）竞争对手采取模仿的方法。当企业的产品或服务具有竞争优势时，竞争对手往往会采取模仿的方法，形成与企业相似的产品和成本，给企业造成困境。

（3）顾客需求的改变。企业如果过分地追求低成本，降低了产品和服务的质量，会影响顾客的需求，结果适得其反，企业非但没有获得竞争优势，反而会处于劣势。

企业在采用成本领先战略时，应注意这些问题，及早采取防范措施。

2. 差别化战略

差别化战略是指企业为满足顾客特殊的需求，形成自身竞争优势，而提供与众不同的产品和服务的战略。企业主要是依靠产品和服务的特色，而不是靠降低成本来实施这种战略。当然，差别化战略并不是说企业可以忽略成本，只是强调这时的战略目标主要不是成本问题。

1）企业采用差别化战略的动因

在顾客需求多样化的情形下，企业很难通过标准化的产品完全满足顾客的需求。因此，差别化战略就成了一个很有吸引力的竞争策略。

企业采用这种战略可以很好地防御行业中的五种竞争力量，获得超过平均水平的利润。具体地讲，主要表现在以下几方面。

（1）形成进入障碍。由于企业产品和服务具有特色，顾客对该产品或服务具有很高的忠实度，从而使该产品和服务具有强有力的进入障碍，潜在进入者要与该企业竞争，则需要克服这种产品的独特性。

（2）降低顾客敏感程度。由于顾客对企业产品和服务有某种程度的忠实性，当这种产品价格发生变化时，顾客对价格的敏感程度不高，生产该产品的企业就可以运用产品差异战略，在行业的竞争中形成一个隔离地带，避免竞争的侵害。

（3）增强讨价还价能力。产品差别化战略可以使企业获得较高的边际收益，降低企业的总成本，增强企业对付供应者讨价还价的能力。同时，由于购买者别无其他选择，对价格的敏感程度又低，企业可以运用这一战略削弱购买者讨价还价的能力。

（4）防止替代品威胁。企业的产品与服务具有特色，能够赢得顾客的信任，便可在与替代品的较量中，比同类企业处于更有利的地位。

2）差别化战略的实施时机与条件

实施差别化战略的企业要获得战略上的成功，就必须认真研究购买者的需求和行为，了解他们对产品和服务的看法，如什么是重要的、什么是有价值的、愿意支付什么等。然后，企业还必须使产品或者服务包含特定的购买者想要得到的属性，其中企业自己所提供的这些属性与竞争对手所提供的属性有着明显的易于分辨的差别，或者开发某种独特的能力来满足购买者的需求。

一般来说，企业可以通过多种途径创造自身的产品和服务与竞争对手的产品和服务之间的差异；同时，购买者认为这些差异有价值。此外，采用类似差别化战略的竞争对手很少、技术变革很快等都有利于企业采用差别化战略。

企业要成功地实施差别化战略，需要考虑价值链的活动、特殊类型的管理技能以及组织结构。

在价值链活动中，每一项活动都存在创造差别化的可能性。企业需要根据市场的要求考虑突出哪一环节的差异化，常见的有以下几种。

(1) 外部后勤活动。企业要考虑那些会影响最终产品的质量或者性能的采购活动。例如，麦当劳公司对从供应商那里购买的马铃薯有严格的产品标准，从而保证了炸薯条的质量，受到顾客的好评。

(2) 产品研究与开发活动。这类活动的主要目的是改善产品的设计和性能特色，扩大产品的最终用途和应用范围，缩短开发新产品的提前期，提高回收能力，加强环境保护等。

(3) 生产制造活动。这类活动的主要目的是减少产品缺陷，延长产品的寿命，提高产品使用的经济性，增加终端用户的方便，改善产品的外观。

(4) 外部分销活动。这类活动的主要目的是加快交货，提高订单完成的准确性，减少仓库中和货架上的产品脱销现象。

(5) 市场营销、销售和顾客服务活动。这类活动的主要目的是为顾客提供卓越的技术支持，加快维护及修理服务，增加和改善产品的信息，增加和改善为终端用户所提供的培训材料，改善信用条件，加快订单处理过程，增加销售访问次数，为客户提供更完善的服务。

在管理技能上，公司的管理者应当充分地掌握获得竞争优势的各种差别化途径，制定并实施有效的差别化战略。例如，企业需要具有从总体上提高某项经营业务的质量、树立产品形象、保持先进技术和建立完善分销渠道的能力。为实施这一战略，企业需要具有很强的研究开发与市场营销能力的管理人员。

在组织结构上，成功的差别化战略需要有良好的结构以协调各个职能领域，以及有能够确保激励员工创造性的激励机制和管理体制。在这里，企业的文化也是一个重要因素。高技术的企业格外需要良好的创造性文化，以鼓励技术人员大胆创新。

3) 差别化战略存在的弱点

企业在实施差别化战略时，面临两种主要的风险：第一种风险是企业没有能够形成适当的差别化；第二种风险是在竞争对手的模仿和进攻下，行业的条件又发生了变化时，企业不能保持差别化。第二种风险经常发生。

企业在保持差别化上，普遍存在着四种威胁。

(1) 企业形成产品差别化的成本过高，大多数购买者难以承受产品的价格，企业也就难以盈利。竞争对手的产品价格降得很低时，企业即使控制其成本水平，购买者也不再愿意为具有差别化的产品支付较高的价格。

(2) 竞争对手可以推出类似的产品，降低企业产品差别化的特色。

(3) 竞争对手推出更有差别化的产品，使企业原有的购买者转向竞争对手的市场。

(4) 购买者不再需要本企业长期赖以生存的那些产品差别化的因素。例如，经过一段时间的销售，产品的质量不断提高，顾客对于电视机、录放机等家用电器产品的价格越来越敏感，这些产品差别化的重要性就降低了。

由于差别化与高市场份额有时是矛盾的，企业为了形成产品差别化，有时需要放弃获得较高市场份额的目标。同时，在差别化的过程中，企业需要进行广泛的研究开发、设计产品形象、选择高质量原材料和争取顾客等工作，代价是高昂的。最后，企业还应该认识到并不是所有的顾客都愿意或能够支付产品差别化后所形成的较高价格。

3. 重点集中战略

重点集中战略是指企业把经营战略的重点放在一个特定目标市场上，为特定的地区或特定的购买者集团提供特殊的产品和服务的战略。

重点集中战略与前两个一般竞争战略不同。成本领先战略与差别化战略面向全行业，在整个行业的范围内进行活动。而重点集中战略则是围绕一个特定的目标进行密集性的生产经营活动，要求能够比竞争对手提供更为有效的服务。企业一旦选定了目标市场，便可以通过产品差别化或成本领先的方法，形成重点集中的战略。如果采用重点集中战略的企业要实现成本领先，则可以在专用产品或者复杂产品上建立自己的成本优势。如果采用重点集中战略的企业要实行差别化，则可以运用所有差别化的方法达到预期的目的。

1）企业采用重点集中战略的动因

重点集中战略与前两个战略一样，可以防御行业中的各种竞争力量。这种战略可以用于防御替代品的威胁，也可以针对竞争对手最薄弱的环节采取行动，从而使企业在本行业中获得高于一般水平的收益。

企业实施重点集中战略，尽管能在其目标细分市场上保持一定的竞争优势，获得较高的市场份额，但由于其目标市场相对狭小，该企业的市场份额总体水平是较低的。重点集中战略在获得市场份额方面常存在着某些局限性。因此，企业选择重点集中战略时，应在产品获利能力和销售量之间进行权衡和取舍，有时还要在产品差别化与成本状况间进行权衡。

2）重点集中战略的实施时机与条件

重点集中战略往往在下列情况下能够取得最好的效果。

(1) 在目标小市场上，竞争对手很难满足顾客在专业化或特殊性上的需求。

(2) 企业拥有足够的资源和能力，能有效服务于具体的目标小市场。

(3) 目标小市场具有很好的成长潜力，而且足够大，企业可以再盈利。

(4) 在目标小市场上，企业能够凭借其建立起来的顾客忠实度有效地防御行业中的挑战者。

一般来说，企业服务于目标小市场的专业化能力是其能够有效防御目标市场上五种竞争力量的基础。如果企业拥有了服务于该目标小市场的独特能力，就会形成一种有效的进入障碍，进入该目标细分市场就变得更加困难。因此，提高目标市场上的专业化水平可以阻止潜在进入者。同样，替代产品生产商要想进入这一小市场，也面临上述专业化服务能力的障碍。对于购买者来说，由于他们不愿意转向那些不能如此满足自己期望和要求的厂商，从而在某种程度上削弱了讨价还价的能力。

企业实施重点集中战略的关键是选好战略目标小市场。一般的原则是，企业要尽可能地选择那些竞争对手最薄弱的目标和最不易受替代产品冲击的目标小市场。在选择之前，企业必须确认以下几个方面的问题。

(1) 购买者群体之间在需求上存在着差异。

(2) 在企业的目标小市场上，没有其他竞争对手试图采取重点集中战略。

(3) 企业的目标小市场在市场容量、成长速度、获利能力、竞争强度等方面具有相对的吸引力。

(4) 本企业资源实力有限，不能追求更大的目标市场。

3) 重点集中战略存在的弱点

企业在实施重点集中战略时，可能会面临以下风险。

(1) 以较宽的市场为目标的竞争对手采取同样的重点集中战略；或者竞争对手从企业的目标市场中找到了可以再细分的市场，并以此为目标来实施重点集中战略，从而使原来实施重点集中战略的企业失去了优势。

(2) 由于技术进步、替代产品出现、价值观念更新和消费偏好变化等多方面的原因，目标小市场与总体市场之间在产品或服务的需求上差别变小，企业原来赖以形成重点集中战略的基础也就失去效用。

(3) 在较宽范围经营的竞争对手与采取重点集中战略的企业之间在成本差别上日益扩大，抵消了企业为目标市场服务的成本优势，或抵消了通过重点集中战略而取得的产品差别化，导致了企业重点集中战略的失效。

4.4.2　企业在不同地位上的竞争战略

企业在行业竞争中的地位可以分为主导企业、前沿企业、衰落企业和垂危企业四种情况。按在行业竞争中的不同地位，企业会采取不同的战略。

1. 主导企业的竞争战略

主导企业是指在竞争中处于明显优势地位的企业，通常是一些著名的强大企业。主导企业的主要竞争战略是如何恰当地保持已经实现的主导地位及其优势利益和如何变成第一位的主导企业。这样，至少有三种竞争战略可供选择。

(1) 进攻战略。进攻战略的思想基础是最好的防卫、是恰当的进攻。进攻战略成功的关键在于不断创新，积极进取，使竞争对手始终处于被动、失衡、消极应付的状态。富于进攻精神的主导企业应当想方设法使潜在客户比较容易地将他们的采购转到自己的企业。把现存的“第一”变成自己的竞争优势，以提高自己的声誉。

(2) 维持战略。维持战略的核心是恰当的防卫，使新企业很难进入，挑战者难有立足之地，经受打击的概率低，打击的程度轻，打击面小。强有力的防卫目标是构筑“壁垒”，巩固竞争优势，保护现有市场地位。具体的防卫行动有：第一，通过增加广告、客户服务和生产能力支出，加强进入壁垒；第二，设法增加客户转移到竞争产品的费用；第三，扩大生产线，尽力囊括竞争者力图攫取的利益；第四，保持合理的价格和诱人的品质；第五，维持或提高客户服务水平；第六，投入足够力量保持成本竞争、技术创新、增加市场的现有份额；第七，垄断各种可行的技术专利；第八，力求与最佳供应商签订排外性合同。

(3) 袭击战略。根据这种战略，主导企业明确发出信息，告示其他企业，任何想侵入主导企业经营领域的行动都将是“自杀性的”，必将受到重创。主导企业充当行业警察角色，强化弱小企业充当追随者角色的习惯。对于越轨者，以种种袭击手段给予打击。

2. 前沿企业的竞争战略

前沿企业是市场地位仅次于主导企业的企业。在这类企业中，有的可能满足于现状，甘心充当主导企业的追随者；有的则不同，它们要求获得更大的市场份额和更强的市场地位，因而将以挑战者的姿态抓住一切机会，与其他前沿企业一起和主导企业竞争。

一般来讲，挑战企业要提高市场地位，就必须创造性地建立自己的竞争优势。市场份额较小的企业有两种战略选择：努力竞争或撤退出来。最常见的增加份额的竞争战略是：低成本战略，利用低价格吸引新客户；差异化战略，以质量、超群技术、较好服务或创新赢得客户。这两种战略都只有主导企业在该方面不占优势的情况下才可行。具体而言，前沿企业可以采取下列六种竞争战略。

(1) 拾遗补阙战略。着力抓住主导企业放弃或忽视的客户。理想的遗缺应具有足够的规模和范围，具有一定的增长潜力，较好地适应企业自身的能力和技术，并且不伤害主导企业的利益。

(2) 专业化战略。企业认真选择能发挥自己专长且对客户很有价值的部分，以专见长。

(3) 求优战略。企业结合重点战略和差异战略，着重抓产品质量。市场营销的重心对准具有质量意识和实际导向的买主，以质量求生存和发展。

(4) 追随战略。企业避开主导企业，满足于追随者地位，只做消极反应，不做创新攻击。宁可防卫，绝不进攻。在价格上也始终与主导企业保持一致。

(5) 独特形象战略。企业利用一系列形式在树立独特形象上做文章，以此作为竞争手段。这些形式包括满足基本质量的低价、优质优价、超群的客户服务、独特的产品性能、独创的分销渠道、带头引进新产品、非常广告等。

(6) 吃“虾米”战略。财务上较强的劣势企业能通过吞并其他弱小对手而成长，它有可能采取吃“虾米”战略。

3. 衰落企业的竞争战略

处于竞争力比较弱、逐渐退步地位上的企业，宜采取比较保守的竞争方式。但企业的情况不同，可采取不同的战略。

(1) 增长战略。如果企业有足够的资源，可利用低成本战略或差异战略，扩大企业的市场份额。

(2) 维持战略。继续现行战略,投入足够资源,保证销量、市场份额、利润水平和竞争地位处于能够生存的水平。

(3) 放弃战略。出售或关闭企业。

(4) 收获战略。最大限度地获取短期收益。即把经营的再投资降低到最低限度,强化成本控制,几乎不进行生产性新设备投资。产品价格可能提高,促销费用将降低,质量将有所下降,设备维修减少。总之,收获的目标是最大限度地获取短期收益,并有秩序地撤出市场。收获战略对实行多种经营的企业最有意义,当某种经营处于生命周期的衰落阶段或"瘦狗"区域时,这种企业可把收获性经营单位的资金转移到前景看好的经营单位。

4. 垂危企业的转变战略

转变战略是当企业陷入危机困境时实施的战略,其目标是尽快改变竞争和财力弱点。在制定和实施转变战略之前,应当对企业处于垂危境地的根源进行战略研究诊断,并找出实行转变战略的关键、难点或阻力。

(1) 修改现行战略。当企业垂危源于战略不当时,需修改现行战略。方法有:转向新的竞争方法,重建企业的市场地位;强化内部经营和职能领域的经营战略,给予企业总体战略以更好的支持;与行业内的其他企业合并或联营,改变其基本战略;精简产品种类,使客户更紧密地配合企业的重心。具体采用何种方法取决于行业的现行条件、企业相对竞争对手的优缺点以及危机的严重性,取决于全面的形势分析结果。

(2) 收入增长战略。收入增长战略的目的是增加销量。方法有:降价、增强促销、扩大销售力量、增加客户服务、快速改进产品等。当经营预算中的费用支出几乎没法削减但仍然平衡,并且提高盈利能力的关键是提高现有生产能力的利用率时,收入增长战略将是必要的。当需求的价格弹性较大时,降低价格将是实现这一战略的重要手段。

4.5 企业战略管理过程

企业战略管理过程可以分为确定企业愿景和企业使命、企业环境分析、战略制定、战略评估与选择、战略实施、战略控制与反馈六个阶段。

1. 确定企业愿景和企业使命

确定企业愿景和企业使命是战略管理过程的起点,是企业战略管理最重要的环节。确定企业愿景和企业使命应当重点明确界定企业应该从事什么业务,它的顾客是谁,它要向自己的顾客提供什么样的产品和服务。同时,还要制定与之相配套的系列性目标。企业必须根据它所服务的顾客及顾客的需要来确定自己的使命。企业目标的确定是企业战略管理过程中至关重要的一步。只有明确战略目标,企业才能根据实现目标的需要合理地分配各种资源,正确地安排日常经营活动的优先顺序和时间表,恰当地指明任务和职责。没有确定的企业目标,企业使命就会形同虚设。

2. 企业环境分析

企业环境分析主要是对企业所处的外部环境和企业自身内部资源条件的准确分析,

进而为制定战略、实施战略提供依据。概括地说，企业环境分析是通过对企业内外部环境因素的分析和组合，为制定符合客观条件的企业战略提供依据。这种分析应以能够有效地发挥企业的优势、克服劣势、利用机会、避免威胁为基本原则。

（1）企业外部宏观环境分析。这里所说的外部宏观环境因素只能间接影响企业的生产经营活动和决策，包括政治、经济、社会文化、科技等客观环境因素。其中，政治环境重点研究政治体制、政治性团体、党和国家的方针政策、法律、法规对企业制定战略的影响；经济环境重点研究经济发展水平、经济结构、经济体制、经济政策对企业制定战略的影响；社会文化环境重点研究人口压力和就业预期、人口迁移和人口年龄分布、价值观和社会文化氛围对企业制定战略的影响；科技环境重点研究科技体制对企业制定战略的影响。

（2）行业结构分析。行业结构是企业所处的中观环境，重点分析行业结构的形成和变化规律，寻找在行业中所处的特定位置。同时，还要分析行业内战略集团的地位以及战略集团内企业间的相互关系，分析创造价值的企业内在系统和价值链间的联系，这些对制定战略都有深刻影响。

（3）企业内部微观条件分析。企业内部微观条件的分析主要应当考虑资源因素和能力因素。对企业资源条件的分析一般可以从五个方面入手：一是企业产品生产条件和产品结构状况；二是企业所拥有的资源状况；三是企业在市场营销、财务、生产、研究与开发、人事管理等方面的现实表现；四是企业文化建设方面的现实表现；五是企业组织结构，以及组织结构变革的方向。

对企业内部能力因素的分析需要重点关注的是基于异质性、活性资源因素而形成的能力，这种能力可保证企业获得相对的竞争优势。正确确认、培养、维护核心竞争力对于推动企业健康成长具有深远的战略意义。

3. 战略制定

战略制定就是要在认清企业外部机会与威胁、认清内部组织资源优势与劣势的基础上，制订出可供选择的战略方案。它涉及企业发展中带有全局性、长远性和根本性的问题。

企业战略制定必须解决企业始终面临的四个基本问题：一是面对条件变化可能带来的威胁，企业应当作出什么样的反应，以利用新的机会减少外界条件变化带来的不良影响；二是在不同的业务、不同的部门、不同的行动方案之间，企业应当如何分配自己的资源；三是在企业从事的行业中，企业应当如何与每一个同行业企业竞争；四是为了贯彻实施总体战略，企业应当在每一项业务范围内管理好主要的职能部门，以使企业内部的每一个单位都能为企业战略的实施而努力。

4. 战略评估与选择

战略评估与选择是对若干种类的战略分别进行评估，而后作出选择的过程。战略评价的标准主要有适用性标准、可行性标准和可接受性标准三类。适用性标准主要用于评估所提出的战略与企业组织情况的适应程度，以及它如何保持和改进企业的竞争地位；

可行性标准主要用于分析是否能够成功地实现战略，分析企业的资源条件是否能够承受该战略的实施；可接受性标准主要用于分析战略与人们期望的密切关系。

5. 战略实施

战略实施是战略管理的行动阶段，虽然它往往是在企业最高管理层的监督和指导下，由企业中下层管理人员组织实施的，但是，作为企业的最高层管理者，企业的高层经理仍必须对企业战略的实施承担最为主要的责任。实际上，对于大多数企业家来说，较之制定企业战略，他们不得不将更多的时间用于将战略计划付诸行动，努力在客观条件允许的情况下，顺利地实现企业的预期使命和目标。战略实施活动包括建立有效的组织结构、建立和使用信息系统、培育支持战略实施的企业文化，以及将员工报酬与组织绩效挂钩等。

6. 战略控制与反馈

战略控制与反馈就是将经过信息反馈回来的实际战略实施成效与预定的战略目标进行比较，检查二者之间的偏离程度以及产生偏离的原因，并采取有效措施纠正战略偏差，以便完成企业使命，实现战略目标。因为战略管理过程是动态的、连续的，任何一个环节的变化都可能导致其他某些要素的变化，甚至所有要素发生变化，所以战略控制与反馈工作也应当是连续的。

案例分析

案例 4.1　沃尔沃：大象也会跳舞

沃尔沃集团是瑞典最大的工业企业，在瑞典人眼中，沃尔沃就是他们的骄傲。沃尔沃集团成立于 1927 年，尽管旗下以沃尔沃建筑设备为代表的若干公司有着百年以上的历史，但沃尔沃仍是一个充满活力的年轻企业，它在许多方面引导着世界工业的潮流。

早在 20 世纪 70 年代，沃尔沃就提出了现在看来也顺应时代发展的经营理念：把“品质、安全、环保”作为企业的核心价值，把这三大价值观渗透到公司的每个环节，以此来设计产品、制造产品和销售产品。沃尔沃始终坚持自己的价值观和企业使命，通过不懈的努力拥有了搏击世界的实力和能力。VOLVO 是拉丁语，直译为“滚滚向前”。

沃尔沃集团对自身整合、自我完善的要求和勇气，甚至比新企业还要强烈和果断。1998 年，沃尔沃毅然卖掉轿车业务便是石破天惊的一招棋。轿车是沃尔沃集团成立之时就已存在的传统骨干业务，通过几十年的精心培育，沃尔沃轿车已成为世界级品牌，也是世界为数不多的豪华轿车品牌之一。把这么好的一块业务给卖了？当时在全球商界引起了强烈的震动。瑞典人对此更是惊得瞠目结舌，他们在感情上也接受不了这样的事实，纷纷逼问，没有了轿车，沃尔沃还能做什么？

沃尔沃的领导者们此时却异常清醒和理智。他们认为只有突破一方，才能避免轿车和商用车两者都无法做强、做大，甚至被竞争对手挤垮的命运。他们审时度势，认为沃尔沃最有可能成为商用运输产品的世界巨人，为达到这个目标必须要调整策略，这样才能成为全球的领先者。

近年来，沃尔沃集团在世界三大洲实现了三次大规模的收购：在亚洲成功收购三星重工的挖掘机业务，在欧洲收购雷诺卡车公司，在北美收购迈克卡车公司。这些举措巩固了身为瑞典公司的沃尔沃集团在亚洲的地位，同时成为欧洲第一、北美第三的重型卡车制造商。依靠雷诺和迈克的加入，更使沃尔沃一跃成为重型柴油发动机制造商全球之冠。

从 20 世纪 90 年代开始，伴随着中国经济的飞速发展，沃尔沃集团在中国的投资进入了高峰期。注册资金 8 300 万美元的沃尔沃（中国）投资有限公司成立，负责投资管理集团旗下各项业务。目前，沃尔沃集团所有业务领域已基本进入中国，包括卡车、客车、建筑设备、雷达、宇航和金融服务等。在古都西安，沃尔沃客车合资企业西安西沃客车有限公司生产豪华大客车；在上海，与上汽合资建立了上海申沃客车有限公司，生产公交客车和城市内客车。此外，沃尔沃金融服务也于 2006 年夏季正式进入中国。作为中国第一家获准为商用运输用户提供金融服务的机构，沃尔沃金融服务为集团实现中国战略目标提供强有力的支持。

当年壮士断腕的勇气、高瞻远瞩的智慧，终于使这些聪明人获得了丰厚的回报。经过了 20 多年的努力，今天沃尔沃对所有曾经怀疑过它的人交出了完满的答卷。“前进，不要管你的两翼，永远前进！”约玛·海罗纳先生把巴顿将军的这句名言铭记在心，沃尔沃正在塑造一个一往无前的现代商业英雄形象。

问题：

（1）企业战略的变化受哪些因素影响？

（2）组织规模越大是不是就一定能带给企业显著的竞争优势？

案例 4.2 海天集团的滑落

人们记忆中的海天冰茶是 1993 年以一个供销社为基础发展起来的饮料巨头，初期发展迅猛。1995 年，海天冰茶销量达到 5 000 万元。1996 年，这个数字骤然升至 5 亿元，翻了 10 倍。在市场销售最高峰的 1998 年，海天的销售额达到了 30 亿元。短短几年间，海天集团一跃成为中国茶饮料市场的龙头老大。

海天的成功引来了众多跟风者的竞争。康师傅、统一、娃哈哈等一群“冰红茶”“冰绿茶”相继出现在消费者面前。海天冰茶的独家生意很快就被分食、弱化了。2001 年，海天的市场份额从最初的 70%跌至 30%，销售额也随之大幅下降。

伴随着产品先行者的优势被削弱，管理上的问题也越来越多地暴露出来。据介绍，在渠道建设方面，不论进入哪一个城市，不论什么职位，海天集团都从本地派遣人马。但是，管理这些网点的制度规范却很滞后，总部与网点之间更多的是激励机制，少有约束机制。

海天集团实行按照回款多少来考核工作业绩的制度。有报道说，有些从集团派出的业务人员为了达到考核要求，私自和经销商商定：只要你答应我的回款要求，我就答应你的返利条件，而且可以从集团给你要政策，甚至允许你卖过期产品。更有些业务人员，主要精力除了用于催款和许诺，就是和经销商一起坑骗企业。

面对如此严峻的形势，海天集团开始了变革。变革的力度可以用"大破大立"来形容。

第一步是企业高层大换血。目标是将原来粗放、经验主义的管理转为量化、标准化管理。集团引进了 30 多位博士、博士后和高级工程师，开始接手战略管理、市场管理、品牌策划和产品研发方面的工作。

第二步是把 1 000 多名一线的销售人员重新安排到生产部门，试图从平面管理向垂直管理转变。集团总部建立了物流、财务、技术三个垂直管理系统，直接对大区公司进行调控，各大区公司再对所属省级公司进行垂直管理。这样的人员调动是集团成立八年来最大的一次。

第三步是把集团的组织结构重新划分为五大事业部，包括饮料事业部、冰茶红酒事业部、茶叶事业部、资本经营事业部和纺织及其他事业部，实现多元化经营。

令人意想不到的是，大刀阔斧的变革并没有让产品的市场表现有所好转，相反，组织内部却先乱了起来。

在"空降兵"进入集团并担任要职后，新老团队之间的隔阂日益加深。由于公司最初没有明确的股权认证，大家都不愿意自己的那一份被低估，元老们心里想的是"当初我的贡献比你多"，而新人则认为"今天我的作用比你大"。同时，1 000 多名一线业务人员被调回生产部门，不仅关系到个人利益的重新分配，而且关系到销售渠道的稳定性和持续性。于是，矛盾不可避免地尖锐起来，企业出现了混乱。自 2001 年起，如日中天的海天开始明显地滑落。2002 年下半年，海天停止销货。一度风光无限的"海天"渐渐成为人们脑海中的一个回忆。

问题：

(1) 试运用 SWOT 分析法，分析海天集团的优势与劣势、机会与威胁。

(2) 你认为海天集团战略调整失败的原因有哪些？

(3) 假如你是当初海天集团的决策人，你会如何进行战略调整？

案例 4.3 可口可乐公司成功的秘密

在全球消费的软饮料中，几乎一半是由可口可乐公司提供的。它的海外业务获利相当丰厚，据统计，20 世纪末，公司经营利润的 80% 来自海外销售。

可口可乐公司在国际上大获成功的秘密在哪里呢？概括起来有如下几个原因。

(1) 第二次世界大战后，可口可乐的品牌扬名全球。

(2) 可口可乐的管理决策层相当有耐心，仅在中国就花费了几百万美元，等待了 15 年才获得了利润。

(3) 它对于小地方营业点的管理也非常注意，可口可乐公司认为不存在零售点太小以至于不能销售可口可乐的问题。例如，在日本，可口可乐公司对夫妻店的店主举办专题讲座，研讨如何与大的经销店进行竞争。

(4) 除非环境需要变化，它通常是相当稳定一致的。在全球的大多数地方，可口可乐的包装、标签、口味和广告几乎一样。但是在一些还不熟悉软饮料的国家里，可口可乐公司会调整它的产品口味，以求更适应当地的标准。

(5) 可口可乐公司非常理智地进入新市场。为了精简繁杂的行政程序，加快进入过程，可口可乐公司会对东道国的最强大的公司提供罐装可口可乐特许权，然后会购买对方的一部分产权，以便对对方进行控制。仅在20世纪80年代，可口可乐公司在罐装可口可乐的合资企业中的投资额就超过10亿美元。

虽然在美国国内的销售额年均增长只有2%～3%，但是在墨西哥和巴西，1989年的年增长率分别为27%与24%。1990年，海外消费该软饮料的量只占美国的14%，市场潜力很大。可口可乐公司预测在21世纪的销售量将比1990年翻1倍。如何满足未来市场的需求，这是一个巨大的挑战。

问题：

(1) 可口可乐公司成功的秘密说明该公司在环境分析中抓住了哪几个要点？

(2) 可口可乐公司采用了什么样的经营战略？

案例 4.4 通用汽车公司：险遭灭顶之灾

1908年9月16日，作为当时最大的汽车公司别克公司经理的杜兰特(William C. Turant)创建了通用汽车公司。

杜兰特奉行广泛收购、急速扩张的战略，充分利用证券来大大加速生产与资本集中的过程。在公司成立后仅仅两年时间，他用“股票换股票”的手段控制了包括11个汽车制造公司的20余个汽车零件和附属品的制造企业。然而，杜兰特并未在公司的组织架构上进行相应的大幅度组建与调整。相反，除别克、凯迪拉克等少数公司外，大多数被吸收的企业仍然保持着以前的法人身份，分散经营各自的业务。就此而言，当时的通用汽车公司只是一个“大拼盘”而已，由于不适当的大规模扩张，又因为公司的不景气和资金周转不灵，通用汽车公司终于陷入了无力支付债务的困境，并于1910年10月被以波士顿李·希金森公司的J. J. 斯特劳为团长所组成的银行辛迪加接管。杜兰特虽然仍是通用公司的大股东和董事，但仅此而已，他实际上已被迫退出公司的经营。

接管通用汽车公司的银行辛迪加废止了杜兰特的盲目扩张战略，对公司进行了彻底的整顿。它们在底特律设立了掌握整个管理机构的公司总部，并增设了材料部、会计部、生产部三个部门以辅助总部。为促进所属公司之间的协调与联合，又设立了由各子公司经理组成的干部联络会等。遗憾的是，由于各子公司认为这些常设部门只会损害它们的独立性，出于各自的利益而不予协作，有时甚至加以对抗，使银行辛迪加的整顿未能取得明显效果。

具有戏剧意味的是，到1915年9月16日，也就是通用汽车公司创建七周年的纪念日那天，被逐五年的杜兰特竟又在董事会会议上以足够多数的股票重新控制了通用汽车公司，并于1916年6月1日正式恢复了总经理职务。事实上，杜兰特从不甘心从通用汽车公司退出，而是积极谋划着东山再起。1913年年初，他设立了拥有6 500万美元的持股公司——纽约雪佛兰汽车公司，并趁美国经济全面好转之际使雪佛兰公司获得飞跃的发展，杜兰特进一步以皮埃尔·杜邦等人的财务支持为背景，利用通用汽车公司普通股东们五年未获分红的不满情绪，最终实现了其夺回通用汽车公司领导权的目的。

江山易改，本性难移。杜兰特对加强总公司的管理机构并未给予重视，反而废除了银行辛迪加所设置的材料部、会计部和干部联络会等机构。在总公司，杜兰特只留下他自己和几名助手，并重新实施其独断专行的战略扩张。从1916年至1920年，杜兰特又收购了20家公司。

在对各子公司的管理方面，杜兰特偶然的也是独断地决定推行一种形式上的改革，即把以前的"持股公司"改组成"事业公司"。虽然改组是为了单独直接控制管理各子公司的全部财产和各种权利，但由于总公司实际上并不存在管理机构，使这种改革只能是"新瓶装旧酒"。各事业公司大部分依然是以前的那种"独立企业"，各部门的实际管理由各事业部部长独立、无组织地进行。"通用汽车有限公司"依然是一个"大拼盘"。

1920年秋，随着第一次世界大战的结束，军备生产的衰减导致设备过剩，引发全美的经济恐慌。在鼎盛时期被掩盖的通用汽车公司组织管理上的弊端，在这种大规模的经济恐慌中便充分暴露出来。当福特公司等采取降价销售以应付危机之时，杜兰特却拒绝仿效。由于通用汽车公司没有总公司管理机构，各子公司又不互通情报，对于未来的经济变动也无充分的估计，因而更使生产量与库存量不能作出及时调整。当时的销量只及高峰时期的25%，而库存量则超过了2亿美元。股票行情的暴跌更是雪上加霜，使通用汽车公司再次面临现金周转不灵的困境。杜兰特别无选择，终于不得不请求杜邦公司和摩根财团对通用汽车公司进行全面改组。1920年11月20日，杜兰特第二次，也是永远地从通用汽车公司总经理的宝座上退了下来。

问题：

(1) 通用汽车公司险遭灭顶之灾的原因是什么？

(2) 杜兰特的扩张战略为何失败？

复习思考题

1. 什么是企业战略？什么是企业战略管理？
2. 企业战略的构成要素有哪些？
3. 企业战略包含几个层次？它们有何区别？

4. 运用波特模型举例分析某企业的行业竞争力。

5. 结合你熟悉的企业，运用 SWOT 分析法对其战略进行综合分析。

6. 什么是价值链？请从价值链角度分析它是怎样带来企业竞争优势的。

7. 简述波士顿矩阵的原理。

8. 三种竞争战略各适用于哪种情况？

9. 简述企业在不同地位上的竞争战略。

10. 简述企业战略管理的基本过程。

第5章

现代企业质量管理

浙江正泰集团重视质量管理宁愿损失80万元的启示

1993年12月，浙江正泰集团的一批产品出口到希腊。船期定好了，在临装箱前发现了一些并不太严重的质量问题，为此，他们坚决不让发货，全部重新检验，误了船期。为了抢时间，改海运为空运，损失达80万元。正泰人却说："我们的牌子和信誉不只值80万元。"正泰人视品牌、视质量为生命，视人品为生命中的生命。他们以自己的人格为力量，营造出一支"正泰"集团军。

为了确保产品质量，不惜花巨资构筑质量系统工程建立了完善的质量保证体系。这支阵容庞大的质检队伍和技术先进的检测设备，使各项质量活动制度化、程序化。1994年，在各企业普遍缺乏资金、不惜高利息借贷资金维持生产时，正泰毅然投入500万元，创办了具有国内一流水平的产品检测中心。1994年，正泰首批在全国低压电器行业中通过了ISO 9000国际质量体系认证，同时还先后通过了美国UL认证、国际CB安全认证、荷兰KEMA认证、比利时CEBEC认证和芬兰FI认证等。为了创"正泰"的质量名牌，他们不惜代价先后投入5 000万元，建立了技术开发中心和电器研究所，运用CAD、CAM计算机辅助设计系统进行高科技智能化电器产品的开发研制。"正泰"牌低压电器终于被社会认可：CJX2系列荣获布鲁塞尔尤里卡国际金奖；CJ系列被评为"浙江省名牌产品"；DW17系列、CJ24系列、RT系列通过了1995年国家科委新产品鉴定，"正泰"产品已成为保险公司的"保险产品"，并成为"重塑温州电器新形象"的领头羊。

质量是企业的生命，是企业赖以生存的基础。要用长期发展的眼光去抓质量，切忌质量管理的短期行为。尽管一次事故损失了80万元，但未来将会赢得更多的80万元。

质量是人类永恒的话题，无论与对社会、与企业，还是与每个人，都息息相关。企业的生存竞争的实质是质量竞争，只有拥有好的质量，企业才能占领市场，才能生存和发展。本章重点介绍质量及质量管理、ISO 9000 族质量管理体系标准、质量认证、全面质量管理，以及质量管理中常用的统计方法等基本内容。

5.1 质量及质量管理

5.1.1 质量概述

1. 产品

ISO 9000：2000《质量管理体系基础和术语》中把“一组将输入转化为输出的相互关联或相互作用的活动”称为过程，而“过程的结果”就是质量。产品是过程所产生的结果，没有过程就不会有产品。但是这种结果可能是人们所期望的结果（即满足顾客某种特定需要的东西），也可能是人们所不期望的结果（如污染）。

产品不仅是指有形产品，如机床、家用电器、木材等，而且也包括无形产品，如概念、知识、计算机软件和某项服务等。产品包括硬件、流程性材料、软件和服务四种通用产品类型，或四种类型的任意组合。

(1) 硬件。硬件是具有特定形状的可分离的有形产品。硬件通常由制造、建造或装配的零件、部件（或组件）组成。

(2) 流程性材料。流程性材料是通过将材料转化成某一预定状态所形成的有形产品。流程性材料可以是液态、气态、粒状、块状、线状或板状材料。

(3) 软件。软件是通过承载媒体表达的信息组成的一种知识产物。软件通常以概念、方法、论文或程序等形式表示。计算机软件是一种特例。

(4) 服务。服务是为满足顾客的需要，供方和顾客之间接触的活动以及供方内部活动所产生的结果。服务通常是无形的，并且是在供方和顾客接触面上至少需要完成一项活动的结果。服务的提供可涉及在顾客提供的有形产品上所完成的活动、在顾客所提供的无形产品上所完成的活动，无形产品的交付和为顾客创造氛围等。

产品通常是两种或两种以上产品类型的组合。大多数提供硬件、软件或流程性材料的组织，同时还要提供相应的服务。许多产品由不同类别的产品构成，硬件、流程性材料、软件和服务的区分取决于其主导成分。例如，外供产品“汽车”是由硬件（如轮胎、车身等）、流程性材料（如燃料、冷却液）、软件（如发动机控制软件、驾驶员手册）和服务（如操作人员所做的操作指导）组成的。

2. 质量

国际标准化组织（international standards organization，ISO）1994 年 7 月正式发布的 ISO 8402：1994《质量管理和质量保证术语》标准，比较科学、严格地把质量定义为“反映实体满足明确和隐含需要的能力的特性总和”。2000 年，国际标准化组织又对质量的定义做了进一步的修改，在 ISO 9000：2000《质量管理体系基础和术语》中把质量定义为

“一组固有特性满足要求的程度”。其内涵包括以下几个方面的内容。

（1）质量不仅仅是指产品（包括硬件、流程性材料、软件和服务四大类别），而是泛指一切可单独描述和研究的事物。它可以是产品、活动，也可以是过程、组织、体系或人员以及上述各项的任何组合。因此，质量概念既可以用于描述产品和活动，也可以用于对过程、人员甚至组织进行描述。这个概念突出反映了质量概念的广泛性。

（2）定义中的特性是指事物可以区分的特征。固有特性是指事物本来就有的，尤其是永久的特性。质量特性不仅包括功能、准时性、可靠性、安全性等，而且还包括环境、经济性和美学等方面。质量不仅要满足顾客和用户的需要，而且要考虑社会的需要。正是由于事物具有各种特性才使它能够满足顾客以及其他利益相关方的要求。

（3）质量不仅包括规定的明确表述出来的要求，如商务活动中买卖双方通过契约所做的约定；还包括隐含的、潜在的需求，如核能利用等特殊场合由法律所做的规定等。并且要随着时间的变化修改质量标准，提出新的要求。因此，质量要不断改进、提高，以适应这些变化的要求。

（4）质量的受益者不仅是用户和顾客，而且包括业主、员工、分供方和社会，还要把用户的概念扩大到企业内部，“下道工序就是上道工序的用户”“生产部门就是采购部门的用户”等。

3. 质量职能

质量并非只是质量部门的事情，而是取决于企业内外的许多组织和部门的共同努力。质量职能是对在产品质量产生、形成和实现过程中各个环节的活动所发挥的作用或承担的任务的一种概括。从某种意义上来说，质量管理就是要将这些广泛分散的活动有机地结合起来，从而确保质量目标的实现。

企业内部的主要质量职能活动一般包括市场研究、产品设计、规范的编制和产品研制、采购、工艺准备、生产制造、检验和试验、包装和储存、销售和发运、安装和运行、技术服务和维护、用后处置等环节。为了使这些活动互相配合、协调一致，必须做到：明确实现质量目标所必须进行的各项活动，将这些活动委派给企业的相应部门；向这些部门提供完成任务所必需的技术上和管理上的工具与设施；确保这些活动在各部门、各环节的实施；协调各部门之间的活动使之相互配合，指向共同的目标，以综合、系统的方式来解决质量问题，使企业的活动以及活动的成果达到最佳的水平。

4. 质量特性

在 ISO 9000 标准中，质量特性的定义是：产品、过程或体系与要求有关的固有特性。它是以顾客和其他受益者的要求为出发点，并将其作为测量依据的一组固有特点。

质量特性可以分为以下几种类型。

（1）技术性或理化性的质量特性。例如，机械零件的刚性、弹性、耐磨性，汽车的速度、牵引力、耗油量、废气排放量，手表的防水、防震、防磁等。技术性的质量特性可以用理化检测仪器精确测定。科学技术的进步已经使许多原来无法测定的特性可以进行精确的测定，从而使人们可以对质量进行更加客观的判断。

（2）心理方面的质量特性。例如，服装的款式、食品的味道、汽车象征的地位和气派等。心理方面的质量特性反映了顾客的心理感觉和审美价值，人们的心理感觉和审美价值千差万别，很难用准确的技术指标加以衡量。心理方面的质量特性对于构成产品的“独家特色”，构成产品对每一具体用户的“适用性”非常重要，尤其是在消费品领域更为如此。

（3）时间方面的质量特性。例如，耐用品的可靠性、可维修性、精度保持性、电力供应的及时性等。时间方面的质量特性是同“产品使用寿命周期费用”相联系的。产品使用过程中的及时性、可靠性、可维修性以及使用费用等都极大地影响着顾客的质量评价。

（4）安全方面的质量特性。产品的使用不仅要可靠、及时，更加重要的是不能给顾客造成伤害和事故。因此，产品必须有保证条款，有各种安全措施。重视安全方面的质量特性对于企业避免产品责任问题的发生具有极为重要的意义。

（5）社会方面的质量特性。在考虑质量特性的内容时，仅仅考虑对应顾客需要是不充分的，还必须考虑法律、法规、环保以及社会伦理等有关社会整体利益方面的要求。

5.1.2 质量管理

质量管理是对确定和达到质量要求所必需的职能和活动的管理，是在质量方面指挥和控制组织的协调的活动。通常包括制定质量方针和质量目标以及质量策划、质量控制、质量保证和质量改进。

ISO 9000:2000 指出：质量管理是组织各项管理的内容之一，因此，它是组织各级职能部门领导的职责。由于产品质量的重要性和因素的复杂性，质量管理应由组织最高领导负全责，应调动与质量有关的所有人员的积极性共同做好本职工作，才能完成质量管理的任务。

1. 质量管理的基本概念

1）质量方针

质量方针是一个组织的最高管理者正式发布的该组织总的质量宗旨和方向。质量方针可从以下三个方面理解。

（1）质量方针应与组织的总方针（如果组织是一个经济实体，则应同组织的经营方针）相一致。

（2）质量方针的制定应参照质量管理原则的要求，结合组织的实际情况，确定出组织在质量管理工作方面中远期的发展方向。质量方针还须反映组织在管理和产品上的要求，为质量目标的展开提供条件。

（3）质量方针是一种精神，是企业文化的一个组成部分，应与组织的全体员工的根本利益相一致，体现出全体员工的愿望和追求的目标，以便为全体员工所理解，并加以贯彻执行。

2）质量目标

质量目标是“组织在质量方面所追求的目的”。质量目标可从以下两个方面理解。

（1）组织应依据质量方针的要求制定质量目标，与其保持一致。组织可以在调查、分析自身管理现状和产品现状的基础上，与行业内的先进组织相比较，制定出经过努力在近期可以实现的质量目标。具有挑战性的质量目标更能激发组织的全体人员共同努力的工作热情。

(2) 组织应将质量目标分别在横向上按相关职能(部门或岗位)，在纵向上按不同的管理层次加以分解和展开。质量目标的这种分解和展开，应同组织管理上的需要及其复杂程度和产品上的要求与可实现的条件相适应。质量目标应当量化，尤其是产品目标要结合产品质量特性加以指标化，达到便于操作、比较、检查和不断改进的目的。

3) 质量策划

质量策划是“质量管理的一部分，致力于制定质量目标并规定必要的运行过程和相关资源以实现质量目标”。质量策划可从以下两个方面理解。

(1) 根据管理的范围和对象不同，组织内存在多方面的质量策划。例如，质量管理体系策划、质量改进策划、产品实现策划及设计开发策划等。

(2) 通常情况下，组织将质量管理体系策划的结果形成质量管理体系文件，对于特定的产品、项目策划的结果所形成的文件称为质量策划。

4) 质量控制

质量控制是“质量管理的一部分，致力于满足质量要求”。质量控制可从以下两个方面理解。

(1) 质量控制是通过采取一系列作业技术和活动对各个过程实施控制的，包括对质量方针和目标控制、文件和记录控制、设计和开发控制、采购控制、生产和服务运作控制、监测设备控制以及不合格品控制等。

(2) 质量控制是为了使产品、体系过程达到规定的质量要求，是预防不合格产品发生的重要手段和措施。因此，组织要对影响产品、体系或过程质量的因素加以识别和分析，找出主导因素，实施因素控制，才能取得预期效果。

5) 质量保证

质量保证是“质量管理的一部分，致力于提供质量要求会得到满足的信任”。质量保证可从以下三个方面理解。

(1) 质量保证是组织为了提供足够的信任表明体系、过程或产品能够满足质量要求，而在质量管理体系中实施并根据需要进行证实的全部有计划和有系统的活动。

(2) 质量保证定义的关键词是“信任”，对能达到预期的质量提供足够的信任。这种信任是在订货前建立起来的，如果顾客对供方没有这种信任则不会与其订货。质量保证不是买到不合格产品以后的包修、包换、包退。

(3) 信任的依据是质量管理体系的建立和运行。因为这样的质量管理体系将所有影响质量的因素，包括技术、管理和人员方面的因素，都采取了有效的方法进行控制，因而质量管理体系具有持续稳定地满足规定质量要求的能力。

6) 质量改进

质量改进是质量管理的一部分，致力于增强满足质量要求的能力。质量要求可以是有关任何方面的，如有效性、效率或可追溯性。

质量改进是通过不断采取纠正和预防措施来增强组织的质量管理水平，提高产品、体系或过程满足质量要求的能力，对现有的质量水平在控制的基础上加以提高，使质量达到一个新水平、新高度。质量改进是一个过程，由于种种原因，每次质量改进不一定都能取得好结果，产品的质量水平不一定得到提高，但它的目的是实现质量突破。

质量改进必须按照一定的科学程序来进行，其基本过程是 PDCA 循环，它包括：确定、测量和分析现状；建立改进目标；寻找可能的解决办法；评价这些解决办法；实施选定的解决办法；测量、验证和分析实施的结果；将更改纳入文件。必要时，对结果进行评审，以确定进一步的改进机会。可以通过内部审核、外部审核、管理评审及顾客反馈来识别改进的机会。

7）质量管理体系

质量管理体系是指在质量方面指挥和控制组织的管理体系。

质量管理体系是建立质量方针和质量目标，并实现这些目标的一组相互关联或相互作用的要素的集合。质量管理体系把影响质量的技术、管理、人员和资源等因素都综合在一起，使之为一个共同目的——在质量方针的指引下达到质量目标而互相配合、努力工作。

质量管理体系包括硬件和软件两大部分。组织在进行质量管理时，首先根据达到质量目标的需要，准备必要的条件（人员素质、试验、加工、检测设备的能力等资源）；其次通过设置组织机构，分析确定需要开发的各项质量活动（过程）；最后进行分配、协调各项活动的职责和接口，通过程序的制定给出从事各项质量活动的工作方法，使各项质量活动（过程）能经济、有效、协调地进行。这样组成的有机整体就是组织的质量管理体系。

一个组织可以建立一个综合的管理体系，其内容可包含质量管理体系、环境管理体系和财务管理体系等。

2. 质量管理的发展过程

现代质量管理是 19 世纪 70 年代开始的。经历了一个多世纪的发展过程，已逐步形成为一门新的学科。从现代质量管理的实践来看，按照解决质量问题的手段和方式，它的发展过程大致可以划分为以下四个历史阶段。

1）质量检验阶段（19 世纪 70 年代至 20 世纪初）

19 世纪 70 年代，人们根据生产和使用的需要，提出了零件互换的概念，同时人们还注意到，在保证零件互换的前提下，其尺寸的加工误差允许有一个波动范围，于是又提出了加工公差的概念，从而初步为质量检验的技术理论奠定了基础。

直到 20 世纪初，在系统总结以往质量管理实践和经验的基础上，产生了科学管理的思想，科学管理强调管理人员与操作人员要进行合理分工，将计划职能和执行职能分开，同时增加中间检验环节，从而形成了设计、操作、检验三方面各有专人负责的职能管理体制。这在历史上是第一次将检验职能从操作职能中分离出来，也是第一次将检验人员从操作工人中分离出来。质量检验阶段的主要特点是三权分立，即有人专职制定标准、有人专职负责制造和有人专职按照标准检验产品。在这个发展阶段，质量管理只是强调事后把关。检验人员的职责是对生产出来的产品进行筛选，把合格品和不合格品分开。作为把关性的质量检验，对于保证不合格品不出厂是必要的，也是有效的。

2）统计质量控制阶段（20 世纪 20 年代至 50 年代）

第二次世界大战爆发后，由于对军用产品的需要激增，美国许多生产民用产品的企业转为生产军用产品。但是，不论是老的还是新的生产军用产品的企业，都无法事先防止产生不合格品。同时，军用产品不仅批量大而且多数属于破坏性检验，所以，要采用"事后检验"的办法来保证军用产品的质量是不可能的，也是不允许的。美国国防部为了解决军用产品的供应和质量问题，组织了一批数理统计学家和高级工程师进行研究，运用数理统计原理和方法制定了"美国战时质量管理标准"，即《质量控制指南》《数据分析用的控制图法》和《生产中质量管理用的控制图法》，从而迫使各生产军用产品的企业普遍推行统计质量控制方法。因此，统计质量控制方法在美国得到了发展，并且在保证和提高军用产品质量方面取得了显著效果。

第二次世界大战结束以后，由于统计质量控制方法已为生产军用产品的企业带来信誉和利润，因此，不仅生产军用产品的企业继续使用统计质量控制方法，而且生产民用产品的企业也积极推行统计质量控制方法。统计质量控制是质量管理发展过程中的一个重要阶段，它的主要特点是：在指导思想上，它已由以前的事后把关转变为事前预防；在控制方法上，它已广泛深入地应用数理统计的思考方法和检验方法；在管理方式上，它已从专职检验人员把关转移给专业质量工程师和技术员控制。因此，统计质量控制与单纯的质量检验相比，不论是指导思想，还是使用方法，都有一个很大的进步。

3）全面质量管理阶段（20 世纪 60 年代至 20 世纪末）

20 世纪 50 年代末，科学技术突飞猛进，大规模系统开始涌现，人造卫星、第三代集成电路的电子计算机等相继问世，并相应出现强调全局观点的系统科学。在国际贸易方面，第二次世界大战后美国独霸的优势逐渐减退，国际贸易竞争开始加剧。因此，出现了一些前所未有的新情况：人们对产品质量的要求越来越高、管理理论逐渐形成各种学派、保护消费者利益运动兴起、国内和国际市场竞争加剧。人们注意到单靠统计质量管理难以满足社会和用户对产品质量的要求，因此广大质量管理工作者都积极开展调查研究，希望能建立一套有效的质量管理理论和方法。于是，美国通用电气公司的费根堡姆和质量管理专家朱兰提出了全面质量管理（total quality management，TQM）的概念。费根堡姆于 1961 年出版了《全面质量管理》一书。此后，他们的全面质量管理概念逐渐被世界各国所接受。不过，在具体运用全面质量管理概念时，每个国家都是根据本国的实际情况，使其形成具有该国特色的质量管理模式。

4）社会质量管理阶段（21 世纪初至今）

美国著名质量管理专家朱兰指出：20 世纪是生产率的世纪，21 世纪将是质量的世纪。这意味着 21 世纪将是提高质量的世纪，质量管理科学将有更蓬勃的发展。全面质量管理阶段的突出特点就是强调全局观点、系统观点。21 世纪，不仅质量管理的规模会更大，而且更重要的是质量作为政治、经济、科技、文化、质量和自然环境等社会诸要素中的一个重要因素来发展。这意味着质量将受到政治、经济、科技、文化和自然环境的制约而同步发展，质量系统将作为一个子系统而在更大的社会系统中发展。因此，21 世纪将使质量管理进入一个新的发展阶段，即第四阶段，即称为社会质量管理阶段。该阶段质量管理将有以下特征。

(1) 产品和服务的质量将越来越具有社会化、国际化的性质。质量体系所包含的规模将越来越大，超越企业、集团公司、行业、民族地区和国家。

(2) 社会质量监督系统和质量法规将更加完善和严密，与之相应的国际性质量管理组织将发挥更大的作用。为世界各国所接受的通用国际标准将会进一步增加和完善。

(3) 质量将随着政治、经济、科技、文化等的发展而同步发展。

(4) 质量文化在 21 世纪将会高度发展，将会代表更高水平的全面质量管理出现。

(5) 质量控制与抽样检验理论将沿着多元化、小样本化、模糊化、柔性化等方向继续深入发展。

5.1.3 质量经济分析与质量成本

1. 质量经济分析

1) 质、本、利的关系

(1) 质量与成本的关系。产品成本会随着质量水平的提高而增加，产品质量等级提高，要求技术、工艺和管理水平提高，设计和制造成本相应增加，总成本会随之提高。当产品质量达到一定水平后，再提高质量会付出更大的成本支出。

(2) 质量与利润的关系。产品价格会随着质量水平的提高而提高，而当质量达到一定水平后，再提高质量而价格也不会无限提高，否则会由于价格提高和销售量下降而影响企业的利润。

(3) 质量、成本、利润关系图。产品质量、成本、利润关系图如图 5-1 所示。

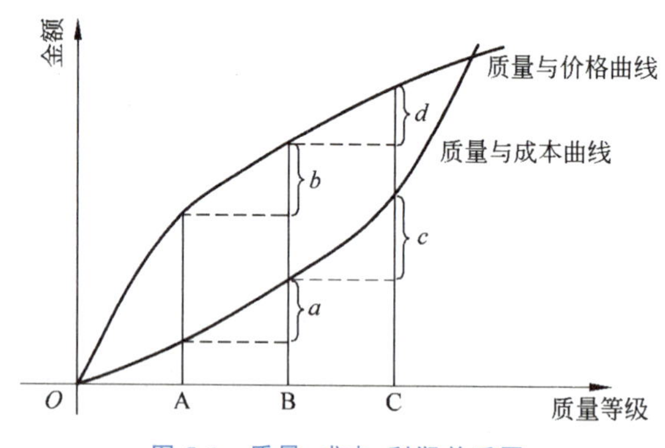

图 5-1　质量、成本、利润关系图

根据图 5-1，当质量由 A 级提高到 B 级时，成本增加了 a，收益增加了 b，而且 b 大于 a，即收益的增加大于成本的增加，所以质量从 A 级提高到 B 级是有益的。当质量由 B 级提高到 C 级时，成本增加了 c，收益增加了 d，c 大于 d，即收益的增加小于成本的增加，所以，质量从 B 级提高到 C 级是不可行的。因此，B 级质量水平是最佳的经济等级。任何一种产品，在一定需要和生产条件下都有一个适宜质量水平的问题。

质量、成本和利润之间的关系很复杂，在一定范围和一定条件下，可以找到三者之间的关系。

2）质量经济分析

质量经济分析是通过对产品质量、成本、利润之间的关系分析，研究在不同经营条件下，用尽可能少的劳动消耗，提供满足用户需要的产品质量，以获得尽可能多的收益。

质量经济分析也称质本利分析，它是以质量为对象，以效益为目的，进行最优产品决策的一种方法。其基本任务是使产品在质量上适用，在经济上合理。

（1）质量经济分析的内容。研究质量与成本、质量与利润之间的关系是质量经济分析的主要内容。其具体的内容有：在研究设计过程中，适宜质量水平的确定，以及新产品开发费用、原材料质量水平的合理确定；在生产制造过程中，适宜工序能力、合适的废品数、合理的检查、正确的返修决策等；在销售使用过程中，适宜的广告宣传费用、最佳交货期、“三包”期的确定，服务维修点的设置等。

（2）质量经济分析的目的。通过质量分析，使企业以尽量少的投入提供用户需要的适用性产品，从而提高企业产品的竞争能力；扩大企业经济活动分析的范围，促进企业不断改善经营管理，提高企业管理水平；通过质量经济效益分析，能把质量管理与经济效益紧密联系起来，从而有利于全面质量管理的开展。

2. 质量成本

1）质量成本及其特性曲线

（1）质量成本。我国把质量成本定义为：将产品质量保持在规定的质量水平上所需要的费用，它包括预防成本、鉴定成本、内部损失成本和外部损失成本。

根据定义，质量成本是把“产品质量保持在规定的质量水平上所需要的费用”，这里“规定的质量水平”是指由设计规定的质量水平或质量等级，也就是在已定的设计标准规范下，解决制造符合设计要求的符合性质量，其实质是一个合格水平的问题。因此，质量成本是发生在制造过程和销售后服务过程中，包括鉴定产品是否达到规定质量水平和预防产品达不到规定质量水平的费用，以及制造中没有达到规定的质量水平的损失费用。至于要生产出高一级质量水平的产品所花费的费用不是质量成本研究的内容。

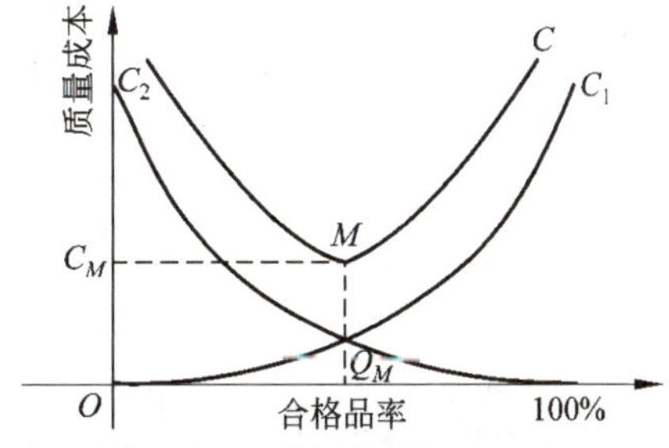

图 5-2 质量成本特性曲线

（2）质量成本特性曲线。质量成本中四个项目和产品合格质量水平之间存在着一定的关系，这就是质量成本特性曲线，如图 5-2 所示。

图 5-2 中，C_1 是控制成本，控制成本等于预防成本和鉴定成本之和，它随着合格品率的增加而增加。C_2 是损失成本，损失成本等于内部损失成本和外部损失成本之和，随着合格品率的增加而减少。C 是控制成本和损失成本之和，即质量成本曲线。

质量成本曲线 C 有一个最低点 M，M 点所对应的合格率为 Q_M，Q_M 就是企业应当控制的经济质量水平，而其所对应的质量成本 C_M 应该是适宜经济质量水平的质量成本支出。质量成本管理活动的基本出发点就是探求 Q_M 是多少。应该注意的是，Q_M 未必就是用户所希望达到的质量水平，或者说产品处于该质量水平上的产品销售是否好？是否是企业取得最佳效益的质量控制水平？所以，研究质量成本只是单纯从质量与质量成本之间的关系出发，力求在追求企业总效益目标时，进行全面经济效益的权衡，以确定企业的最佳质量标准，市场和用户是确定质量标准的重要依据。产品合格率指标是企业内部生产中的质量控制指标之一，可根据图 5-2 进行具体研究。

2）质量成本项目

(1) 预防成本是指为预防产生不合格品及故障等所需的各项费用，包括质量工作费、质量奖励费、产品评审费及技术成果推广费等。

(2) 鉴定成本是指评定产品是否满足规定的质量要求所需的费用，包括检测试验费、检测设备折旧费等。

(3) 内部损失成本是指产品出厂前因不能满足规定的质量要求而支付的费用，主要包括废品损失费、返修损失费、产品降级损失费、停工损失费和事故分析处理费等。

(4) 外部损失成本是指产品出厂后，因未满足规定的质量标准而导致索赔、修理、更换及信誉损失所支付的费用，主要包括索赔费、退货损失费、维修费和诉讼费等。

3）质量成本分析

质量成本分析是开展质量成本管理工作的重要信息，是企业领导者进行经营管理决策的重要依据之一。

质量成本分析主要是对质量成本项目之间的关系进行分析。质量成本项目之间存在着一定的比例关系。虽然在不同产品之间，或在同一产品的不同生产厂家之间，这种比例关系有所差异，但很多厂家的统计资料表明，四项质量成本之间的大体比例关系如表 5-1 所示。从表 5-1 中可知，虽然预防成本占质量成本的比例较小，但却是质量成本分析的重点。一些企业的经验证明，若将预防成本在一定限度内略作提高，质量成本会明显下降。

表 5-1　质量成本项目关系表　　单位：%

质量成本项目	占质量成本	质量成本项目	占质量成本
预防成本	0.5～5	内部损失成本	25～40
鉴定成本	10～30	外部损失成本	20～40

 5.2 ISO 9000 族质量管理体系标准

5.2.1 ISO 9000 族标准的产生和发展

随着科学技术的发展，产品的结构日趋复杂，所涉及的价值和人的生命安危的问题越来越大，一旦出现质量问题将给企业造成不可估量的损失。于是在产品质量形成过程中加强管理和实施监督，建立相应的质量体系并实行第三者客观的认证制度就成为企业

提高信誉、获取信任的客观要求。同时，国际贸易的迅速发展必然带来国际产品质量保证和产品责任问题，于是要求在产品质量方面具有共同的语言、统一的认识和共同遵守的规范。在这样的背景下，国际标准化组织（ISO）制定出一套质量管理和质量保证国际标准，并于 2000 年完成 ISO 9000（1994 版）的全面修订工作，在 2000 年 11 月正式发布实施 2000 版 ISO 9000 族标准。我国于 1995 年引进 ISO 19000 族标准，目前已等同采用为国家标准。对应于新版 ISO 9000 族标准的标准编号为 GB/T 19000—2000、GB/T 19001—2000、GB/T 19004—2000，并于 2003 年10 月1 日起实施。

5.2.2 ISO 9000：2000 系列标准的主要特点

1. 面向所有组织，通用性强

ISO 9000：2000 系列标准适用于所有的产品类别、所有的行业和各种组织，通用性很强，是适用范围最广的国际标准之一。ISO 9000：2000 系列标准通过运用“产品实现”“生产和服务提供控制”“过程的监视和测量”及“产品的监视和测量”等过程要求，消除了行业的偏向性，对非制造业贯彻 ISO 9000 系列标准带来了方便。2000 版标准允许在 ISO 9001 基础上增加行业特殊要求的条款，这为特种行业制定行业附加要求奠定了共同的基础。这样既能使所有组织的质量体系的基本要求具有一致性，又确保行业特殊要求的适用性。现在已有医疗器械、汽车、通信等行业按此方式制定各自的行业特殊要求。

2. 确立八项原则，统一理念

ISO 9000：2000 系列标准明确了质量管理的八项原则，这些原则是世界各国质量工作者长期实践所总结出来的。它是 ISO/TC 176 征集了国际上受尊敬的一大批质量管理专家的意见后，用最概括的语言表达出来的质量管理的基本理念，是这次新标准修订的理论基础和实施 2000 版的指导思想。

3. 突出顾客满意和持续改进

2000 版 ISO 9001 标准的要求，除了产品质量保证之外，还在于增强顾客满意度，显然超越了 1994 版标准的质量保证范围。标准要求组织的最高管理者应以增强顾客满意度为目的，确保顾客的要求得到确定并予以满足。突出持续改进是新版标准的重要特点。2000 版 ISO 9001 把持续改进作为标准的要求，以不断满足顾客的要求。把 ISO 9001 与 ISO 9004 构成质量管理体系的一对标准，其目的之一就是引导组织按 ISO 9001 达到基本要求后，再按照 ISO 9004 标准进一步实现产品、过程和体系的持续改进，以不断改进组织的总体业绩。

4. 强化最高管理者的领导作用

“领导是关键”已是所有成功企业的共同经验，新版 ISO 9000 系列标准把“领导作用”列为八项质量管理原则的第二项，仅次于“以顾客为中心”，显示了对最高管理者责任的强化。新版 ISO 9001 标准要求最高管理者对建立和改进质量管理体系作出承诺，并提供为此而开展活动的证据等，无疑比 1994 版对最高领导者的要求更加具体、更加强化了。

5. 强调过程方法，操作性强

ISO 9000：2000 系列标准采用了过程模式，提倡用过程方法来识别和建立体系。用过程方法来对质量活动运行进行控制。由于过程方法符合质量活动的普遍规律，所以适合所有行业实现产品的运作。过程方法模式对比 1994 版 20 个质量体系要素的明显优点，就是实现了以过程的连续性替代了 20 个要素的不连续问题。此外，2000 版 ISO 9000/9001/9004 的引言中，以图示方式说明过程方法模式，该图又体现了 PDCA（戴明环）的工作原理，构成了新版标准的又一特色。

6. 考虑所有相关方的利益

ISO 9004：2000 标准把与组织利益有关的各相关方需求作为体系的输入，又把相关方的满意程度作为体系的输出，说明了新版标准对相关方利益的关心。“互利的供方关系”要求建立良好的合作伙伴关系，实现风险共担、利益共享。

7. 增强与环境管理等其他管理体系的相容性

继 1987 年质量体系的国际标准发布之后，环境管理体系（environmental management system，EMS）国际标准于 1996 年也正式发布，并开展了 EMS 认证工作。国际标准化组织为了合理减轻组织的工作量，ISO 9000：2000 系列标准修订前就加强了两个技术委员会（TC 176 与 TC 207）之间的协调，要求两个管理体系相互兼容，因此 ISO 9000：2000 系列标准具有以下特点。

（1）2000 版 ISO 9000 系列标准与 ISO 14000 系列标准都采用相同的文件化管理体系原理，都遵循 PDCA 的管理体系模式，要求该体系建立方针目标，通过策划、运行、内审和管理评审并持续改进。

（2）两个管理体系的不少活动是相同或相似的，如管理评审、管理职责、文件控制、培训、纠正、预防措施、内部审核和记录等，虽然对象不同，但方法基本一致。

（3）ISO 9000：2000 中的五个标准之一 ISO 19011 质量和环境审核指南将为质量管理体系与环境管理体系的一体化审核提供依据。

8. 结构简明，语言通俗

ISO 9000：2000 系列标准不仅结构简明，而且语言通俗。ISO 9000：2000 系列标准的总体结构与 1994 版相比已大大简化，仅有五项标准。2000 版标准语言通俗，尽量避免专业名词，用非技术性名词来说明技术性问题，使新标准有易读易懂的特点，避免了由于过多的专业词汇造成不同专业对标准的隔阂。ISO 9001 与 ISO 9004 制定为协调成对的标准，结构相同，便于对应和使用。

5.2.3 质量管理原则

ISO 9000 族标准基础是在八项质量管理原则的指导下，建立、实施和改进 ISO 9000 族标准的原理。八项质量管理原则成为最高管理者以系统和透明的方式对组织进行管理和指导业绩的框架，是 ISO 9000：2000 族标准的指导思想和理论基础。八项原则不仅是制定质量方针、质量目标和编制 ISO 9000 族标准文件时应贯彻的精神，而且是组织制定质量战略规划的依据。质量管理是组织各项管理的内容之一，最高管理者可运用八项质量管理原则领导组织进行业绩改进。这八项质量管理原则的内容和实施要点如下。

1. 以顾客为关注焦点

组织依存于顾客。因此，组织应当理解顾客当前和未来的需求，满足顾客要求并争取超越顾客期望。顾客是“接受产品的组织和个人”，组织的生存取决于顾客。随着全球经济一体化进程的加速和中国市场经济体制的深入完善，市场在变化，顾客也在变化，顾客的需求和期望也在不断变化、发展。因此，组织要及时地调整自己的经营策略，采取必要措施以适应市场的变化，把握顾客当前和未来的需求，满足顾客不断发展的需求和期望，并且超越顾客的需求和期望，使自己的产品处于领先的地位。

“以顾客为关注焦点”原则的实施，始终关注顾客要求并及时、始终加以满足，既能使组织及时抓住市场机遇，作出快速而灵活的反应，从而能提高市场占有率、增加收入、提高经济效益，又能提高顾客对组织的忠诚度，还能在方针和战略形成、目标制定和在运作管理等方面使组织了解顾客及其相关方的需求，确保有关的目标和指标直接与顾客的需求和期望相联系，改进组织满足顾客的需求和期望的业绩。

2. 领导作用

领导者确立组织统一的宗旨及方向。他们应当创造并保持使员工能充分参与实现组织目标的内部环境。领导者是具有一定权力、负责指挥和控制组织及下属的人员。要指挥和控制好一个组织，领导者应发挥的领导作用：一是确定组织统一的宗旨及方向；二是创造并保持一个能让员工充分参与组织目标的内部环境。在领导方式上，还要做到透明、务实和以身作则。

“领导作用”原则的实施，由于创造并保持了比较宽松、和谐和有序的环境，规定了工作准则，因此，全体员工能够理解组织的目标并行动起来去实现这些目标，所有活动能以一种统一的方式加以评价、协调和实施。领导者可以通过推广先进经验促进持续改进。

3. 全员参与

各级人员都是组织之本，只有他们的充分参与才能使其才干为组织带来收益。全体员工及他们的积极性是每个组织的根本。组织的质量管理不仅需要发挥领导作用，而且要依赖全员的参与。所以要对员工进行质量意识、职业道德、以顾客为关注焦点的意识和敬业精神的教育，激发他们的积极性和责任感，让员工具备足够的知识、技能和经验，实现充分参与，使他们的才干为组织带来收益。

“全员参与”原则的实施让全体员工行动起来，积极参与，投入对业绩负有责任的工作，树立起工作责任心，并主动、积极地去寻找改进机会，实现承诺，从而实现组织的方针和目标。

4. 过程方法

将活动和相关的资源作为过程进行管理，可以更高效地得到期望的结果。一组将输入转化为输出的相互关联或相互作用的活动称为过程。任何使用资源将输入转化为输

出的活动或一组活动可视为一个过程。为使组织有效运行，必须识别、管理许多相互关联和相互作用的过程。通常，一个过程的输出将直接成为下一个过程的输入。系统地识别和管理组织所应用的过程，特别是这些过程之间的相互作用，称为“过程方法”。过程方法的目的是获得持续改进的动态循环，并使组织的总体业绩得到显著提高。过程方法通过识别组织内关键的过程，随后加以实施和管理并不断进行持续改进，更高效地得到期望的结果，以达到顾客满意。

组织采用过程方法，对过程的各要素进行管理和控制，通过使用有效的资源，可获得改进的、一致的和可以预测的结果，使组织具有降低成本并缩短周期的能力。

5. 管理的系统方法

系统方法是首先从系统分析有关的数据、资料或客观事实开始，确定要达到的优化目标；其次通过系统工程设计或策划为达到目标而采取的各项措施、步骤和应配置的资源，形成一个完整的方案；最后通过系统管理取得高有效性和高效率。管理的系统方法是围绕某一设定的方针和目标，确定实现它的关键活动，识别由这些活动构成的过程，分析这些过程之间的相互作用和相互影响的关系，按照某种方式或规律将这些过程有机地组成一个系统，管理这个系统，使之能协调地运行。

系统方法和过程方法都以过程为基础，都要求对各个过程之间的相互作用进行识别和管理。但系统方法着眼于整个系统和实现总目标，使组织所策划的过程之间相互协调和相容。过程方法关注的是过程控制和运作，着眼于具体过程，对其输入和输出、相互关联和相互作用的活动进行连续的控制，以实现每个过程的预期结果。

应用管理的系统方法使系统的各过程彼此协调一致，增强对关键过程的能力的注意力，能取得预期的最好结果，使组织有可能向重要的相关方提供对组织的有效性和效率的信任。

6. 持续改进

持续改进总体业绩应当是组织的一个永恒目标。增强满足要求能力的循环活动就是持续改进。顾客的要求是动态变化的，体系停滞在一个水平上，势必会带来顾客的不满意，因此要持续改进，不断提高满足要求的能力。这是一个永恒的主题，永无止境。持续改进是在体系运行达到稳定状态之后的事，关注的是改善服务、降低变差、减少浪费、减少成本、提高有效性和效率等。持续改进不是抽象的，而是有一定的方法，如失效模式分析、试验设计、统计过程控制、价值工程等。改进的领域如人力资源素质（包括智力、体力、性格）、减少非增值空间、提高作业节拍、开发更有效的生产周期体系、提高产品质量水平、改善工作环境。持续改进实际上是组织建立一个自我完善、自我改进的运行机制的过程，从而不断地满足顾客要求，提高组织整体业绩。

主动、积极地寻找持续改进的机会，坚持持续改进，通过战略和业务规划把各项持续改进集中起来，形成更有竞争力的业务计划，制定现实而富有挑战性的改进目标并提供资源以实现此目标。向员工提供各种机会、工具、方法以鼓励他们改进产品、过程、体系，吸收员工参加组织的持续改进过程，从而提高组织对改进机会的快速、灵活的反应能力，增强组织的竞争优势。

7. 基于事实的决策方法

有效决策建立在数据和信息分析的基础上。成功的结果取决于活动实施之前的精心策划和正确的决策。能确保预定目标实现的决策是有效决策。正确适宜的有效决策依赖于良好的决策方法。对数据和信息的逻辑分析或直觉判断是有效决策的基础。依据准确的数据和信息进行逻辑推理分析或依据信息作出直觉判断是一种良好的决策方法。利用数据和信息进行逻辑推理分析或直觉判断时，可借助统计技术等辅助手段。应用“基于事实的决策方法”原则，要确保作为分析依据的数据和信息充足、精确、可靠；让数据和信息的需要者能及时得到数据和信息，基于事实分析、权衡经验与直觉，作出决策并采取措施。

应用“基于事实的决策方法”原则，组织可以增强通过实际来验证过去决策的正确性的能力，增强对各种意见和决策进行评审、质疑、更改的能力，发扬民主决策的作风，提供有信息依据的决策，使决策更切合实际。

8. 互利的供方关系

组织与供方是相互依存的，互利的关系可增强双方创造价值的能力。一个产品，通常不可能由一个组织从最初的原材料开始加工直至形成最终顾客使用的产品，而是由多个组织分工，构成供应链，通过上下游组织的协作来完成。供方所提供的高质量产品是组织为顾客提供高质量产品的保证之一。组织的市场扩大，则为供方增加了更多的合作机会。所以，组织与供方是相互依存的，他们互利的合作和交流是非常重要的，最终将促使双方均增强创造价值的能力，从而使双方均获得效益。

实施“互利的供方关系”原则，与供方合作，可以降低成本，使资源配置达到最优化；可以增强对市场的变化联合作出灵活和快速的反应；通过发展战略联盟和供方的参与，创造竞争优势，可以增强供需双方创造价值的能力。

质量管理八项基本原则之间的关系是最高管理者（领导作用）充分发挥员工的积极性（全员参与），处理好相关方的关系（互利的供方关系），运用控制论的三个方法（系统方法、过程方法、基于事实的决策方法），最终目的是满足顾客要求（以顾客为关注焦点），达到使组织持续改进的目标（持续改进）。质量管理八项基本原则之间的关系如图 5-3 所示。

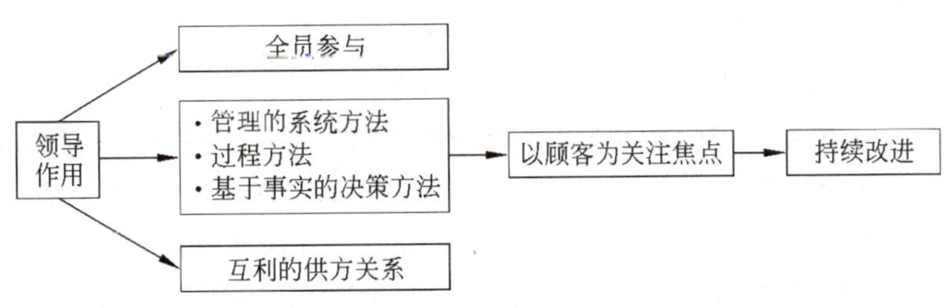

图 5-3　质量管理八项基本原则之间的关系

5.2.4 2000 版 ISO 9000 族标准的构成

1. 核心标准

ISO 9000：2000　质量管理体系——基础和术语

ISO 9001：2000　质量管理体系——要求

ISO 9004：2000　质量管理体系——业绩改进指南

ISO 19011：2002　质量和(或)环境管理体系审核指南

2. 其他标准

ISO 10012：2000　测量和控制系统

3. 技术报告和小册子

技术报告和小册子是 ISO 9000 族标准的组成部分，属于对质量管理体系建立和运行的指导性标准，也是 ISO 9001 和 ISO 9004 质量管理体系标准的支持性标准。

ISO/TR 10006　质量管理项目管理指南

ISO/TR 10007　质量管理技术状态管理指南

ISO/TR 10013　质量管理体系文件指南

ISO/TR 10014　质量经济性管理指南

ISO/TR 10015　质量管理培训指南

ISO/TR 10017　统计技术的应用指南

此外，《质量管理原则》《选择和使用指南》和《小型企业的应用指南》等标准将以小册子的形式出现。

4. 技术规范

ISO/TR 16949：2002　质量管理体系——汽车生产件及相关维修零件组织应用 ISO 9001：2000的特别要求。

5.3 质量认证

5.3.1 质量认证的基本概念

在质量竞争和国际贸易日益频繁的今天，质量认证作为对产品质量、企业质量保证能力实施的第三方评价活动，已经成为世界各国规范市场行为、促进贸易发展和保护消费者合法权益的有效手段。质量认证在全球经济活动中发挥着越来越重要的作用。

认证是指第三方机构书面保证（合格证书）产品、过程或服务符合规定要求的程序。这是指对质量的认证。另外，质量体系认证是指由第三方认证机构依据公开发布的质量体系标准，对供方（生产方）的质量体系实施评定，评定合格的由第三方认证机构颁发质量体系认证证书，并予注册公布，证明供方在特定的产品范围内具有必要质量保证能力的活动。从上述定义可以看出，质量认证具有以下四个特点。

1. 质量认证的对象是产品、过程和服务

按照 ISO 9000：2000 标准中对产品所做的定义“过程的结果”，并有四种通用的产品类别——服务、软件、硬件和流程性材料，服务已包括在产品的含义中。过程是指一组将输入转化为输出的相互关联或相互作用的活动。

2. 质量认证工作的基础是标准

质量认证是以标准或技术规范为准则的。ISO 9000 族标准系列是认证中对供方质量体系作出评价的国际性标准，供各国及国际间认证选择使用。

3. 质量认证活动由第三方进行

质量认证的最大特点在于它是由第三方进行的活动。所谓第三方，是指独立于第一方(制造厂、卖方、供方)和第二方(用户买方、需方)之外的一方，第三方与第一、第二方之间应没有直接的经济利害关系，体现公正性和客观性。

4. 认证合格的证明方式可以采用合格证书和认证标志

产品质量认证是“第三方依据程序对产品、过程或服务符合规定的要求给予书面保证”的一系列活动，产品经过检查符合规定要求后，这一信息要通过认证合格证书和认证标志来传递给各有关方面。认证证书和认证标志通常由第三方认证机构颁发和规定。需要说明的是，单独进行质量体系认证合格的企、事业单位，只发认证合格证书，产品上不作合格标志。

5.3.2 质量认证制度

1. 质量认证制度的概念

质量认证制度是为了进行质量认证工作而建立的一套程序和管理制度的总称。它包括企业质量体系认证制度和产品质量认证制度。根据《中华人民共和国产品质量法》(以下简称《产品质量法》)及其他法律的规定，质量认证制度属产品质量监督管理制度的范畴。

1）产品质量认证制度

产品质量认证制度是指由公正的第三方依据产品标准和相应的技术要求，对产品质量进行检验、测试、确认，并通过颁发认证证书和准许使用认证标志的方式来证明某产品符合要求的活动的制度规定。我国《产品质量法》第十四条第二款规定：“国家参照国际先进的产品标准和技术要求，推行产品质量认证制度。企业根据自愿原则可以向国务院产品质量监督管理部门或者国务院产品质量监督管理部门授权的部门认可的认证机构申请产品质量认证。经认证合格的，由认证机构颁发产品质量认证证书，准许企业在产品或者其包装上使用产品质量认证标志。”

按照我国法律规定，产品质量认证分为安全认证和合格认证。所谓安全认证，是指对涉及人身健康及生命和财产安全的产品，依照国家法律规定的强制性标准所进行的用于证明产品符合安全要求的认证活动。实行安全认证的产品必须符合《中华人民共和国标准化法》中有关强制性标准的要求。所谓合格认证，是指对一般产品依照国家标准或

者行业标准所进行的用于证明产品符合标准要求即合格的认证活动。实行合格认证的产品必须符合《中华人民共和国标准化法》规定的国家标准或者行业标准的要求。

2）企业质量体系认证制度

企业质量体系认证制度是指依据一定的标准和要求，由认证机构对企业质量体系进行审核、评定，确认符合标准和要求时由认证机构向企业颁发认证证书，以证明企业质量体系符合相应要求的活动过程等有关制度规定的总称。企业质量体系认证是目前国际上通行的一种产品质量监督管理制度。为了促使企业建立、健全质量体系，以便企业具备生产产品质量稳定的条件，从而提高企业的市场竞争能力，我国《产品质量法》第十四条规定："企业根据自愿原则可以向国务院产品质量监督管理部门或者国务院产品质量监督管理部门授权的部门认可的认证机构申请企业质量体系认证。经认证合格的，由认证机构颁发企业质量体系认证证书。"

企业质量体系认证的作用是证明某一企业的质量保证能力达到一定的水平，而企业质量体系认证的依据是 ISO 9000 系列标准。当现行标准不能满足认证需要时，法律规定认证机构可以组织制定补充要求，经国务院产品质量监督管理部门确认后实施。

企业质量体系认证的对象是企业，因而企业质量体系认证的效力仅及于企业，而不是企业的产品。也就是说，获得质量体系认证证书的企业无权在其产品上使用产品质量认证标志。企业要想在其产品上使用产品质量认证标志，需要申请产品质量认证并获得批准。

3）产品质量认证与质量体系认证的区别

产品质量认证和质量体系认证是两种不同的认证类型，其主要区别可归纳为以下几个方面。

(1) 认证的对象不同。前者是对产品，包括有形产品和无形产品(如服务)；后者是对供方的质量体系进行认证，这与产品或服务没有直接关系，两者是独立的。

(2) 认证的依据不同。产品质量认证的依据是经过标准化机构正式发布由认证机构认可的产品标准和有关技术规范；质量体系认证的依据是特定的质量体系标准，如 ISO 9000 族标准或地区和国际标准化机构正式发布的类似标准。

(3) 认证机构不同。产品质量认证机构和质量体系认证机构都必须是第三方性质的机构，而且要得到社会和政府的承认，以确定其权威性。

(4) 认证获准表示方式不同。产品质量认证获准的表示方式是颁发"认证证书"和"认证标志"；质量体系认证获准的表示方式是认证机构对认证合格单位准予注册并以质量体系认证企业名录形式公开发布。

2. 质量认证制度的基本要素

典型的产品认证制度包括四个基本要素：型式检验、质量体系检查评定、监督检验和监督检查。前两个要素是取得认证资格必须具备的基本条件，后两个要素是认证后的监督措施。ISO/IEC 指南 28《典型的第三方产品认证制度通则》规定了实施这种认证制度应遵循的一般要求。

1）型式检验

型式检验的原意是为了批准产品的设计，查明产品是否能够满足技术规范全部要求所进行的检验。它是新产品鉴定中必不可少的一个组成部分。只有型式检验通过以后，该产品才能正式投入生产。然而对质量认证来说，一般不对正在设计的新产品进行认证，为了认证目的进行的型式检验，是对一个或多个具有生产代表性的产品样品利用检验手段进行合格评价。型式检验的依据是产品标准。检验所需样品的数量由认证机构确定，检验样品从制造厂的最终产品中随机抽取。检验的地点应在认可的独立的检验机构进行，对个别特殊的检验项目，如果检验机构缺少所需的检验设备，可在独立检验机构或认证机构的监督下使用制造厂的检验设备。

2）质量体系检查评定

由于产品设计定型，设计控制可不作为重点，在产品认证中通常使用ISO 9001质量体系标准，即对申请产品认证的生产企业需检查质量体系运行状况，包括质量管理体系、管理职责、管理资源、产品实现、测量、分析和改进等方面的内容。

在产品认证中为什么要进行质量体系检查？越来越多的质量认证工作者认为，仅仅依靠对最终产品的抽样检验来进行产品认证是不充分的，具有较大的风险性。即使是建立在统计学基础上的抽样检验，也只能证明一批产品的质量，不能证明以后出厂的产品是否持续符合标准的要求。抽样检验只能证明一时的，不能证明持续的质量。然而，第三方质量认证最重要的目的是要使购买者买到手的产品的质量是可靠的。证明产品质量持续符合标准要求的方法有两种：一种是逐批检验，这将大大提高认证所需的费用，使企业不堪负担；另一种是通过检查评定企业的质量体系来证明该企业具有持续稳定地生产符合标准要求的产品的能力，显然这是一种经济有效的方法。

3）监督检验

确保带有认证标志的产品质量可靠、符合标准，是产品质量认证制度得以存在和发展的基础。如果达不到这一目的，消费者和需方将对认证失去信任，实行质量认证制度也就毫无意义了。因此，当产品通过认证以后，如何能保持产品质量的稳定性，确保出厂的产品持续符合标准的要求，这是认证机构十分关心的问题。解决这个问题的措施之一就是定期对认证产品进行监督检验。

监督检验就是从生产企业的最终产品中或者从市场抽取样品，由认可的独立检验机构进行检验。如果检验结果证明继续符合标准的要求，则允许继续使用认证标志。如果不符合，则需根据具体情况采取必要的措施，防止在不符合标准的产品上使用认证标志。监督检验的频率一般为每年2～4次。

进行监督检验的项目，不必像首次型式检验那样按照标准规定的全部要求进行检验和试验。检验重点是那些与制造有关的项目，特别是顾客意见较多的质量问题。

4）监督检查

监督检查是对认证产品的生产企业的质量保证能力进行定期检查，使企业坚持实施已经建立起来的质量体系，从而保证产品质量的稳定，这是又一项监督措施。监督检查的内容可以比首次的质量体系检查简单一些，重点是查看首次检查发现的不符合项是否已经有效改正，质量体系的修改是否能确保达到质量要求，并通过查阅有关的质量记录来证实质量体系的运行情况。

3. 质量认证制度的类型

（1）型式试验。即按规定的试验方法对产品的样品进行试验，以证明样品符合标准或技术规范的要求。

（2）型式试验加认证后监督——市场抽样检验。这是一种带有监督措施的型式试验。监督的办法是从市场购买样品或从批发商、零售商的仓库中随机抽样进行检验，以证明认证产品的质量持续符合标准或技术规范的要求。

（3）型式试验加认证后监督——供方抽样检验。这种质量认证制度和第(2)种类似，只是监督的方式有所不同。第(2)种是从市场上抽样检验，而这种认证制度是从供方发货前的产品中随机抽样进行检验。

（4）型式试验加认证后监督——在市场和供方进行随机抽样检验。这种认证制度是上述(2)、(3)两种认证制度的综合。监督检验所用的样品既从市场上随机抽样，又从供方发货前的产品中随机抽取。

（5）型式试验加供方质量体系评定再认证后监督——质量体系复查加供方的市场抽样检验。这种认证制度的显著特点是：在批准认证的资格条件中增加了对产品供方质量体系的检查和评定。在批准认证后的监督措施中又增加了对供方质量体系的复查。

（6）供方质量体系评定。这种认证制度是对供方按既定规范要求提供产品的质量保证能力进行评定。

（7）批检。这种认证制度是根据规定的抽样方案，对一批产品进行抽样检验，并据此作出该批产品是否符合标准或技术规范的判断。

（8）百分之百检验。这种认证制度就是对每一件产品在出厂前都要依据标准经认可的独立检验机构进行检验。

4. 我国的质量认证及实施

我国的产品质量认证工作启动于1981年，质量体系认证工作始于1992年。根据国际标准化的有关规则和惯例，国际标准需要由各国转化为本国的国家标准加以实施。GB/T 19000实质上就等同于ISO 9000国际标准。

为了规范认证机构的行为，国家质量技术监督局批准成立了中国质量体系认证机构——国家认可委员会(China national accreditation committee for quality registration bodies，CNACR)，授权CNACR对认证机构实施国家资格认可和监督管理。

质量管理体系认证的实施过程总体上分为四个阶段：认证申请、体系审核、审批注册和监督复评。认证申请由企业向其选定的认证机构自愿提出；体系审核是由认证机构指派国家注册人员组成的审核组，依据资料体系标准，对企业的质量管理体系实施系统的审查和取证，包括文件审查和企业现场调查，并出具审核报告；审批注册是由认证机构根据审核报告，决定是否批准认证，对批准认证的企业颁发认证证书，并注册公布，准予企业以一定方式使用质量管理体系认证标志；监督是由认证机构在认证证书的有效期内至少每年一次对获证企业实施的监督性审核，复评是认证机构在认证证书三年有效期届满时，对要求继续保持证书的企业的质量管理体系实施的全面审核。企业质量体系认证的收费标准由国家计划委员会和国家质量技术监督局统一制定。

我国的认证标志分为方圆标志、长城标志和 PRC 标志，是由国务院标准化行政标志认证中心主管部门统一管理、审批、发布的。中国方圆标志认证委员会方圆标志认证中心(简称中国方圆委方圆标志认证中心，英文简称 CQM)，已于 2001 年正式成为国际认证联盟成员，标志着方圆认证已经走向世界。我国的质量认证标志样式如图 5-4 所示。

(a) 合格认证标志

(b) 安全认证标志

(c) 电工产品专用认证标志

(d) 电子元器件专用认证标志

图 5-4 我国的质量认证标志

5. 质量认证的程序

(1) 质量体系认证。供方向认证检查机构提出认证申请(申请书由各质量体系认证机构统一发给申请方)。

(2) 认证机构接到申请后对申请方进行了解，确定是否接受申请。如果接受，则向申请方发出接受申请通知书；如果不接受，则向申请方发出不接受申请的通知书。

(3) 如果接受申请，申请方做好与认证有关工作的安排，预交认证费用。

(4) 认证机构和供方一起根据需要确定质量体系认证依据。

(5) 申请认证方准备质量体系有关文件，提供给认证机构进行审阅。

(6) 认证机构评定质量体系文件，并通知供方对不符合要求处或重大遗漏处进行修正与补充。

(7) 供方做好进行现场评审前的一切准备工作。

(8) 现场审核。认证机构的评定组按照选定的质量体系标准、质量体系有关文件，到供方生产现场进行初评。初评结束，评定组将结果书面通知供方，并对不符合要求的限期改正。

(9) 供方对提出的问题进行修改。

(10) 批准注册发证，并公开公布。

(11) 获准认证后的监督管理。对质量体系认证注册的有效期一般为三年，在此期间认证机构进行监督管理包括供方通报、监督审核、认证暂停、认证撤销、认证有效期延长等。

(12) 重新评定。每隔三年需对供方质量体系重新评定。

 5.4 全面质量管理

5.4.1 全面质量管理的概念和特点

1. 全面质量管理的概念

全面质量管理是指以质量为中心，以全员参与为基础，指导和控制组织各方面的相互协调的活动，其目的在于通过让顾客满意和本组织所有成员及社会受益而达到长期成功的管理途径。全面质量管理是对一个组织进行管理的途径；正是由于全面质量管理讲的是指导和控制组织各方面协调地活动与有组织地管理，因此，"质量"概念扩展为全部管理目标，即"全面质量"。全面质量管理强调一个组织必须以全面质量为中心，以全员参与为基础，通过对组织活动全过程的指导和控制，追求组织的持久成功，使顾客、本组织所有者、员工、供方、合作伙伴或社会等相关方持续满意和受益。

2. 全面质量管理的特点

全面质量管理与以往的质量管理相比，其重要特点在于它的全面性。它的特点可以概括为"三全一多"，即全面的质量管理、全过程的质量管理、全员参与的质量管理和方法灵活多样的质量管理。

(1) 全面的质量管理。全面质量管理是相对广义的质量概念而言的，它不仅要对产品质量进行管理，也要对工作质量、服务质量进行管理；不仅要对产品性能进行管理，也要对产品的可靠性、安全性、经济性、时间性和适应性进行管理；不仅要对物进行管理，也要对人进行管理。

(2) 全过程的质量管理。产品质量有一个产生、形成和实现的过程。全面质量管理的范围包括从市场调查开始，到产品设计、生产、销售，直到产品使用寿命结束为止的全过程。为了使用户得到满意的产品，并使产品能充分发挥其使用价值，不仅要对产品的形成过程进行质量管理，还要对形成以后的过程乃至使用过程进行质量管理，把产品质量形成全过程的各个环节全面地管理起来，形成一个综合性的质量管理工作体系。

产品质量产生、形成的全过程所经历的各个阶段，可以通过螺旋形上升循环的图(图 5-5)来表示。

(3) 全员参与的质量管理。由于全面质量管理是对全面质量和全过程进行的质量管理，所以全面质量管理不仅是质量管理部门或质量检验部门的事，不仅是设计、生产、供应、销售、服务过程中有关人员的事，而且也是企业中各个部门所有人员的事。因为企业中从事党政工团、安保、教育、财务、总务、卫生、炊事、保育等各项工作的人员的工作质量，都直接或间接地影响着产品质量和销售服务的质量。因此，全面质量管理要求企业全体人员都来参加，并在各自有关的工作中参与质量管理工作。

(4) 方法灵活多样的质量管理。随着科学技术的不断发展，人们对产品质量、服务质量提出越来越高的要求，影响产品质量的因素也越来越复杂，既有物质的因素，又有人的

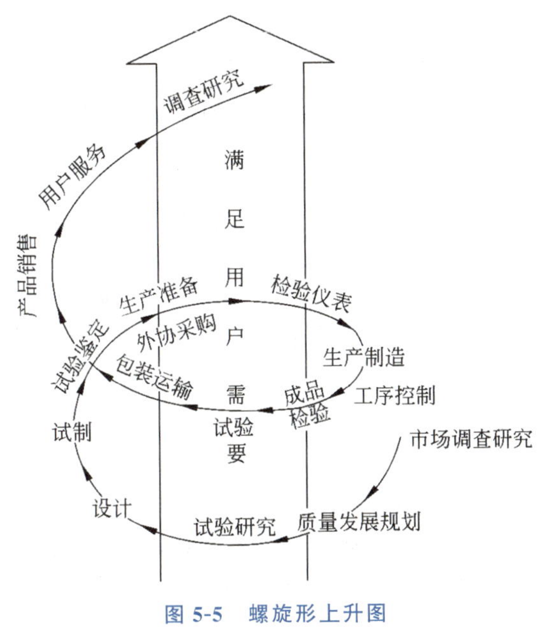

图 5-5 螺旋形上升图

因素;既有技术因素,又有管理因素;既有自然环境因素,又有人们的心理因素;既有企业内部因素,又有企业外部因素。要把这一系列的因素系统地控制起来,全面管理好,生产出高质量的产品,提供优质的服务,光靠单一的管理方法是不行的。必须根据不同情况,区别不同的影响因素,采用专业技术、管理技术、数理统计、运筹学和思想教育等各种方法和措施,按客观规律办事,进行质量管理工作。

5.4.2 全面质量管理的指导思想

1. 从系统和全局出发

全面质量管理是一种科学的管理系统。系统管理思想是指对与质量有关的一切方面和一切联系进行全面研究与系统分析的一种管理思想。它要求人们在研究、解决质量问题时,不仅要重视影响产品质量的各种因素和各个方面的作用,而且要把重点放在整体效应上,通过综合分析和综合治理,达到整体化,即用最小的投入生产出满足用户需要的产品,以取得最佳的经济效果。全面质量管理作为一个系统,它是由许多部分组成的。系统的目的或特定的功能是由许多目标(指标)形成的。系统是作为整体而存在的,其组成的各个部分不能离开整体去研究和协调,脱离了整体,各个部分也就失去了作用。在全面质量管理中,对各项质量指标的协调,对各个过程的协调,对各种工作的协调,对各类人员的协调,都必须从整个系统和全局出发,达到全局最优、整体效益最优,而不是追求某个局部最优,还要注意眼前利益服从长远利益。

2. 为用户服务

为用户服务是指从用户的立场出发,生产出满足用户需要的产品,尊重用户权益,方便用户,充分实现产品固有使用价值的一套经营管理思想。用户至上就是要树立以用户为中心、为用户服务的思想，敢于树立"用户永远没有错"的全新理念。为用户服务就是要使产品或服务尽量满足用户的要求，产品质量的好坏，最终应以用户的满意程度为唯一标准。没有用户的满意，企业的产品就没有生命力，企业也就无法生存。需要指出的是，这里的"用户"不仅指最终消费者，还可能是社会，如产生污染等社会公害问题，就会影响社会，所以"社会"也是用户之一。

3. 以预防为主

以预防为主的思想是指分析影响产品质量的各种因素，找出主要因素加以重点控制，防止质量问题的发生，做到防患于未然的一种管理思想。以预防为主，就必须在产品质量的产生、形成和实现的全过程的每一环节中充分重视质量管理。质量管理的重点要从质量检验把关转到预防，转到开发设计和生产制造上。这不仅可以做到防患于未然，而且可以减少许多因质量问题而产生的不必要的浪费。开发设计是在产品质量产生阶段，产品设计上若存在质量问题，无论制造过程怎么严格控制，生产出来的产品总是存在"先天不足"，所以要求产品设计过程严格按科学的程序进行，切实抓好产品设计过程的审核和鉴定，做到早期预警，把质量问题消灭在它的形成过程中。在方法上，要充分利用数理统计等科学的方法，揭示质量运动规律，使人们能从本质上认识、掌握质量运动情况，力争主动、可靠地生产出优质产品。在组织上，要建立质量体系，把影响产品质量的管理、技术及人员等因素有效地控制起来。查明实际或潜在的质量问题，预防和控制一切质量问题的产生。

4. 用事实和数据说话

用事实和数据说话是指以客观事实为依据来反映、分析、解决质量问题的管理思想。其实质是实事求是、科学分析。质量管理中的事实与数据是反映质量运动、揭示质量规律的基础，也是质量管理科学性的体现。因此无论是事实或数据都必须真实可靠，真正反映出质量运动的本来面目，而这样的事实与数据只有经过加工整理、计算、归纳、分类、比较、分析、解释、推断等，才能从本质上深刻反映质量运动的规律，为质量管理提供正确的信息情报。

5. 不断改进

要树立不断改进的思想，首先必须具有发现问题的意识。即每个职工对自己岗位及周围环境中存在的影响质量的因素具有敏锐的洞察能力、分析能力和反省能力。也就是要不断地发现问题和提出问题，不安于现状，不断提出改进方向和目标，并在此基础上积极采取各种措施和行动，以求实、求真、求深的精神，谋求质量工作的不断深化、改革、创新，使质量工作生机勃勃、日新月异、不断前进，跃上新水平。不断改进的思想包含质量意识、问题意识和改进意识三个方面的内容。质量意识是前提，问题意识是先导，改进意识是结果，这三者相辅相成，促进质量工作奋发向上、不断创新。因此，不断改进的思想是质量工作者极其宝贵的资源和财富。

6. 以人为主体

以人为主体的管理思想，要求在推行全面质量管理过程中，不断提高人的素质，要求职工掌握并贯彻企业的质量方针与目标。只有每个职工明确了企业质量方针与目标对自己的要求，以及自己对质量方针与目标应作的贡献，才能使每个员工发挥其聪明才智，主动积极地工作，以主人翁的态度去完成自己所承担的任务。同时，企业制定的各项质量政策，要有利于调动广大员工的积极性和创造性。要采取各种形式发扬职工的首创精神，鼓励他们提出独到的见解。还要做到奖罚分明，对那些在质量工作中勇于创新、作出贡献的员工给予精神上和物质上的奖励。要采取各种形式和途径开展职工培训，强化质量意识，提高技术和管理水平。总之，要通过各种措施、途径，创造出一种既严肃紧张又民主活泼的环境，以利于员工心情舒畅地投入生产活动中，高效率地生产出优质产品。

5.4.3　全面质量管理的工作程序

全面质量管理活动的全部过程就是质量计划的制订和组织实现的过程。这个过程就是按照 PDCA 循环，周而复始地运转。PDCA 是英文 Plan（计划）、Do（实施）、Check（检查）、Action（处理）四个词的第一个字母的缩写组合。由于是由美国质量管理专家戴明（W.E.Deming）博士首先提出的，所以也叫“戴明环”。

1. PDCA 循环的含义

PDCA 循环是质量管理的工作方法，也是做任何事情的一般规律。我们开展某项工作，事先必须有个设想或打算（计划），然后按计划去做，实施计划，也可称为执行计划，对计划执行进程进行核对检查。第四个阶段就是根据检查结果，把成功的经验加以肯定并列入标准中。没有解决的问题反映给下一个循环，继续实现，这就是处理阶段，如图 5-6 所示。

2. PDCA 循环的特点

1）大循环套小循环，互相促进

如图 5-7 所示，PDCA 循环作为质量管理的一种科学方法，适用于质量管理的各方面。即整个企业为一个 PDCA 大循环，各个单位、每一个人又有自己小范围的循环。上一级的 PDCA 循环是下一级 PDCA 循环的根据，下一级循环又是上一级循环的贯彻和具体化。通过不断的循环，把企业各项工作都有机地联系起来，彼此协调、共同工作。

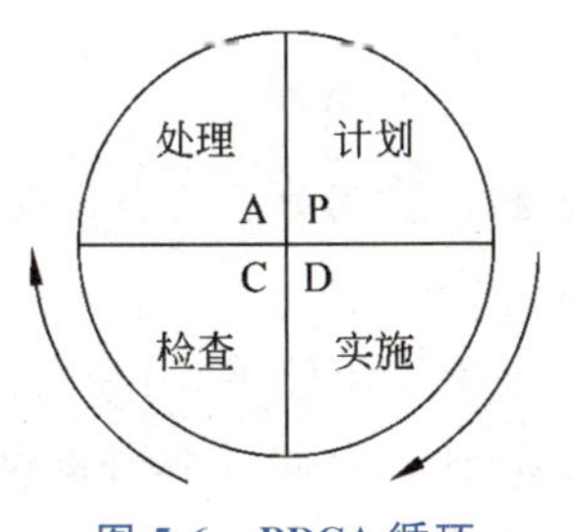

图 5-6　PDCA 循环

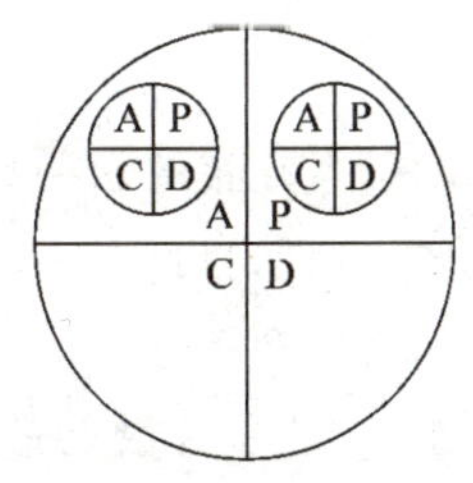

图 5-7　大环套小环

2）螺旋上升

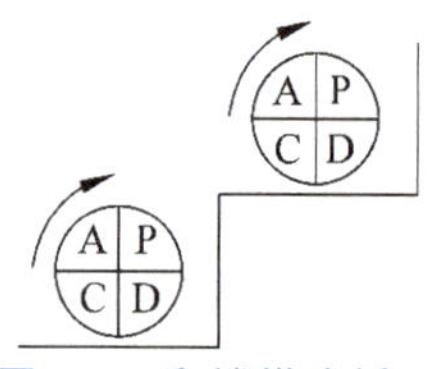

图 5-8 爬楼梯式循环

PDCA 四个阶段的循环是螺旋上升的。每循环一次，质量水平都提高一步，也有人将此特点称为爬楼梯式循环，如图 5-8 所示。

3）四个阶段一个都不能少

PDCA 四个阶段紧密联系，缺一不可。

4）“处理”阶段是关键

“处理”阶段就是总结经验，肯定成绩，纠正错误，将成功经验加以标准化、制度化。

5）PDCA 循环要不停地开展下去

为了解决和改进质量问题，通常将 PDCA 循环具体化为四个阶段、八个步骤。

（1）第一个阶段为计划，即 P 阶段，就是确定质量目标、质量计划、管理项目和措施方案。P 阶段可分为以下四个步骤。

第一个步骤，分析现状，找出存在的质量问题（用排列图、直方图、控制图）。

第二个步骤，分析产生质量问题的原因（用因果分析图）。

第三个步骤，找出影响大的原因（用排列图、相关图）。

第四个步骤，对质量影响大的原因，制订改进质量措施计划，要回答“5W1H”，即 Why（必要性）、What（目的）、Where（地点）、When（时间）、Who（执行人）、How（方法）。

（2）第二个阶段为实施，即 D 阶段，就是按预定计划、目标和措施，具体组织和实施。

第五个步骤，执行质量改进措施计划。

（3）第三个阶段为检查，即 C 阶段，就是把实施的结果和计划的要求对比，检查计划的执行情况和实施的效果。

第六个步骤，调查采取措施的效果（用排列图、直方图、控制图）。

（4）第四个阶段为处理，即 A 阶段，包括以下两个步骤。

第七个步骤，总结经验、巩固成绩，工作结果标准化。

第八个步骤，提出尚未解决的问题（反映到下一循环的计划阶段中）。

按 PDCA 循环进行质量管理，关键在 A 阶段，即处理。处理就是总结经验教训，采取有效措施，把下一个循环推向一个新的高度。

案例分析

案例 5.1 有关部门应如何处理

某年 10 月 16 日，某晚报登出一则报道，题目是“用户：凭啥收我滞纳金——收费最后一天，银行联不上网”，报道的主要内容如下。

本报 10 月 16 日讯，拿着多出 0.15 元滞纳金的话费单，省城韩大爷今天非常气愤。他说，每月的 15 日是当月缴电话费的最后一天，但由于银行线路的问题，使不少像他一样想缴电话费的人先吃闭门羹，再缴滞纳金。韩大爷去了周围的多家银行，银行大都未及时明示消费者如何处理，只是冷冰冰地单纯扣掉滞纳金，记者又从电信部门了解到他们今天已经收到多起投诉，有关部门已引起重视，正在交涉处理。而执着的韩大爷则表示要讨回 0.15 元滞纳金，为包括自己在内的消费者讨个说法。

问题：

(1) 问题发生的原因是什么？韩大爷为什么为多缴 0.15 元滞纳金而气恼，而且要讨个说法？

(2) 代收电话费服务等类似业务设计是否有缺陷？对已提供的服务如何不断改善？

(3) 有关部门应如何处理这件事？应该如何避免或减少该类事情的发生？

案例 5.2　76 台电冰箱的启示

20 世纪 80 年代初，青岛电冰箱总厂成为典型的计划经济下的失败企业——债台高筑，职工牢骚满腹，产品质量低下，服务态度恶劣。一天，一位顾客满脸不高兴地来到厂里，抱怨说他买的是台劣质冰箱。这在当时可不是件小事，因为每 1 000 家中国城市住户中只有两三家拥有这种奢侈品。

当年 36 岁的厂长张瑞敏眼睁睁地看着这位顾客挑了十几台冰箱，挑来挑去都有毛病，最后终于选中一台拉走，算是满意了。但张瑞敏不满意，他到仓库里把所有的冰箱重新检查了一遍，找出了 76 台有质量问题的冰箱。他把这些不合格产品放在空地上，召集起全厂 600 多名职工。他拿出一把大锤，下令："砸掉它们！"工人们犹豫了，但张瑞敏毫不动摇。他说："如果我们把这 76 台冰箱卖出去，就会继续犯错误，最终导致破产。"不一会儿，空地上留下了一堆废铁……十多年后，那把当年砸冰箱的大锤仍挂在冰箱生产线的墙上，而这家工厂已成为中国最引人注目的企业之一，这就是海尔集团。

问题：

(1) 砸冰箱这一举动意味着什么？

(2) 你认为应如何铸造企业命运的基石——质量？

(3) 如果你是企业的一名普通员工，你又应如何承担自己的质量责任？

案例 5.3　严格的质量管理造就了百年老店同仁堂

2010 年，中央电视台曝光了一些阿胶生产厂家为了降低成本，用皮革加工过程中废弃的下脚料制作劣质阿胶的内幕，引起社会各界的广泛关注。但同仁堂的阿胶产品却得到消费者的广泛认可，未出现违法情况。

同仁堂的阿胶生产环节始终本着"修合无人见，存心有天知"的古训，从源头上控制质量。同仁堂阿胶的原料为纯正驴皮。驴皮的质量直接影响阿胶成品的质量和疗效，同仁堂的专业技术人员亲自到产地检查、验货，鉴别整张驴皮，张张验货，要求去净筋膜、油、肉，不得有虫蛀、霉烂等。同仁堂坚持使用优质纯正的淡板去毛驴皮，避免杂质及灰分、重金属等超标。淡板皮多为新皮，储藏时间短，污染较少，以确保质量。

同仁堂永盛合阿胶中的药材均选用优质、地道药材，验货严格按高于药典的同仁堂内控标准，质量好、有效成分含量高。北京同仁堂制胶已有100多年的历史，在制胶选料上力求尽善尽美，在生产工艺上精益求精，确保同仁堂所生产的阿胶质量上乘。此外，同仁堂制胶设备先进，整个生产设备全部为自动化程度很高的新型不锈钢设备。泡皮、切皮、洗皮、焯皮、煎煮、浓缩切胶等，工艺流程布局合理，就连泡皮池也全部为不锈钢材料精制的泡皮锅。整个凝胶、切胶、晾胶、焖胶、内包车间均为30万级洁净区。整个房间清洁整齐，车间空气净化，恒温恒湿。净化区所有操作人员均穿着质地光滑、无纤维脱落的特制洁净工作服。

早在20世纪80年代，同仁堂就引入了TQM，也就是全面质量管理。20世纪90年代，为了取得国家医药管理部门颁发的GMP认证，同仁堂又投入大量财力、物力、人力，并且对职工进行了培训。从1997年开始，同仁堂就有多条生产线通过了国家GMP认证，同仁堂制药厂的蜜丸车间就是国内中药企业中首批通过认证的生产线。

在质量管理方面，同仁堂的优秀传统仍在继承、发扬。至今，各药厂在配料工序中仍一丝不苟地执行着“三检斤、四核对”的制度。“三检斤”就是各种原料在起货、掺料、移送时一定要依配料单检查各味原料药材的质量，“四核对”是将每一味原料药在配料、抓样、剩料、计算余亏时一一核对。这样就自始至终地坚持了不合格的原材料不投产，不合格的半成品不送下道工序，不合格的成品坚决不出厂。

同仁堂对质量的监督管理有一整套严密完整的制度，其中有些还是同仁堂的创新。例如，同仁堂推出了“质量派出制度”，下一级的质量管理人员均由上一级质量管理机构聘任后派出。他同时对本单位和上级质量管理机构负责。这样就充分体现了母公司对子公司的质量监管权。这个创新做法得到了广泛的肯定。

从2002年开始，同仁堂下属各公司相继引入ISO 9000系列质量管理体系，同仁堂科技发展股份有限公司的质量管理体系还通过了ISO 9001国际标准认证，同仁堂股份有限公司的质量管理体系通过了ISO 9001、ISO 14000和OHSAS 18000国际标准认证，并且在2005年获得了国家优秀质量管理奖。

问题：

（1）百年老店同仁堂长盛不衰的秘诀是什么？

（2）质量管理体系标准对企业质量管理的作用表现在哪些方面？

（3）有人认为质量管理增加了企业的成本，通过削减质量成本，加大市场营销，能使企业发展得更快，你是怎么看的？

复习思考题

1. 如何理解产品和质量的含义？
2. 产品的质量特性及其分类有哪些？
3. 什么是质量管理？如何正确理解质量管理的基本概念？

4. 质量管理的发展经历了哪几个阶段？

5. 质量成本包括哪些？如何进行质量经济分析？

6. ISO 9000：2000 系列标准的主要特点有哪些？

7. 质量管理的原则有哪些？

8. 什么是质量认证制度？质量认证制度的基本要素和类型有哪些？

9. 什么是全面质量管理？全面质量管理的特点有哪些？

10. 如何正确理解全面质量管理的指导思想？

11. 什么是 PDCA 循环？它有哪些特点？

第6章

现代企业人力资源管理

张总经理的用人之道

助理工程师黄大佑是一所名牌大学的高才生，毕业后已工作八年，于四年前应聘到一家大公司工程部工作，他工作认真负责，技术过硬，很快就成为公司的"四大金刚"之一，名字仅排在公司技术部主管陈工程师之后。但是，黄大佑的工资却同仓库管理员不相上下，一家三口尚住在刚进公司时住的那间平房。对此，他心中时常有些不平衡。

张总经理是一位有名望的识才老领导，四年前，黄大佑来公司报到时，门口用红纸写着"热烈欢迎黄大佑工程师到我公司工作"几个大字，是张总经理亲自吩咐人事部主任落实的，并交代要把"助理工程师"的"助理"两个字去掉。这确实令黄大佑很感动，工作十分卖力。

两年前，公司有指标申报工程师，黄大佑有条件申报，但名额却给了一个没有文凭、工作平平的老同志。他想找张总，张总却先找他来了，很委婉地说："黄工，你年轻，机会有的是。"去年他想反映一下工资问题，来这里工作的一个目的不就是想得到高一点儿的工资，改善一下生活吗？但几次想开口，都没有勇气说出来。因为张总不仅在大会上表扬他的成绩，而且经常当着外地取经人的面赞扬他。路上相见时，总会拍拍他的肩膀说"黄工，干得不错，很有前途"，这确实让黄大佑很受用。

最近，公司新建了一批职工宿舍，听说数量比较多，黄大佑决心要反映一下住房问题，谁知这次张总又先找他，笑着说："黄工，公司有意培养你入党，我来当你的介绍人吧。"他又不好开口了，结果家也没搬成。

深夜，黄大佑面对着一张报纸上的招聘广告出神。第二天，张总经理的办公桌上压了一张纸条。

张总：您是一个懂得使用人才的好领导，我十分敬佩您，但我决定走了。

现代企业管理是以人为核心的管理。人力资源是现代企业各种资源中起支配作用的要素，如何有效地开发、利用、激励人力资源，不断提高现代企业人力资源管理的质量和水平，是实现企业经营目标的关键。本章围绕人力资源管理的基本原理，着重介绍人力资源的规划、招聘与选拔，培训与开发，绩效考评、晋升与报酬，以及员工激励等基本内容和基本方法。

6.1　人力资源管理概述

6.1.1　人力资源管理的基本概念

1. 人力资源及其特点

人力资源是指在一定时间、空间条件下，现实和潜在的劳动力的数量与质量的总和。从时间序列上看，人力资源包括现有劳动力和潜在劳动力；从空间范围上看，人力资源可区分为某个国家、某区域、某产业或某企业的劳动力；它包括劳动力的数量、质量和结构。人力资源的内涵至少包括劳动者的体质、智力、知识、经验和技能等方面的内容。

人力作为一种可供开发的资源，不同于可供企业利用的其他资源，人力资源具有自有性、生物性、时效性、创造性、能动性和连续性的特点。

2. 人力资源管理及其特点

人力资源管理是指组织为了实现既定的目标，运用现代管理措施和手段，对人力资源的取得、开发、培训、使用和激励等方面进行管理的一系列活动的总称。人力资源管理的主体是人。人力资源管理的概念包括：任何形式的人力资源管理都是为了实现一定的目标；人力资源管理必须充分有效地运用计划、组织、领导、控制、激励等现代管理手段才能达到人力资源管理的目标；人力资源管理主要研究人与人关系的利益调整，个人的利益取舍、人与事的配合，人力资源潜力的开发、工作效率和效益的提高以及实现人力资源管理效益的相关理论、方法、工具和技术；人力资源管理不是单一的管理行为，必须使相关手段相互配合才能取得理想的效果。

人力资源管理作为一个学科，具有以下鲜明的特点。

(1) 综合性。人力资源管理是一门相当复杂的综合性学科，需要综合考虑经济、政治、文化、心理和民族等多种因素。它涉及经济学、社会学、心理学、人才学和管理学等多学科，是一门综合学科。

(2) 实践性。人力资源管理的理论来源于实际生活中对人力资源管理的经验，是对经验的概括和总结，并反过来指导实践，接受实践的检验。

(3) 发展性。人们对客观规律的认识总要受一系列主客观条件的制约，不可能一次完成，总是需要一个漫长的认识过程。因此，各个学科都不是封闭、停滞的体系，而是开放、发展的认识体系。作为一个新兴学科，人力资源管理更是如此。由古代的人事管理思想发展到科学管理与行为科学相结合的现代管理思想为其理论基础。

(4) 民族性。人的行为深受其思想观念和感情的影响，而人的思想感情无不受到民族文化传统的制约。因此，对人力资源管理带有鲜明的民族特色。不顾民族特点对他国的经验盲目搬用，在人力资源管理领域是极为有害的。

（5）社会性。现代经济是社会化程度非常高的经济，在影响劳动者工作积极性和工作效率的诸因素中，生产关系和意识形态是两个重要因素，而它们都与社会制度密切相关。因此，在借鉴和研究不同国家的人力资源管理经验时，千万不要忘记这一点。

3. 人力资源管理的目标

人力资源管理的目标是探索最大限度地利用人力资源的规律和方法，正确处理和协调在生产经营过程中人与人、人与事及人与物的关系，使人与人、人与事、人与物在时间和空间上达到协调，实现最优结合，做到人事相宜、人尽其才、才尽其用，充分调动职工的积极性，合理利用人力资源，实现企业的经营目标，取得良好的经济效益。

6.1.2 人力资源管理的基本原理

1. 同素异构原理

同素异构原理一般是指事物的成分在空间关系（排列次序和结构形成）上的变化而引起不同的结果，甚至发生质的变化。它原是化学中的一个原理，最典型的例子是石墨与金刚石。将此原理引入人力资源管理领域是指在群体成员的组合上，同样数量和素质的一群人，由于组织网络及其动能的差异，形成不同的权责结构和协作关系，可以产生不同的协同效应，在生产经营过程中，同样数量和素质的劳动力因组合方式不同会产生不同的劳动效率。

2. 能位匹配原理

人力资源管理中的能位匹配原理是指根据人的才能和特长，把人安排到相应的职位上，尽量保证工作岗位的要求与人的实际能力相对应、相一致，尽量做到人尽其才、才尽其用、用其所长、避其所短。此处的“能”主要指人的才能、素质和特长，“位”主要指工作岗位、职位等。具有不同能力的人应处于组织相应的职位上，给予其不同的权利，承担不同的责任，实现能位对应。为使人力资源管理效率最大化，要求企业在进行组织设计时，应建立一定的层次结构，并制定相应的标准、规范，形成高效的组织网络；然后将各具特色、才能各异的人员配置到合适的岗位上，授予相应的职权，以完成组织目标。

3. 互补优化原理

互补优化原理是指充分发挥每个员工的特长，采用协调优化的方法扬长避短，从而形成整体优势，完成组织目标。作为个体，每个人都各有所长；而作为群体，则可以通过相互取长补短组合成最佳的结构，更好地发挥团队力量，实现个人不能达到的目标。在实施互补优化原理时，应特别注意协调和优化。所谓协调，就是要保证群体结构与工作目标协调、与组织总任务协调、与组织内外部条件协调、与一定时期的工作重点协调。所谓优化，就是经过比较分析选择最优结合的方案，以最少的成本获得最大的效益。互补的内容主要包括知识互补、能力互补、年龄互补、性格互补、性别互补、地缘互补、学缘互补和关系互补等。

4. 动态适应原理

动态适应原理是指在动态中使人的才能与其岗位相适应，以达到充分开发利用人力资源潜能、提高组织效能的目标。在人力资源管理中，人与事、人与岗位的适应是相对的，不适应是绝对的，从不适应到适应是在运动中实现的，是一个动态的适应过程。随着社会经济的迅猛发展，企业的内部条件和外部环境也在不断发生变化，这就要求人力资源管理应保持动态的适应性，要根据企业生产经营的需要，对岗位和人员进行动态调整，灵活调节人力资源；要做到合理用才，促进人员的合理流动；对人力资源的使用要留有余地，管理要有弹性，使人力资源能得到合理的使用和保护等。

5. 激励强化原理

激励强化原理是指通过奖励和惩罚，使员工明辨是非，对员工的劳动行为实现有效激励。激励是指激发人的动机，鼓励人充分发挥内在动力，朝着所期望的目标采取行动的过程。激励是管理的重要职能，是人力资源管理的重要内容。人的行为产生于一定的需要和动机，管理者要充分发掘人的潜力、调动人的积极性就必须明确员工的要求，进而采取有效的激励措施。通过外在激励，如合理的奖酬、工作保障、有效监督等，引导人们从事各种工作。通过内在激励使工作本身具有吸引力，使员工努力谋求上进，并充分发挥自己的才能。

6. 公平竞争原理

公平竞争原理是指对竞争各方从同样的起点、用同样的规划公正地进行考核、录用和奖惩的竞争方式。把竞争机制引入人力资源管理，是保证企业获得优秀人才的必要条件，也是激励员工提高自身素质，增强劳动积极性、主动性和创造性的重要手段。市场经济的本质是一种竞争机制，在人力资源市场上，公平竞争是其起码的要求，在竞争中应贯彻“效率优先，公平竞争”的原则。要想使竞争机制产生积极的效果，就必须坚持公平竞争、适度竞争和良性竞争三项基本原则。

6.1.3 职务分析与岗位设计

1. 职务分析

1）职务分析的概念

职务分析也叫工作分析，是一种系统地搜集和分析与职务有关的各种信息的方法。它是人力资源管理最基本的工作。职务分析结果的形式是职务说明和职务要求细则，两者结合起来形成条理清晰的职务分析资料。企业的人力资源管理工作应该以这些资料为基础，以保证各种管理工作的合理性，并始终保持与职务有关。对员工来说，这些说明和细则是决定他们职务的代表性文件。

职务说明用于描述一份职务的任务、职责和责任，表明在一个职务上要做些什么、为什么要做这些、在何时何地做以及怎样做等。职务说明还应包括工作标准，告诉人们对职务说明所确定的各工作来说，什么样的工作效果才是符合要求的。职务说明的作用是指出一份职务所必须完成的各种工作。而职务要求细则的内容则是要详细列出合乎要求地承担这份职务所需要的知识、技能和能力，如受教育的水平、工作经历、工作技能、个人能力、智力和体质等。职务要求细则要说明的是一项工作对承担它的员工在教育、经验和其他特征方面的最低要求，而不应该是最理想的工作者形象。

2）职务分析的程序

在现实中，一个企业实际采取哪些程序进行职务分析，应根据职务分析所使用的方法和该企业所包括的职务种类来确定。职务分析的一般程序如下。

（1）确认职务种类和审查现有文件资料。

（2）向经理和员工说明职务分析过程。

（3）进行职务分析。

（4）准备职务说明和职务要求细则。

（5）保持与更新职务说明和职务要求细则。

3）职务分析的方法

职务分析所使用的方法有很多，为了获得完整、准确的资料，往往是多种方法结合使用。职务分析常用的方法主要有如下几种。

（1）观察法。观察法是指在工作现场运用感觉器官或其他工具观察员工的实际工作情况，用文字或图表形式记录下来，收集工作信息进而进行职务分析的一种方法。这种观察与研究通常是由经理人员、职务分析人员或工程技术人员进行的，常用于分析存在大量重复的体力操作，且操作的重复周期较短的工作。这种方法适用于分析生产工人和熟练技术工人，这类岗位对员工的抽象思维和推理能力要求较少，对员工工作行为的直接影响十分显著。它不适用于脑力劳动成分比较高的工作。

（2）问卷调查法。问卷调查法是一种简便快捷的获取信息的方法。职务分析人员把标准化问卷发给员工，员工通过填写问卷来描述其工作中所包括的任务、职责、环境特征等方面的信息。采用问卷调查法首先需要一份有效的调查问卷。分析人员要先考虑好需要调查哪些方面的内容，如何在一张标准化的问卷中引导员工把真实的情况描述出来。调查问卷一般有两种形式，一种是提出一些简单的开放性的问题让员工进行回答；另一种是在问卷中详尽地列出工作中可能出现的各种情况，然后让员工选择他们实际所从事的工作，再注明他们在每项工作上所花的时间及其重要程度。两种不同的问卷调查所获取的信息重点不尽相同，在实践中，有效的调查问卷都是由两种问题有机组合而成的。

（3）面谈法。面谈法在很大程度上依赖于现有员工向研究人员提供有关某一工作岗位的相关行为或个人特征的信息。面谈时对所有工作都提出相近的问题。通常面谈的组织者必须就同一工作岗位与多个员工面谈以提高面谈结果的普遍性和可信度。有时，一些工作岗位的员工要经历两次面谈以保证面谈的可靠性。

（4）关键事件法。关键事件法是由调查人员对某个职位上的员工或了解该职位的人员进行调查，要求他们描述该职务半年到一年内能观察到的，并能反映其绩效好坏的“关键事件”，即对该职务造成显著影响的事件。在大量收集这些关键事件后，可以进行分类，并总结出职务的关键特征和行为要求。关键事件法既能获得有关职务的静态信息，也可了解职务的动态特点。

(5) 工作日志法。为了了解员工实际工作的内容、责任、权利、人际关系及工作负荷，要求员工坚持记工作日志，然后经过归纳提炼，取得所需工作信息的一种职务信息获取方法即工作日志法。

(6) 计算机职务分析系统。利用职务分析系统软件，可以大大减少在与准备职务说明有关的各种工作上的时间和其他消费。在软件系统中，针对每一项工作，都有成组排列的工作职责说明和关于问卷调查范围的说明。职务调查问卷中的资料可以通过激光扫描方式输入计算机。然后，这些来自员工的资料，被用于自动生成以职务特征分类的职务说明。在这些职务说明中，各种工作任务、职责和责任被分门别类，并按相对重要性排序。

2. 岗位设计

岗位设计是指根据组织需要，并兼顾个人的需要，规定某个岗位的任务、责任、权利以及在组织中与其他岗位关系的过程。岗位设计与职务分析是不同的。职务分析是对现有职务的客观描述，而岗位设计是对现有职务说明的认定、修改或对新设计岗位的完整描述，它需要利用职务分析的信息。岗位设计的中心任务是要为企业人力资源管理提供依据，保证事(岗位)得其人、人尽其才、人事相宜。职务分析的结果——职务说明和职务要求细则要以良好的岗位设计为基础，才能发挥其应有的作用，实现上述目标。因此，从职务分析的全过程来看，在职位调查以后，如果发现岗位设计不合理，或存在严重缺陷时，应加以改进，使职务说明和职务要求细则等人事文件建立在科学的岗位设计的基础上。除了建立新组织时，需要进行岗位设计之外，由于组织变革等原因，原有设计不能符合组织的目标和任务的要求时，也需要改进原岗位设计。

岗位设计一般应遵循以下原则。

(1) 工作简化、专业化。当员工的素质和精力都难以适应复杂而综合的工作时，就应该通过提高专业化程度使工作简化，但要把握好专业化的程度。

(2) 工作扩大化。工作扩大化包括横向扩大工作和纵向扩大工作。工作扩大化使员工的工作范围、责任增加，有利于满足员工的身心需要，也有利于提高员工的工作效率。

(3) 工作丰富化。工作丰富化是通过增加工作责任、工作自主权以及自我控制，满足员工的心理需要，达到激励的目的。

(4) 岗位轮换化。它不要求改变岗位设计本身，而只是使员工定期从一个岗位转换到另一个岗位。这样，使员工有更强的适应力、更宽阔的视野，可以从全新的角度来看待问题，对组织的全局有更好的把握。

6.2 人力资源的规划、招聘与选拔

6.2.1 人力资源规划

1. 人力资源规划的内容

人力资源规划是指根据企业的战略规划，通过对企业未来的人力资源要求和供给状况的分析及预测，制订的企业人力资源发展计划。人力资源规划着眼于为未来的企业生产经营活动预先准备人力资源。人力资源规划的主要目的就是使企业在适当的时间、适当的岗位获得适当的人员，最终获得人力资源的有效配置。

人力资源规划的内容主要包括两个方面，即总体规划和各项业务计划。人力资源的总体规划是指在规划期内人力资源管理的总目标、总政策、实施步骤和总预算的安排。各项业务计划包括人员补充计划、晋升计划、培训开发计划、配备计划和职业计划等。

2. 人力资源规划的程序

一个企业或组织必须根据其整体发展战略目标和任务制订人力资源规划。一般来说，一个企业或组织的人力资源规划的编制要经过以下四个阶段。

(1) 收集、分析和预测信息，以便进行人力资源需求和供给的预测。

(2) 建立人力资源规划的目标及政策。

(3) 制订人力资源的规划方案。

(4) 对人力资源规划实施后的评价。

3. 人力资源的供求预测

人力资源预测的目的是估计未来某个时期企业对人力资源的供求情况。这种预测分为人力资源需求预测和人力资源供给预测。

1) 人力资源需求预测

人力资源需求预测的主要任务是分析企业需要什么样的人以及需要多少人。为此，分析人员首先要了解哪些因素可能影响企业的人力资源需求，这些因素主要包括企业技术、设备条件的变化、企业规模的变化、企业经营方向的调整、原有人员的流动，以及外部因素对企业的影响等。目前，国内外对人力资源需求进行预测的方法和技术，常用的有以下几种。

(1) 现状规划法。这是一种比较简单、易于操作的预测方法。它是假定一个企业组织目前的各种人员配备比例和数量将完全能适应预测规划期内的人力资源的需要。人力资源规划人员所要做的工作就是测算出在规划期内有哪些人员将得到晋升、降职、退休或调出本组织，准备调动人员去弥补。这种方法适用于短期人力资源规划预测。

(2) 经验预测法。经验预测法就是根据以往的经验对人力资源需求进行预测的方法。这种方法的结果受经验的影响较大。因此，保持企业历史的档案，并采用多人集合的经验，可以减少误差。这种方法适用于技术较稳定的企业中短期人力资源预测。

(3) 德尔菲法。德尔菲法是美国著名的兰德公司提出的用于听取专家们关于处理和预测某重大技术性问题的一种方法。它也常用于预测和规划因技术的变革带来的对各种人才的需求。运用这种方法的第一步是要取得专家和研究人员的合作，要把需要解决的关键问题及有关背景资料分别告诉有关的专家和研究人员，请各自单独提出自己的方法，并对新技术突破所需时间以及带来的对人员需求变化作出估计或预测。在此基础上，管理者收集并综合专家们的意见，把综合后的意见让专家们再次进行分析。在此过程中要把各种不同的意见交给专家们分析讨论，经过 3～5 次的反复讨论，最后专家们的意见基本趋于一致，这便成为可以接受的预测结果。这种方法适用于长期的人力资源规划预测。

（4）趋势分析法。这是一种定量分析的方法，其基本思路是：确定组织中哪一种因素与人力资源数量和结构的关系最大，然后找出这一因素随雇用人数的变化趋势，由此推出将来的趋势，从而得到将来的人力资源需求。在运用趋势分析法时，可以完全根据经验进行估计，也可以利用计算机软件来作出预测。

2）人力资源供给预测

人力资源供给预测主要包括两个方面：一是内部人员拥有量的预测，即根据现有人力资源及其未来变动情况，预测出计划期内各时间点上的人员拥有量；二是外部人力资源的供给量的预测，即确定在计划期内各时间点上可以从企业外部获得的各类人员的数量。一般情况下，内部人员拥有量是比较透明的，预测的准确度较高；而外部人力资源的供给则有较高的不确定性。因此，企业在进行人力资源供给预测时应把重点放在内部人员拥有量的预测上，外部人力资源的供给量的预测则应侧重于关键人员，如经理人员、高级技术人员等。

6.2.2　人员招聘

1. 招聘的目的

招聘就是企业吸引应聘者，并从中选拔、录用企业需要的人员的过程。招聘的直接目的就是获得企业需要的人员。除此之外，招聘还可以达到树立企业形象、降低受雇用者在短期内离开企业的可能性、履行企业的社会义务等目标。人力资源规划是企业招聘人员的基本前提，人力资源规划的结果决定了企业招聘人员的数量、结构和类型，决定了企业人员招聘的途径。

2. 招聘的原则

（1）因事择人。企业应依据人力资源规划进行招聘。无论是多招了人还是招错了人，都将会给企业带来很大的负面影响，除了人力成本、低效率、犯错误等看得见的损失外，由此导致的人浮于事还会在不知不觉中对企业文化造成不良影响，并降低企业的整体效率。

（2）双向选择。招聘者要在劳动力市场上搜寻令他们满意的劳动者，而求职者也想在劳动力市场上寻找心仪的用人单位，双方应处于平等的法律地位，应相互选择，而不是单方面选择。

（3）公开。招聘信息、招聘方法应公之于众，并且公开进行。这样既可将录用工作置于公开监督之下，以防止不正之风，又可以吸引大批的应聘者，从而有利于招到一流人才。

(4) 平等竞争。对所有应聘者应一视同仁，不得人为地制造各种不平等的限制。要通过考核、竞争公平地选拔企业所需的人才。

(5) 用人所长。在招聘中，必须考虑有关人选的专长，量才使用，做到“人尽其才”“事得其人”，这对应聘者个人以及企业都非常重要。

3. 招聘的途径

人员招聘的途径主要包括内部招聘和外部招聘，根据需要也可以采取内外部结合招聘。人员招聘最终要有助于提高企业的竞争能力和获利能力。

(1) 内部招聘。内部招聘主要是向企业现有职工招聘，其方法有公开招募、内部提拔、横向调动、岗位轮换、重新雇用或召回以前的雇员等。其中，公开招募是面向企业全体人员，内部提拔、横向调动和岗位轮换则是局限于部分人员，重新雇用或召回以前的雇员就是吸引那些因企业不景气等原因而被企业裁减的人或者在竞争中被暂时淘汰的人。

内部招聘具有应聘者了解企业情况，可以更快地适应工作；可以鼓舞士气，激励员工进取；由于对职工比较了解，招聘成功率较高等优点。但是，内部招聘也有其不足之处：应聘者局限于企业内部，难以保证需要；容易造成“近亲繁殖”；可能会因操作不公或员工心理原因造成内部矛盾等。

(2) 外部招聘。外部招聘包括到大学、人才交易会、专业协会或通过职业介绍所去选择对象，也可通过在报纸、专业杂志上刊登广告及广播电视等媒体公开招聘。要使外部招聘有效实施，对组织空缺职务的能力和资格要求必须描述清楚，否则将会增加许多不必要的工作量。此外，组织内部成员引荐也是一个有效的途径。

外部招聘的最大优点是人选来源广泛，有选择余地，甚至有可能找到一流的有潜质的人才。但它也有局限之处：一是费用高；二是由于缺乏对求职者的全面真实的了解，要确定某一职务的最佳人选相当不易。

6.2.3 人员选拔

招聘的最终目的是能够选择到合适的人员，以帮助实现企业目标。无论是内部招聘，还是外部招聘，都要经历选拔过程。人员选拔的程序，大体包括以下几个步骤。

(1) 审查简历材料，评价求职申请表。求职者通常需填写求职申请表，提交个人资料。求职申请表中应包括受教育程度、工作经历及有关具体任务的信息。人力资源管理部门可根据简历和求职申请表提供的资料，对求职者进行初选，筛选出较合适的人选，再进行笔试、面谈等甄选。

(2) 笔试。笔试是让求职者在试卷上笔答事先拟好的试题，然后由主考人员根据求职者解答的正确程度予以评定成绩的一种测试方法。通过笔试可以测验求职者的基本知识、专业知识、管理知识和相关知识的掌握情况，以及综合分析问题的能力、文字表达能力等。笔试作为一种简便易行的测试方法，至今仍不失为人才选拔的一种重要方法。但由于这种方法不能全面考查求职者的工作态度、品德修养及组织管理能力、口头表达能力和操作技能等。因此,还需要采用其他测试方法进行补充。

(3) 面试。面试是获取求职者有关个人资料最常见的方法之一,是一种面对面,通过口头交谈、亲身观察与亲身审核求职者的方法。一般来说,面谈不只是管理者获得资料的方法,也是求职者了解企业有关情况,或向求职者提供建议并吸引求职者的过程。因此,面试也可说是双向的沟通。

根据面试人员的数量,面试可分为单独面试、综合面试和合议制面试。单独面试是指只有一位面试人员的一对一面试。综合面试是指人力资源管理部门和用人部门同时参加的面试。合议制面试一般是将初试和复试统一在一次进行。根据面试提问内容,面试可分为结构化面试、非结构化面试和半结构化面试三类。结构化面试提问有固定的模式和提纲,面试问题大多属于封闭式问题,有标准的答案。结构化面试一般包括四类问题:情景问题、工作知识、工作样本模拟问题和工作要求问题。结构化面试适合专业技术性强的岗位。非结构化面试提问没有固定的模式和提纲,面试问题大多属于开放式问题,没有标准答案。非结构化面试主要考查应聘者的服务意识、人际交往能力、进取心等非智力素质。非结构化面试适合从事服务性或事务性工作岗位。半结构化面试综合了结构化面试和非结构化面试的特点。由于现代企业越来越重视员工的沟通能力,所以半结构化面试越来越普遍。

(4) 工作样本测试。工作样本测试即实地操作工作的某一部分或某一段落,以事实说明其工作的能力。如司机的执照考试、打字员的打字测验等。在技术性的职业领域内,采用这种测试的方法相当普遍。如果设计得当,并有合理的评估,则适合于专门领域的员工招聘。

(5) 核实材料。许多组织对求职者的履历和背景资料通常还有一个审查过程,其目的是更全面地了解求职者的情况。通过侧面核实有关求职者的信息,可确保求职者关于学历、工作经验及其他信息真实无误。通常从求职者的前雇主处了解其经验、表现和人际关系等内容较为有效。

(6) 心理测试。心理测试是指通过一系列的科学方法来测量被测试者的能力和个性等方面的差异的一种科学方法。心理测试在西方国家企业人员招聘录用中应用十分广泛,许多组织不但用心理测试来挑选员工,而且也用于确定哪些员工有比现任职位更高的能力。心理测试有许多类型,能力测试和人格测试是其两个主要组成部分。能力测试试图根据个人能做的事情对他们进行分类。而人格测试则是根据个人是什么类型来对他们进行归类。常见的能力测试包括一般能力测试、特殊能力测试、创造能力测试和一般职业适应性测试等。目前,常用的人格测试方法多达数百种,由于依据的人格理论不同,所以用的方法也不同,主要的方法有自陈量表法、投射法、情境法和评定量表法等。

(7) 体检。体检通常要委托医院进行。体检的目的是要判断求职者的身体状况是否能够适应工作的要求,特别是能否满足工作对求职者身体素质的特殊要求,所以,其结论并不是"健康"或"不健康"所能表达的。

6.3 培训与开发

员工培训是企业为了使员工获得或改进与工作有关的知识、技能、动机、态度和行为，以利于提高员工的绩效和对企业的贡献所进行的有计划、有组织、有系统的各种活动。员工的培训与开发是现代化大生产的客观要求，也是提高员工整体素质的重要途径。

6.3.1 培训的形式与内容

1. 培训的形式

（1）按培训与工作的关系，培训可分为职前培训和在职培训。职前培训是指对新进人员在任职之前进行的培训，或企业内员工轮换到新的工作岗位前进行的培训。这种培训的目的主要是让受训者通过培训掌握新工作岗位所必备的一些技能，知道如何有效地工作。对于新员工来说，还有助于了解企业的整体情况。在职培训是指对现职人员予以补充培训。在职培训又可分为脱产培训和在岗培训两类。脱产培训是指受训者脱离工作岗位去接受培训。在岗培训是指受训者不离开工作岗位，通过实际参与某项工作、操作某种设备，并接受相应的现场指导来学习有关技能。

（2）按培训目的，培训可分为过渡性教育培训、知识更新培训、提高业务能力培训和人员晋升培训。过渡性教育培训是指企业在录用大专院校应届毕业生后，帮助其完成由学习生活向职业生活过渡的教育培训。知识更新培训是指随着科学技术的快速发展，知识更新的周期越来越短，为了适应企业发展的需要，企业员工要及时开展知识更新培训。提高业务能力培训是指企业为了不断提高竞争能力和获利能力，对员工所进行的提高其业务能力和综合素质的培训。人员晋升培训是指企业在员工晋升之前，对其进行相关知识、技能、态度等方面的培训，以满足其即将就任的更高层职位的需要。

（3）按培训对象，培训可分为一般员工培训、专业技术人员培训和管理人员培训。一般员工培训主要是依据工作说明书和工作规范使其掌握必要的工作技能，让员工了解企业的文化理念、规则章程等，开发员工未来适应不同岗位的工作要求。员工培训一般又分为一般性教育培训和工作培训，工作培训又分为机器操作技能的开发、智力的开发、专业技术知识教育及态度的转变。所谓态度，就是知识、技能或意愿的实际表达，如员工的忠诚度、工作意愿等，都可以通过培训来加以改善。专业技术人员培训是指企业的会计师、工程师、设计师等各类专业技术人员的培训。培训的重点是专业知识的更新、及时了解本行业或本专业最新动态和最新知识，以及国家出台的新的政策等，跟上社会经济技术发展的步伐。同时，要培训专业技术人员的沟通协调能力和团结协作能力，更好地发挥团队的作用。管理人员培训与开发在企业中占有举足轻重的地位，这是由管理人员在企业中的地位和作用所决定的。管理者也是决策者，其观念、知识、素质、能力、经验等因素决定了其决策水平，也决定了企业的命运。只有不断地对管理者，特别是高级管理者进行培训，才可能从根本上提高企业的管理水平，企业才可能发展壮大。企业的管理人员一般分为高层、中层与基层管理人员三个层次。管理人员的培训与开发应根据各层次管理人员不同的岗位职责,积极学习借鉴国内外一些成功的做法和有益的经验,努力探索适合本企业需要的管理人员培训与开发的形式。

2. 培训的内容

(1) 知识培训。企业知识培训的主要目标是解决"知"的问题,通过培训使受训者具备完成本职工作所必需的基本知识。

(2) 技能培训。技能培训是对培训对象所应具有的能力加以培训和补充,主要是解决"会"的问题。

(3) 思维培训。思维培训是使受训者固有的、传统的、陈腐的思维方式得以改变,培养其从新角度看问题的能力,主要是解决"创"的问题。

(4) 观念培训。观念培训是为了改变员工某些固有的思想观念而开展的培训,使员工及时接受新知识、新思想、新观念,主要是解决"适"的问题。

(5) 心理培训。心理培训是对培训对象进行心理方面的训练,训练的主要任务在于开发受训者潜能,主要是解决"悟"的问题。

6.3.2 培训的技术与方法

1. 学徒培训

学徒培训是将课堂教学与在职培训结合起来的培训方法。在企业中,技术性或半技术性的工作多经由学徒方式进行培训。在德国,学徒制成功地保证了熟练技术工人的充足供给,通过培训技术工人与低层的工程师,使德国工业得到了快速发展。

2. 角色扮演

角色扮演是培训者给一组人或某一人提出一组情境,让参加者身处模拟的日常工作环境中,并按他在实际工作中应有的权责来担当与其实际工作类似的角色,模拟性地处理工作事务,从而提高处理各种问题的能力。这种方法的精髓在于"以动作和行为作为练习的内容来开发设想",也就是说,它不针对某问题的相互对话,而针对某问题的实际行动,以提高个人及其集体解决问题的能力。角色扮演常被用于管理人员的培训与开发。

3. 案例研究

案例研究是先由培训者按培训需要向受训者展示真实性背景,提供大量背景材料,并作出相关解释后,由培训对象依据背景材料来分析研究问题,提出解决问题的各种方案,找出最佳的方案,达到训练人员解决企业实际问题能力的目的。

4. 网上培训

网上培训是将现代网络技术应用于人力资源培训与开发领域而创造出来的一种培训方式,它以其无可比拟的优势受到越来越多公司和受训者的青睐。

5. 工作轮换

工作轮换是将员工由一个岗位调到另一个岗位以扩展其经验的培训方法。轮换培训可以扩展在职员工的知识和技能，增强工作的挑战性和乐趣，使其胜任多方面的工作和更高层次的工作。对新员工的工作轮换可以帮助他们了解工作单位的各种工作。

6. 美国企业的培训方法

在美国，企业或组织的培训方法着重在知识、工作能力和工作技巧三个方面，简称为KAS，培训方法有讲授法、讨论法、案例研究、角色扮演、职业游戏、视听教育、参观、职务轮换和进修等。美国对企业管理人员的培训方法灵活多样，而且针对性强。

6.3.3 培训与开发项目的考核

无论是哪一种培训，其目的都是根据工作需要促使员工增进知识，获得技术，改变态度，以有效实现该组织的目标。因此，为确保培训效果的达成，必须通过考核来鉴别受训人员的品德与能力、发掘受训人员的潜能。

为做好考核工作，一般来说，应掌握以下几个要点：①确定能够用培训克服的问题情况；②要从员工个人的工作和整个组织着眼；③不仅要顾及现在的需要，也应顾及未来的需要。

发达国家的企业常常就机构的整体人力发展着眼，对该机构的目标、工作、成员等做系统的调查分析，以发现整个机构的培训需要，也就是透过三个方面的分析决定培训的途径。

(1) 机构分析。分析整个公司的目标、计划、资源，以决定培训的重点。

(2) 工作分析。分析工作要求员工如何操作方能有效地完成，以决定培训的内容。

(3) 人员分析。就某一特定职务，分析其从业者现有的知识、技术与态度，以决定其应加强培训发展的方向。

6.4 绩效考评、晋升与报酬

6.4.1 绩效考评

1. 绩效考评的作用

绩效考评就是针对企业中的每个员工所承担的工作，应用各种科学的定性和定量的方法，对员工行为的实际效果及其对企业的贡献、价值进行考核和评价。绩效考评是企业人力资源管理的重要环节。绩效考评的内容主要包括德、能、勤、绩四个方面。德是指一个人的政治素质、思想品德、工作作风、职业道德等；能是指一个人完成各项工作的能力；勤是指一个人的勤奋精神和工作态度；绩是指一个人的工作成绩和效果。

绩效考评的作用主要有以下几点。

(1) 作为加薪、晋升、调职、开除的依据。

(2) 分析员工的优缺点，作为培训员工的依据。

(3) 让员工了解自己的不足，作为自我改善的指导。

(4) 作为一种重要的诱因，让员工感到他们的贡献与成果没有被忽视。

（5）为人力资源管理者评价管理成果、改进管理行为提供客观、有价值的信息。

2. 绩效考评的方法

（1）写书面评语。写书面评语是最简单和最常用的一种方法。评定人员根据被评定人在工作中的实际表现，以书面形式对其优缺点作出总体评价，并指出其发展潜力及需要改进的地方。这种方法简单、易操作，但评价质量受评定人的主观因素影响较大。

（2）图表尺度评价法。图表尺度评价法是最简单和运用最普遍的工作绩效评价方法之一。在运用这种方法时，首先针对每一位下属员工就各项评估要素进行打分，然后分别将每一位员工的所有分值进行加总，即得到其最终的工作绩效评价结果。为了揭示每个员工在全体员工中绩效的相对优劣，图表尺度评价法通常与排序法结合在一起使用。其方法是：首先，对员工按工作性质进行分类；其次，运用图表尺度评价法对每一类中的每位员工的工作绩效进行评价；最后，对这些评价结果进行简单排序，即得出每位员工在同事中的相对位置。

（3）排序法。排序法是把员工直接互相比较，通常以“总的绩效水平”为准，作出从最佳到最差的排序。排序又可分为成组排序、总体排序和两两比较三种。排序法尽管简单，对主管人员的评价技巧要求较少，但存在着局限：对人数众多的群体排序困难，排序法不能体现个体间绩效差异的程度，处于不同工作群体的人很难比较等。

（4）关键事件法。关键事件是指那些对组织目标产生重大积极或消极影响的行为。关键事件法是指管理者要把员工在考察期间内所有的关键事件都真实地记录下来，并把这些资料提供给评价者用于对员工业绩进行评价。关键事件法的优点在于其针对性很强，其结论不易受评价者主观因素左右。其缺点在于如果考察期较长，则管理人员的工作量较大。此外，由于每一关键事件可能都会对于绩效评价效果产生重大的影响，因而要求管理者在记录过程中不能带有主观意愿，必须始终如一地坚持客观、全面、精确的原则。

（5）目标管理法。目标管理法是当前比较流行的一种绩效评价方法。根据目标管理的办法，让员工根据组织目标来与上级管理者共同制定自己的绩效目标。一旦此目标为下属所接受，他就会努力实现那些虽有一定难度，但有可能实现的目标。这样，下级的绩效基本上是按他达到特定目标的水平来评价的。由于上下级共同确定目标，并努力实现目标，到计划期末时，上下级之间再评价目标的完成情况。因此，这种方法可以避免上级单方面建立评价基准的缺陷。

3. 反馈与面谈

考评制度的最后一个步骤是向下层反馈其绩效评价结果。这是由上下级之间做一次面谈，讨论过去的表现和今后的努力方向。在面谈之前，管理人员要认真做好准备，选择好面谈的方式和方法。在面谈过程中，要对过去的成绩和经验给予充分的肯定，要立足于未来的发展。有效的考评制度要求反馈过程是建设性的，尽量提供以后改进工作的指导，而不是对个人的批评。因此，对企业管理人员进行适当的培训将有助于他们提高面谈的效果。

6.4.2 晋升

1. 人事调整的内容

在一个组织中，常因工作需要产生新的职位，或因人事的变动而使一个职位出现空缺。这些职位的人员补充方法包括调职、晋升或降职等。所谓人事调整，就是将一个人由甲职位转移到乙职位。这种职位的转移有三种情况：第一种情况是甲职位与乙职位在工作上的职责轻重与难易完全相似，转移的结果不发生变化，也不影响工作者的报酬，这种情况就是调职。第二种情况是职位改变后，工作的职责加重，工作者的报酬也随之增加，这种情况就是晋升。第三种情况的结果与第二种情况相反，工作在组织中的层次和重要性下降，报酬也随之减少，这种情况就是降职。除此之外，还有一些特殊情况，譬如出现了临时性的岗位空缺，一时找不到工作人员，只有从其他职位上抽调，这一过程虽然改变了从业人员的工作权责，但在报酬方面并不发生改变，这就是临时调用。总之，调职、晋升或降职，以及临时调动等活动，都是期望企业内部人力资源的更佳运用与发展，以获得更好的组织效率与成果。同时，辞退、解雇也是企业人事调整的一种形式。

2. 职务升降的功能

（1）经常保持人事相宜。人事相宜是现代人事管理的基本法则。对人量才而用，德才高者承担较大的责任，德才低者承担较小的责任，于事于人皆有利，对当事人并无褒贬之分。但是，事与人都不是一成不变的，而总是处在不断的变化之中。因此，人事配合是动态的，人事相宜是相对的。

（2）激励人员进取。在干部制度中引入竞争机制，根据绩效进行升降，依靠素质竞争上任，彻底改变“铁交椅”，实行干部能上能下，不仅有利于各个职位的择优用人，而且有利于不断发现和提拔杰出的人才，鼓励人员进取，不断提高能力、完善素质、作出成绩。

（3）使干部队伍充满活力。一方面，使干部队伍的知识结构、能力结构进一步合理化，重点提拔一些具有较高知识水平和专业技能、管理能力的干部到重要的领导岗位，减少“外行领导内行”带来的弊病。另一方面，使干部队伍的年龄结构进一步年轻化。

（4）突破“关系网”的重要措施。突破“关系网”除了进行必要的思想教育之外，严格地执行人员晋升和降职制度，真正地使该上者上，该下者下，优上劣下，不徇私情，是一项最根本的措施。

3. 职务晋升的实施

发达国家的职务晋升制度与我国有所不同，他们主张用人与伦理脱离关系，更重视能力与绩效。

（1）美国的“功绩晋升制”。美国不以学历、资历作为晋升标准，而强调“能力主义”，判断能力高低靠的是绩效。同时，晋升时强调机会均等、竞争择优，若有突出功绩，提倡破格提拔。

（2）日本的“年功序列制”。日本企业晋升制度的特征是以“年功序列”为基础，实施职务的提升，即随着年龄和工龄的增加，逐渐提高其在企业中的职务。这里表面上只是看资历，实际上是资历与能力相结合，在获得可晋升的资历后，究竟能否晋升，完全依据对其工作的考核。为了使"年功序列制"与金字塔形的权力等级相适应，日本企业中普遍实行限期离职制度。不同层次的管理人员有不同的年龄限制，限期离职制体现了"无功便是过"，不断淘汰平庸者，也为年轻有为的人才不断提供晋升的机会。

(3) 我国企业在借鉴发达国家成功经验的同时，总结改革开放以来一些优秀企业的成功做法，在职务晋升方面，主要遵循德才兼备原则、机会均等原则、民主监督原则、"阶梯晋升"与"破格提拔"相结合的原则、有计划替补与晋升原则。

4. 我国人事任用方式

(1) 选任制。即用选举方式确定任用对象。

(2) 委任制。即由有任免权的机关按照干部管理权限直接指定下属干部的任用制度。

(3) 聘任制。即用人单位通过契约或合同形式聘任干部和工作人员的一种任用制度。

(4) 考任制。即通过公开考试、公平竞争、择优录用，广泛地选拔优秀人才的任用制度。

6.4.3 报酬

1. 报酬的含义和内容

报酬是一个广泛的概念，是指作为个人劳动的回报而得到的各种类型的酬劳。报酬分为内在报酬和外在报酬两大部分。

内在报酬是指工作者对由工作本身所获得的满足感而言的，包括参与决策、自由分配工作时间及方式、较多的职权、较有趣的工作、个人成长的机会、活动的多元化等。它们都是工作参与的结果，基于这方面的考虑，才会有工作丰富化、缩短工作日、弹性工作时间和工作轮换等做法的出现。

外在报酬是以物质形态存在的各种类型的报酬，包括直接薪酬、间接薪酬和非财务报酬三类。直接薪酬包括工资、奖金、津贴、利润分享和股票期权。间接薪酬即福利。非财务报酬包括偏爱的办公室装潢、宽裕的午餐时间、特定的停车位置、喜欢的工作、业务用名片、私人秘书和动听的头衔等。

本小节所说的薪酬是企业因使用员工的劳动而付给员工的钱或实物，主要包括直接薪酬和间接薪酬。

2. 薪酬的构成

(1) 工资。工资是根据劳动者所提供的劳动数量和质量，按照事先规定的标准付给劳动者的劳动报酬，即劳动的价格。工资是以货币形式支付给劳动者的劳动报酬。工资的形式主要有计时工资和计件工资两种。计时工资是指根据员工的劳动时间来计量工资的数额，主要有小时工资制、日工资制、周工资制和月工资制四种。计件工资是指预先规定好计件单价，根据员工生产的合格产品的数量或完成的工作量来计量工资的数额。

从工资的内容来看，我国目前的工资制度可以分为职务工资制、职能工资制和结构工资制三种。职务工资制是根据员工的职务等级来确定工资等级的一种工资制度。职能工资制是根据员工的技术知识、业务水平、体力、智力等自身条件来确定工资等级的一种工资制度。结构工资制是职务工资制和职能工资制的综合，同时从工作内容和工作能力两个方面对工资等级进行划分。结构工资主要由基础工资、工龄工资、技能工资和岗位工资四个部分组成。

（2）奖金。奖金是指企业为员工超额完成任务或取得优异工作成绩而支付的劳动报酬。企业中常见的有全勤奖金、生产奖金、安全奖金、创造发明奖金、贡献奖金、年终奖金和效益奖金等多种形式。

（3）津贴。津贴是对员工在特殊劳动条件、工作环境中的额外劳动消耗和额外的生活费用付出进行的补偿。津贴只将艰苦和特殊的环境作为衡量的唯一标准，而与员工的能力和业绩无关。根据津贴不同的实施目的，津贴可分为地域性津贴、生活性津贴和劳动性津贴三类。

（4）利润分享。利润分享是指员工工资与企业利润挂钩。即企业利润下降时，员工的工资也会随之下降；企业利润上升时，员工的工资也会随之上升。利润分享制度包括两种形式：一种是员工工资完全取决于企业业绩；另一种是员工有一部分保障的工资，其余部分工资与企业利润挂钩。

（5）股票期权。股票期权作为一种薪酬制度，不同于人们通常所说的作为金融衍生工具的股票期权。作为薪酬制度的股票期权是指企业给予员工的一种权利，即员工可以凭此权利在一定时间内以一个固定的价格购买该企业一定数量的股票。根据实施对象的不同，股票期权有两种形式：员工持股与经营者持股。员工持股在国外比较常见，不过其目的是弥合劳资矛盾；而经营者持股是人力资本的投入，给经营者期权是资本所有者给经营者努力的奖励。当企业对全体员工实行股票期权时，不仅企业会收到长期激励的巨大效果，员工个人也会从中得到好处。

（6）福利。福利是企业为了实现目的，在改善直接的劳动条件之外，从生活的诸多侧面，以确保和提高职工及其家属生活而开展的活动与措施的总称。根据我国劳动法的有关规定，员工福利可分为社会保险福利和用人单位集体福利两大类。社会保险福利是为了保障员工的合法权利而由政府统一管理的福利措施，主要包括社会养老保险、社会失业保险、社会医疗保险和工伤保险等。用人单位集体福利是指用人单位为了吸引人才或稳定员工而自行为员工采取的福利措施，如工作餐、工作服、健康体检、带薪休假、住房津贴、交通费和疗养等。

6.5 员工激励

6.5.1 激励过程

1. 激励的概念

激励是指激发人的动机，激励人充分发挥内在动力，朝着所期望的目标采取行动的过程。人的激励过程如图 6-1 所示，当人产生需要而未得到满足时，会产生一种紧张不安的心理状态，在遇到能够满足需要的目标时，这种紧张不安的心理就转化为动机，并在动机的推动下,向目标前进,目标达到后,需要得到满足,紧张不安的心理状态就会消除。随后,又会产生新的需要,引起新的动机和行为。行为的基本心理过程就是一个激励过程,通过有意识地设置需要,使被激励的人产生动机,进而引起行为,满足需要,实现目标。

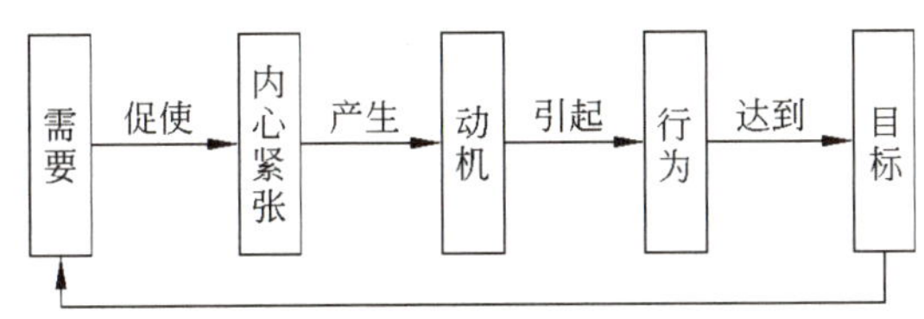

图6-1 激励过程示意图

2. 对人的认识

在企业中对人的不同认识将直接影响管理人员的管理行为。美国的管理心理学家和行为科学家谢恩归纳分类了人性的四种假设,即"经济人""社会人""自我实现人"和"复杂人"的假设。

(1)"经济人"的假设。"经济人"又称为"理性经济人",也称为"实利人"。这种假设起源于享乐主义,认为人的一切行为都是为了最大限度地满足自己的私利,工作动机是为了获取经济报酬。麦格雷戈提出的X理论就是对"经济人"假设的概括(见第1章的X理论、Y理论)。

基于X理论的观点,对"经济人"适宜的管理模式是:管理方式是组织以经济报酬来使人们服从和作出功效,并应以权力与控制体系来保护组织本身及引导职工;管理的重点在于提高效率,完成任务;管理特征是订立各种严格的工作规范,加强各种法规和管制。为了提高士气,则用金钱刺激,同时对消极怠工者严厉惩罚,即采用"胡萝卜加大棒"的政策。泰勒制就是"经济人"观点的典型代表。

(2)"社会人"的假设。"社会人"的假设源于霍桑试验。霍桑试验使人们注意到:社会性需求的满足往往比经济上的报酬更能激励人们。人们在长期的社会生活中发现,只有在群体利益得到保障时,个人利益才能得到保障。因此,"社会人"的假设是:从根本上说,人是由社会需求引起工作动机的,并且通过与同事的关系获得认同感;工业革命与工作合理化的结果使工作本身失去了意义,因此只能从工作中的社会关系去寻求意义;员工对同事们的社会影响力比管理者所给予的经济诱因及控制更为重视;员工的工作效率随着上司能满足他们社会需求的程度而改变。

这种假设下的管理模式应该是一种民主式的管理,不应该只注意指挥、监督等,而更应该注意职工之间的关系,注重集体的成就感和共同的价值观念,培养职工的归属感。日本的企业管理基本上属于这种模式。

(3)"自我实现人"的假设。"自我实现人"是马斯洛提出来的。所谓自我实现,是指人都需要发挥自己的潜力,表现自己的才能,只有人的潜力充分发挥出来,人的才能充分表现出来,人才会感到最大的满足。这就是说,人们除了上述社会需求之外,还有一种想充分运用自己的各种能力、发挥自己潜力的愿望。麦格雷戈总结并归纳了马斯洛与其他类似的观点，提出了Y理论（见第1章的X理论、Y理论）。

基于这种假设，管理人员的主要任务在于为如何发挥人的才智创造条件，尽力减少和消除员工在自我实现过程中所遇到的障碍。管理制度应保证员工能充分展示自己的才能，达到自己所希望的成就。

（4）“复杂人”的假设。“复杂人”的假设是20世纪60年代末至70年代初提出的假设。上述三种假设虽各有一定的合理性，但不能适用于一切人。因为人是复杂的，不仅因人而异，而且一个人在不同的年龄、地点、时期也会有不同的行为表现。人的需求随各种变化而改变，人与人之间的关系也会改变。为此管理学家提出了超Y理论，其主要观点是：人的需要是多种多样的，而且这些需要随着人的发展和生活条件的变化而发生改变，每个人的需要都各不相同，需要的层次也因人而异；人在同一时间内有各种需要和动机，它们会发生相互作用并结合成为统一体，形成错综复杂的动机模式；人在组织中的工作和生活条件是不断变化的，因而会产生新的需要和动机；一个人在不同单位或同一单位的不同部门工作，会产生不同的需要；由于人的需要不同、能力各异，对不同的管理方式会有不同的反应，因此没有适合于任何组织、任何时间、任何个人的统一的管理方式。

基于这种假设，要求管理人员根据具体的人的不同，灵活采用不同的管理措施，即因人因事而异，不能千篇一律。这就是管理学的权变理论。

6.5.2 激励理论

有关激励的理论很多，除第1章介绍过的需要层次理论、双因素理论外，这里主要介绍以下几种典型的激励理论。

1. 成就需要理论

成就需要理论是由美国心理学家麦克莱兰提出的激励需要理论。它认为人的基本需要有三种，即权力需要、社交需要和成就需要。

（1）权力需要。权力需要是指影响或控制他人且不受他人控制的欲望。具有较高权力欲的人，对向他人施加影响或控制表现出极大的关心，这样的人一般寻求领导者的地位。

（2）社交需要。社交需要是指希望和他人建立亲近和睦的关系的愿望。极需社交的人通常从友爱中得到快乐，并总是设法避免因被某个团体拒之门外带来的痛苦。

（3）成就需要。成就需要是指达到标准、争取成功的需要。极需成就的人对成功有一种强烈的需求，同样也担心失败，他们愿意接受挑战，一般喜欢表现自己。

麦克莱兰研究表明，对于企业的管理人员来说，成就需要比较强烈。因此，这一理论常常用于管理人员的激励。

2. 期望理论

期望理论是由美国心理学家弗鲁姆提出的。期望理论的基本观点是：人们预期其行动如果是有助于达到某个目标，在此情况下才会被激励起来去做某事，来达到此目标。

他认为，一个人从事某一行动的动力即激励力，取决于他的行动的全部结果的期望值和效价两个因素，用公式表示为

$$激励力=效价\times期望值$$

激励力是指激励水平的高低，它表明动机的强烈程度；效价是指一个人对某一目标(奖酬)的重视程度与评价高低，即主观认为奖酬价值大小；期望值是指一个人对自己的行为能否导致所想得到的工作绩效和目标的主观概率，即主观上估计达到目标的可能性。从公式可以看出，当一个人对达到某一目标漠不关心时，那效价是零。而当一个人宁可不要达到这一目标时，那效价就是负的，结果当然是毫无激励力。同样，期望值如果是零或很小时，一个人也就没有任何动力去达到某一目标。因此，为了激励员工，管理人员应当一方面提高员工对某一成果的偏好程度，提高效价；另一方面，帮助员工实现其期望值，提高实现的可能性，以便提高员工的激励力。

3. 强化理论

强化理论是由美国心理学家斯金纳提出的。强化理论认为，人们为了达到某种目的，都会采取一定的行为，这种行为将作用于环境。当行为的结果对他有利时，这种行为就会重复出现；当行为的结果对他不利时，这种行为就会减弱或消失。这就是环境对行为强化的结果。根据强化的性质和目的，可将强化分为正强化和负强化两种类型。

(1) 正强化。正强化就是奖励那些符合组织目标的行为，以便使这些行为得到进一步加强，从而有利于组织目标的实现。正强化的刺激物不仅包含奖金等物质奖励，还包含表扬、提升、改善工作关系等精神奖励。为了使强化能达到预期的效果，还必须注意实施不同的强化方式：可以采取连续、固定的强化，即对每一次符合组织目标的行为都给予强化，或每隔一段固定的时间都给予一定的强化；也可以采取间断、时间和数量都不固定的强化，即管理者根据组织的需要和个人行为在工作中的反映，不定期、不定量地实施强化，使每一次强化都能起到良好的效果。

(2) 负强化。负强化就是惩罚那些不符合组织目标的行为，以使这些行为削弱直至消失，从而保证组织目标的实现不受干扰。负强化的形式有批评、处分、降级、罚款等，甚至有时不给奖励或少给奖励也是一种负强化。实施负强化的方式与正强化有所不同，应以连续负强化为主，即对每一次不符合组织目标的行为都应及时予以负强化，消除侥幸心理，减少直至完全避免这种行为重复出现的可能性。

4. 公平理论

公平理论是由美国心理学家亚当斯提出的。公平理论主要研究报酬的公平性对员工工作积极性的影响，把员工对报酬是否满意看成一个社会比较过程。其主要观点是：人是社会人，一个人的工作动机不仅受其所得报酬绝对值的影响，而且受到相对报酬多少的影响。每个人都会把自己所得的报酬与付出的劳动之间的比率同其他人的比率进行社会比较，也会把自己现在的投入产出比率同过去的投入产出比率进行历史比较，并且将根据比较的结果决定今后的行为。人们将通过横向和纵向两个方面的比较来判断其所获得报酬的公平性。

公平理论的主要内容可用以下公式表示：

$$\frac{\text{自己所得}(A)}{\text{自己投入}(B)} \stackrel{?}{=} \frac{\text{他人所得}(C)}{\text{他人投入}(D)}$$

投入包括个人所受到的教育、能力、努力程度、时间等因素。所得包括薪酬、领导的赏识、晋升、人际关系的变化，以及内在心理上的所得等因素。上述公式中的比可能是非定量和主观的，公式两边的比率也是非精确的，但是个人的态度和行为却受其影响。在比较中有三种可能的情况。

(1) $A/B=C/D$，感到报酬公平。当个人感到报酬公平时，其心态就容易平衡。有时尽管他人的所得超过了自己的所得，但只要他人的投入相应也大，就不会有太大的不满。

(2) $A/B<C/D$，感到报酬不足，不公平。当个人感到报酬不足时，就会设法去消除不公，并有可能采取以下措施来求得平衡：要求加薪来增加自己所得；通过减少努力来降低投入；理性地曲解原先的比率；使他人改变产出的结果或投入；变换比较目标，另选参照对象比较；离开组织等。

(3) $A/B>C/D$，感到报酬多了，不公平。当个人感到报酬多了时，对多数人来说不会有什么大问题，但处于这种不公平的情况下，有些人也会努力减少这种不公。这主要包括：通过付出更多的努力来增加自己的投入，有意或无意地曲解原先的比率，设法使他人减少投入或增加产出等。

除了“自己”与“他人”的横向比较外，还存在着自己的目前与过去的比较，比较的结果也有三种。

(1) 自己目前的所得与投入之比与过去相等。认为基本公平，积极性和努力程度会保持不变。

(2) 自己目前的所得与投入之比大于过去。可能会认为自己的能力和经验有了进一步的提高，其工作积极因而不会提高多少。

(3) 自己目前的所得与投入之比小于过去。觉得很不公平，工作积极性会下降，要求管理者给他增加报酬。

公平理论对管理者而言是非常有益的。

(1) 管理者用报酬或奖励来激励员工时，一定要使员工感到公平合理。

(2) 作为管理者应注意横向比较。如果一个单位的报酬与其他同类单位相比差距过大，那么这个单位不仅留不住人，也很难招聘到合适的人。

(3) 公平理论表明公平与否源于个人的感觉。人们在心理上往往会低估他人的工作成绩，而高估他人的得益，由于感觉上的错误，就会产生心态不平衡。这种心态对组织和个人都很不利，所以管理人员应有敏锐的洞察力来体察员工的心情，如确有不公，则应尽快解决；如纯属个人主观上的认识偏差，也有必要进行说明解释，做好思想工作。

6.5.3 激励手段

1. 奖惩激励

有效的激励方案既能鼓励员工的积极行为，也可以惩罚有害的行为。因此，奖惩激励主要包括奖励和惩罚两种激励手段。

(1) 奖励及其技巧。通常，人们的行为是遵照奖励的取向而定的。对人们取得的工作成效给予奖励，会对人们的动机起到强化作用。奖励包括物质奖励和精神奖励，物质奖励如奖金、晋升工资、奖励实物、提供生活条件等，这些都属于人们的基本需求。精神奖励如对于成效的认可、记功命名、表彰、授予称号、提级升职等。奖励方式多种多样，可根据人们取得的成绩和他们对不同需要的追求程度而定。要把物质奖励和精神奖励结合起来，并与思想工作结合起来运用。任何一个成功的企业必然拥有一套严密的奖励制度，并且能够在实际的执行中遵循以下原则：奖励要有针对性和目的性，不是员工做的所有事情都需要奖励；奖励要扩大影响范围；要选择好奖励的时机；奖励要有层次性；奖励方式要不断地创新等。

(2) 惩罚及其技巧。惩罚通常被认为属于抑制性控制措施。管理者要认识到惩罚是一种教育手段，合理的惩罚教育才能取得较好的效果，同时，惩罚还必须坚持公平、适度的原则，面对因懒散、失职或渎职所造成的不良后果，控制反感和恼火的情绪，保持理智和冷静的态度，作出合情合理的判断和处罚。在实际中实施惩罚时，应注意以下原则：惩微原则，做到未雨绸缪；沟通原则，了解事实真相；及时原则，及时给予惩罚；反馈原则，指明错误行为；综合原则，要综合运用多种惩罚方式等。

奖罚是规范人们行为的有效杠杆，是激励员工的基本手段。因此，管理者在实施过程中，既要注意奖励和惩罚相结合，又要注意以奖为主，以罚为辅，同时要使奖励和惩罚适度。

2. 特殊激励

(1) 参与激励。通过参与可以把组织的目标变成每个成员自己的目标，把管理者的决策变成大家共同的决定，把命令转变成员工的自觉行为，而激励的目的也正在于此。因此，参与激励是一种很重要也很有效的激励方式。在实践中，管理者要充分调动全体员工的积极性和主动性，通过广泛征询意见、加强沟通联络、吸收员工参与管理等多种方式，使员工真正参与到企业的生产经营活动中。

(2) 晋升激励。职务晋升对员工是一种内在激励，使其产生较强的成就感、责任感和事业心。同时，通过晋升可提供包括工资和地位的上升、待遇的改善、名誉的提高以及进一步晋升或外部选择机会的增加等优惠。因此，在管理实践中，管理者要让员工看到晋升的希望，要营造良好的竞争环境，充分调动员工的积极性。只要自己的业绩突出，就会有一个良好的晋升机会。

(3) 目标激励。企业目标是企业凝聚力的核心，是一面号召和指引全体员工的旗帜。一个振奋人心、经过努力可以实现的奋斗目标，可以起到鼓舞和激励全体员工的作用。因此，为了使目标制定得更切合实际，能更好地起到激励作用，在实践中要做到：目标要明确具体，目标要难度适宜，目标要有灵活性，目标确立要有企业员工的参与。

(4) 授权激励。授权是上级委授给下属一定的权力，使下级在一定的监督之下，有相当的自主权、行动权。授权可以使员工放开手脚，释放出更大的工作热情，激励员工努力工作。但授权要遵循因事视能授权，明确授权内容，不可越级授权，授权要适度、要有控制等原则。

(5) 情感激励。情感激励就是管理者以真挚的情感，通过增强管理者与员工之间的情感联系和思想沟通，满足员工的心理需求，从而形成和谐融洽的工作氛围，激发员工的积极性、主动性和创造性。情感激励说到底是一种文化激励，是一项重要的亲和工程。它注重的是员工的内心世界，其核心是激发员工正确向上的情感，消除员工的消极情绪。

(6) 工作丰富化。工作丰富化是指试图把一种更高的挑战性和成就感体现在工作中。它不同于工作内容的扩大，可以通过赋予多样化的内容而使工作丰富起来，还可以利用给员工以更大的自由、加强相互交往、让员工参与管理、让员工有责任感和成就感等使工作内容丰富起来。丰富工作内容能改善员工对工作的态度，提高满意度，从而进一步激发员工的积极性、主动性和创造性，为企业的发展作出更大的贡献。

案例分析

案例 6.1　中国宝洁的人力资源管理

始创于 1837 年的宝洁公司(Procter&Gamble，P&G)是世界最大的日用消费品公司之一。1988 年，宝洁公司在广州成立广州宝洁有限公司，到目前在内地已设有十几家合资、独资企业。宝洁的飘柔、海飞丝、潘婷、舒肤佳、玉兰油、护舒宝、碧浪、汰渍和佳洁士等产品深受消费者的喜爱，已成为家喻户晓的品牌。人们只看到了宝洁的产品开发、推销和广告，事实上，背后支撑宝洁产品掌握较高市场占有率的是宝洁一整套的人才管理系统。

1. 宝洁对应届大学毕业生情有独钟

中国宝洁在用人方面，是外企中最为独特的。与其他外企强调有工作经验不同，宝洁的最爱是应届大学毕业生。

(1) 宝洁看中的是应届大学毕业生的可塑性。应届大学毕业生刚出校门，思维没有条条框框，容易接受宝洁的管理模式。宝洁公司不惜每年花费 2 000 万～4 000 万美元从美国本土派遣 100 多名美国人进驻中国，带着美国宝洁的商业观念，用优厚的薪金在中国最优秀的大学招聘优秀的大学生，这些大学生进入宝洁后便要“洗脑”，接受美国的企业管理思维方式。现在，经美国宝洁训练出的中国员工已为宝洁公司在中国攻占市场立下了汗马功劳。

(2) 宝洁喜欢招收应届大学毕业生与其内部提升机制密切相关。内部提升机制是宝洁文化中重要的一部分，所有高级经理都是从加入公司的新人做起，一步一步成长起来的。据中国宝洁北京地区人力资源部经理傅旭明介绍，由于宝洁实行从内部提升的制度，所有的人都是从大学中刚出来的，处在同一个起跑线，竞争与升迁的条件是均等的。如果突然给某人从外面聘来一个有着多年工作经验的上司，实际上等于剥夺了他的晋升机会，他自然不会心情愉快。那些有工作经验的人如果被招聘进来，还是和应届大学毕业生享受同样的待遇，同样也不会高兴。因此，宝洁尽量不要有多年工作经验的人。万不得已如果招来了非应届大学毕业生，基本上也会和应届大学毕业生一样看待，得从起点职务干起。在宝洁，毕业生只要有能力、肯努力，便会很快得到升迁。

2. 宝洁讲究团队合作和个人能力

宝洁在人才招聘过程中，录用标准也很有见地。它不看专业，不看学校的牌子，也不唯学历是高，而是注重毕业生是否有进取心和合作精神，在领导能力、沟通能力、分析能力等方面表现如何，人品是否正直。正是这些基本品格、素质和能力，确保了该毕业生进公司后具有发展潜力和培养前景。

每年11月至次年1月底，宝洁公司在全国各地大学招聘新人。宝洁一般根据往年招聘的毕业生的情况，有针对性地选择部分大学，并以大学为单位，成立专门的招聘小组。招聘小组成立后，第一项工作就是在各学校召开介绍会，由公司高级经理现场介绍宝洁公司及其招聘相关事宜，包括职业发展机会、工资福利、部门职能、求职者所需的技能素质等，并当场回答有关疑问。招聘申请表在介绍会上派发，要求在一定时间内寄回。公司相关人员阅读应聘者申请表后，对报名的毕业生进行第一轮筛选，通过者还要经历以下三个招聘步骤。

(1) 初试。初试需要30～45分钟，面试官是公司部门的高级经理。

(2) 笔试。笔试包括解难能力测试和TOEIC，前者主要是考核求职者解决疑难问题的能力，使用宝洁全球通用试题，试题为中文版本，题型为选择题，考试时间为65分钟。后者全称是Test of English for International Communication，用于测试母语不是英语的求职者的英文能力，考试时间为2个小时。

(3) 复试。复试大约需要60分钟，面试官至少有3位，都是公司各部门的高级经理。如果面试官是外方经理，宝洁会提供翻译。这次面试结束，基本上就可以确定是否会被录用。如需要，一些部门还将请同学到广州总部去考察，以确认自己的选择。宝洁的招聘，特别看重应聘者的以下素质：优秀的合作精神、良好的表达交流能力、出色的分析能力、创造性和领导才能。在宝洁的整个考查过程中，没有一道题是考死记硬背的知识的。

一般的招聘过程到复试结束后就完成了，但宝洁公司又推出了与众不同的“后招聘阶段”。当你被录用后，宝洁公司会主动与你联系，新年的时候，宝洁会给你寄去一张贺卡和一系列的宝洁产品。这些礼物论价值可能不大，但对录用者会产生很大的触动，会使你下决心去宝洁，为宝洁努力地工作。

3. 企业教练，学无止境

内部提升制的确立，使宝洁公司十分注重员工的培训工作。宝洁是一家学无止境的公司，对于员工而言，公司是最好的教练。宝洁为员工源源不断地提供各种完善的培训，并建立了专司培训的“P&G学院”。宝洁公司人力资源部最重要的工作就是员工培训的安排，其独具特色的培训贯穿在整个员工的职业生涯中，主要包括以下几个部分。

（1）入职培训。大学生进入宝洁后，首先要接受短期的入职培训，其目的是让新员工了解公司的宗旨、企业文化、政策及公司各部门的职能和运作方式。

（2）管理技能和商业知识培训。公司内部有许多关于管理技能和商业知识的培训课程，如提高管理水平和沟通技巧、领导技能培训等，它们结合员工个人发展的需要，帮助新员工在短期内成为称职的职员。同时，公司还经常邀请P&G其他分部的高级经理和外国机构的专家来华讲学，以便公司员工能够及时了解国际先进的管理技术和信息。通过公司高层经理讲授课程，确保公司管理人员参加学习并了解他们所需要的管理策略和技术。

（3）海外培训及委任。公司根据工作需要，选派各部门工作表现优秀的年轻管理人员到美国、英国、日本、新加坡等地的P&G分支机构进行培训和工作，使他们具有在不同国家和工作环境下工作的经验，有更全面的发展。

（4）语言培训。英语是宝洁的工作语言。公司在员工的不同发展阶段，根据员工的实际情况及工作的要求，聘请国际知名的英语培训机构设计并教授英语课程。新员工还需参加集中的短期英语岗前培训。

（5）专业技术的在职培训。从新员工加入公司开始，宝洁便派经验丰富的经理悉心对其日常工作加以指导和培训。公司为每一位新员工都制订了个人培训和工作发展计划，由其上级经理定期与员工回顾，这一做法将在职培训与日常工作实践结合在一起，最终使他们成为本部门和本领域的专家能手。在宝洁公司的培训制度中，备忘录这项做法是出了名的。公司要求员工必须养成一种习惯，清楚、简单地将信息呈给上司。备忘录主要分成两种：信息备忘录和建议备忘录。信息备忘录包括研究分析、现状报告、业务和市场占有率摘要、竞争分析；建议备忘录则是一种说服性的文件，是宝洁内部沟通的重要形式，其内容主要包括目的、背景材料、建议方案，以及背后的逻辑、讨论，下一步该怎么做，大多不超过四页。在宝洁，如果员工知道怎么写备忘录，大概也就知道怎么思考。因此，备忘录甚至被当作一种训练的工具。

在录用大学生后，宝洁不会要求他们签订一个"必须为宝洁服务几年"的保证书。宝洁人力资源部道出了他们的心声："如果他要走，就不会给你好好地干，我们要通过自身的魅力吸引每一位人才——给你合适的待遇，并帮助你达到你能力的极限。"

问题：

（1）宝洁公司的人力资源管理对你有何启示？

（2）宝洁公司的人才录用标准有何独特之处？

（3）宝洁公司的招聘过程有何借鉴之处？

（4）你对宝洁公司的员工培训体系如何评价？

案例6.2　红桃K给员工"补血"

红桃K集团有一个"猎头班子"，常年四处搜索人才，形成红桃K的"人才银行"。公司拿出一笔"人才风险基金"，在大范围内搜索与企业现有骨干岗位上的业务主管能力相当甚至更高一筹的各类人才。红桃K集团对企业内部人力资源管理的主要做法如下。

(1) 签订留住人才责任状。红桃 K 的每个部门负责人都必须与人力资源委员会和奖惩部门签订一份“留住人才责任状”后方可上岗行使职权。若因本部门负责人的原因导致人才流失，人力资源委员会和奖惩部门将严加追究部门负责人的责任，给予较重的经济处罚。

(2) 两不准、五要靠。不准武大郎开店，怕用能力超过自己的人才；不准把钱分给别人。靠企业目标和理想留住人，靠各部门领导做人做事的能力留住人，靠现代企业的科学制度和管理留住人，靠各部门领导做人做事的能力留住人，靠优厚的待遇留住人。

(3) 内部跳槽制度。红桃 K 每月都有企业内部人才招聘活动，招聘广告就张贴在公司总部。员工们可以自由地前去应聘。内部招聘由总裁直接领导下的人力资源委员会进行，对所有应聘者保密。员工只需私下填好招聘登记表，用信封密封起来亲自(或委托专门的督办人员)送交招聘小组，即可进入初试和复试。复试时，员工可以放心大胆地畅谈“跳槽”的理由。一旦被聘上，即可跳到新的部门或新的岗位；即使未被聘上，也无关紧要。

(4) 毛遂自荐。红桃 K 每周都要搞一个叫“毛遂自荐”的活动。员工可以上台演说，大胆陈述自己的才干和对某某岗位的追求，甚至直陈任何部门、任何工作存在的弊端，阐述自己的改进方案。如果他说得有理，人力资源委员会将对自荐者进行追踪考核，只要认定他解决问题很出色，就让他取代那个有问题部门的负责人。

(5) 重视员工自我评价。红桃 K 实行员工业绩的“跨级考核”和年终“总裁面谈制”。在红桃 K，员工干得如何，奖金如何分配，部门负责人一个人说了不算数。尽管部门负责人也要参与员工考核，但他对下属的考核评分只是作为人力资源委员会和奖惩部门的一个重要参考项目。红桃 K 同时也重视员工对自己业绩的评价。如果部门负责人对员工的评价与员工的自我评价反差较大，人力资源委员会和奖惩部门将进行调查。年终，由于奖金数额较大，红桃 K 的总裁、副总裁都要抽出大量时间单独与员工一一面谈，询问分配是否公平。

问题：

(1) 你对红桃 K 的人力资源管理如何评价？

(2) 结合案例谈谈怎样使人员的稳定与流动合理地组合。

案例 6.3　松下选才七招

1. 不要去“捡”人才

优秀的人才很难“捡到”，也很难“控制”，最好自己用心去培养。每个人都要经过训练，才能成为优秀的人才。在运动场上驰骋的健将们一个个大显身手，但他们之所以有惊人的体能和技术，并不是凭空得来的，而是严格训练的成果。不只是生理上，甚至在精神方面也要接受严格的训练。又如，禅宗的戒律非常严格，一般人都吃不消。可是修行很好的和尚，却一点儿也不以为苦，仍然能够泰然处之。所以，只有心甘情愿地接受严格训练，才能达到理想的目标。相反，若一个人有再好的天赋资质，但不肯接受训练，那么他的素质也将无从发挥。

所以，一个领导者要想使自己的部下发挥良好的素质，就必须实施严格的训练，但还要留意训练的方法，如果把古时候的训练方法运用到现在，恐怕就会收到反效果。因此，考虑到方法的适用也是领导者的重大责任。

2. 不景气正是育人的好时机

松下幸之助认为，不景气正是育人的好时机。当然，不景气是不受欢迎的。但若能放开眼来看，可以用人为的力量使景气恢复。但好景背后带来的不景气，东西不好卖，货款难收，公司的经营也陷入困境。但在这种情况下，不能只是干着急，应以积极的态度去处理，最起码这是一个教育员工和强化体制的大好机会。

3. 寻求 70 分的人才

依松下幸之助的经验，人才的雇用以适用公司的程度为好。程度过高，不见得一定有用。当然水准较高的人会认真工作的也不少，可是很多人却会说："在这种烂公司工作，真倒霉。"如果换成一个普通程度的人，他却会很感激地说："这个公司蛮不错的"，从而尽心竭力地为公司工作。如此，不是很好吗？所以招募过高水准的人是不适宜的。"适当"这两个字很要紧，适当的公司，适当的商店，招募适当的人才；如果认真求才，应该是没有问题的，虽说不能达到 100 分，但达到 70 分是不成问题的，达到 70 分，有时候反而会更好。

4. 不可雇用朋友

想要你的朋友来公司，或者你的朋友要来公司帮忙，最好问问他："你到我公司来，是否有员工意识？如果有，欢迎你；否则，你最好不要进公司来，在外边帮忙就好。"

如果不是事先有，他就会成为公司内部的"朋友"，而不是你的员工。一旦出现这种情况，当彼此的意见对立时，因为你要顾虑到朋友之道，所以本该严肃处理的事情也无法严肃处理了；甚至于你要下决断的时候，他不同意，进而产生对立。这样的对立比一般同事的对立更容易涣散人心，影响士气。由于松下幸之助深深感到这种弊害，所以提出了如此忠告。

5. 如何培养人才

经营者如何才能培养人才呢？当然有种种具体的方法，但最重要的是确立"企业的目标和经营方针"这样一些基本的原则，也就是必须有正确的经营理念和使命感。公司的经营理念和方针如果明确，经营者和管理者就能基于这种理念和方针达成有效率的领导；员工也会遵照这种理念和方针判断是非，人才自然容易培养。如果没有经营理念和方针，领导者的政策缺乏一贯性，易于被热情和感情左右，当然不容易培养出真正的人才。

经营者还应该经常向员工解释公司的经营理念，只有纸上文章，那是毫无价值的；必须使它存在于每一位员工心中，融为一体，才会产生效果。因此，利用各种机会向他们反复说明，是十分必要的。同时，还要让员工有实际了解经营的机会。也就是说，经营者必须以身作则，借日常作业逐渐启发员工对经营理念的认识。

另外一件更为重要的事情是，经营者应该充分授权给员工，使其能够在自己的责任和权限内主动进取、勇于负责。培养人才的目的不外乎造就经营管理人才，所以，不要只是发号施令，这样只能培养一些只会听从吩咐而工作的庸才，无法激发员工和部属的管理能力。

6. 最好不要挖墙脚

依松下幸之助的经验，他是从来也不用猎头公司挖墙脚的。挖墙脚可以挖到人才，可是反过来细想，如果你也被挖了墙脚，该做何感想？因此松下幸之助始终反对这种做法。在松下公司的几万人中，当然有辞去另家公司工作自愿来松下公司的，可是公司一向都不去主动挖墙脚。

7. 训练人才重在启发独立

事情交给部属，难免会因考虑不周或技巧不够而造成一些缺憾。在这种情况下，上司总会习惯地指示部属应该如何去做。在遇到一些重大问题的处理上，是绝对有必要给予具体的指示方向或依循的原则。但问题是，如果指示太过详尽，可能使部属养成依赖的心理，唯命是从，不肯再动脑筋。一个命令一个动作，这样只是机械地工作着，不但谈不上做事的方法，又怎能培养人才呢？训练人才，最重要的是让他们多动脑筋，多思考，然后自己计划策略，付诸实行。能独立自主，才能独当一面。一位领导者最重要的工作就是要启发部属自主的能力，使每个人都能独立作业，而不是变成唯命是从的傀儡。

问题：

(1) 松下公司是如何选拔人才的？

(2) 培训人才的方法有哪些？

(3) 如果你是管理者，在选拔、培训人才时应注意哪些问题？

案例 6.4　电气公司员工的绩效评价

东海电气公司规模较大，效益也不错。公司的人事政策包括一年一度的员工多绩效评定，评定的方法是：公司将评定的表格下发给各部门经理，由各部门经理对下属的每一个员工进行评估，公司不限定评估方式，由各部门经理决定。辛迪是该公司销售部经理。在绩效评定期间，她总是与下属每一个员工单独见面，讨论每个人的工作绩效情况及她所作出的评估，这样员工就能清楚地了解经理对自己是如何评价的。她评估的方式非常有效，总能为员工找到需要改进的地方，并帮助他们改进工作。但是，从去年开始，她的评估方式开始出现了问题：在她第一次与配件分部的主管王力进行评估会面时，她发现他抵触心理很强，不接受任何批评。

王力是一个能力很强的管理人员，辛迪不想失掉他。但辛迪对他进行评估并指出他工作上的不足后，他在这些方面没有任何的改进。因此，今年辛迪想换一种评估方式：自我评估。其方法是员工对自己的评估与班组长的定期评估相结合。在安排好评估会面前一周，她发给王力一份评估表格，让他自己填好并在会面时带上。在会面的那天，王力来得很准时，辛迪看了看他对自己的评估情况，发现他在表中的每一项目上都为自己评了最高分，并在表格的最后注明：他已做好准备被提升到更有挑战性的职位上工作。

问题：

（1）你认为自我评估效果如何？应如何发挥自我评估的作用？

（2）如果你是辛迪，你将如何把握与王力的会面？

（3）辛迪为某一特定员工而改变她的评估方法，你认为如何？

案例 6.5 明春计算机公司的激励制度

明春计算机公司是一家中外合资公司，地处南方的一个开放城市。该公司成立于 1988 年。董事长由中方的方丽小姐担任，她曾在德国学习计算机多年，并获得博士学位。1985 年回国后，曾任光明计算机厂总工程师，1988 年该厂与外方合作时调任明春计算机公司董事长。该公司的总经理由大卫·陈担任，他原是美国斯坦福大学的博士生，曾在美国“硅谷”的坦丁姆计算机公司担任过生产部经理。

由于明春公司激烈的竞争环境，以及方丽和大卫·陈这两位中国长大的洋博士的管理天才，他们两人紧密合作，创造了一套有效而独特的管理自己职工的方法。

复习思考题

1. 什么是人力资源管理？它有何特点？
2. 如何理解人力资源管理的基本原理？并举例说明如何应用。
3. 什么是职务分析？职务分析的方法有哪些？
4. 岗位设计应遵循哪些原则？
5. 人员招聘应遵循哪些原则？
6. 人员选拔的一般程序是什么？
7. 举例说明人员培训方法的应用。
8. 什么是绩效考评？绩效考评的方法有哪些？
9. 美国和日本的晋升制度有何值得借鉴之处？
10. 薪酬是由哪些部分构成的？
11. 什么是激励？举例说明激励过程。
12. 激励理论有哪些？在实践中，如何正确理解和运用？

第7章

新世纪的管理

知识经济呼唤新的管理方式

当今世界科学技术突飞猛进，知识经济已见端倪。对于知识经济的特征，美国经济和知识管理专家达尔·尼夫认为："一个显著变化是以物品为基础的生产明显地转向高技能、高技术和以服务为基础的增长。在整个世界范围内，随着以劳动为基础的生产向低成本地区转移，经济发达国家中的低技能、蓝领职位以惊人的速度消失。"据推断，美国所有工作中，80%以上的工作在实质上属于"脑力"工作。知识经济时代的现代生产企业由知识劳动统治着，甚至在装配线上的工作也需要较高技能的工人来完成。目前，15%以上的工人受过大学教育；30%左右从事精密生产的工人是大学毕业生。大公司中，诸如顾客服务、战略计划、市场营销、研究与发展等工作大部分由大学生承担，他们大多具有较高的学识和素质。总之，企业的发展在知识经济时代依靠创新，创新又依靠知识。

达尔·尼夫指出，以知识为基础的一个重要标志是公司发展的日益全球性。例如，在美国，一百多家公司把它们的软件"代码切片"送到印度，由熟练的项目员工完成工作，并在一夜之间用电子手段送回美国。而这些印度项目员工的劳动成本只相当于美国本土员工的劳动成本的一小部分。这些新技术与日益饱和的国内市场结合，进行全球扩张，必然把企业发展推向超越多国主义界限的"无国界"组织。跨越边界的运作逐渐伸展到买主、资源外输代理人和全球分发渠道构成的复杂、松散的同盟网络中。

随着以知识为基础的服务业对现代经济贡献的不断增长，新的经济学、管理学理论开始出现。在工业经济时代，管理的重点是生产，是增加产量。所以生产环节成为管理的中心，其核心是提高劳动生产率。知识经济时代管理的重点是研发、销售以及员工培训。产品量的增加已变得非常容易，像"自我复制"一样。这些理论提出，开发市场与创新的能力取代了生产的效率和降低成本的概念，成为国际经济中增长的主要驱动器。有迹象表明，“国内的经济增长不是由于市场份额的扩大和加强而引起的，而是通过引入创造新市场的全新技术或提供解决问题的服务而实现的”。一些发达国家的企业已出现了以“知识流”作为生产组织的主要调控因素，一切围绕着对“知识”的生产、传播和应用来安排生产经营活动。一些企业将以前的物流管理变为对“知识流”的组织和应用，而制造技术的进步对制造能力和生产提高所产生的作用使现代知识手段能够为产品与工艺的开发制造提供一种虚拟环境。这就极大缩小了制造成本、经营风险，缩短了上市时间。创造这些技术和服务所需要的知识技能，不论是在个人、组织还是国家水平上，日益成为经济增长和繁荣的关键。

步入21世纪，我国已加入世界贸易组织，正在融入全球经济大潮中。在以人为本的知识经济社会，我们面临着不可多得的机遇和更为严峻的挑战，如何与国际经济接轨，如何真正建立好现代企业制度，能否在新的、蓬勃发展的全球经济中赢得胜利，这是值得每个管理者研究和探索的问题。我们只有尽快地深入了解和掌握新时期企业管理的新趋势、新特点、新观念和新方法，才能使企业在复杂多变的经营管理环境中更好地生存和发展。本章着重介绍学习型组织、知识管理、时间管理、虚拟管理和管理创新等内容，通过本章的学习，我们可以对新世纪的管理有初步的了解和认识。

7.1 学习型组织

7.1.1 学习型组织的概念、真谛及特征

1. 学习型组织的概念

从20世纪80年代开始，在企业界和管理思想界，出现了研究和推广学习型组织的热潮，并逐渐风靡全球。学习型组织最初的构想源自佛睿斯特在1965年写的一篇文章——《一种新型的公司设计》。美国麻省理工学院斯隆管理学院的著名教授彼得·圣吉作为佛睿斯特的学生，就如何建立一种更理想的组织继续进行了研究，并于1990年发表了其享誉世界的著作——《第五项修炼——学习型组织的艺术与实务》，引起了世界管理理论界的关注与轰动。他提出了学习型组织所需的五项修炼技能。

1997年7月，在上海举行的管理大会上，与会学者一致认为，面向未来的世界管理有十大趋势，学习型组织被称为是趋势之一，即“未来成功企业的模式”。美国《财富》杂志指出：“未来最成功的公司，将是那些基于学习型组织的公司。”学习型组织是企业未来发展的趋势。一个企业只有当它是学习型组织的时候，才能保证有源源不断的创新出现，才能具备快速的市场应变能力，才能充分发挥人力资本和知识资本的作用。未来成功的企业必然是学习型的企业。学习型组织作为当今世界最前沿的管理理论，是一个宏观的管理理论。学习型组织管理理论适用的范围大到一个国家，小到一个家庭。

所谓学习型组织，就是充分发挥每个员工创造性的能力，努力形成一种弥漫于群体与组织的学习气氛，凭借着有效的持续学习，使个体价值得到体现，组织绩效得以大幅度提高。持续的学习能力是学习型组织的基础，学习不仅导致知识、信念、行动的变化，还增强了组织的创新能力和成长能力。

2. 学习型组织的真谛

（1）学习力。学习型组织是一个能使组织内的全体成员全身心投入并有持续增长的学习力的组织。学习力贯穿于企业管理的始终，是企业获得生存与发展的基本条件。学习力由三个要素组成，即学习的动力、学习的毅力和学习的能力。学习的动力来源于学习的目标；学习的毅力反映了学习者的意志；学习的能力则来源于学习者掌握的知识及其在实践中的应用。一个人或组织是否具有很强的学习力，完全取决于这个人或组织是否有明确的奋斗目标、坚强的意志和丰富的理论知识以及大量的实践经验。学习力模型如图 7-1 所示。

它揭示了学习力与其三要素的内在联系。这个模型告诉我们，学习力是其三要素的交集，只有同时具备了三要素，才能成为真正的学习力，才能持续地学习。当你有了学习目标和意志，但缺少学习能力时，仅能知道“应学”；当你有了学习目标和学习能力，却缺乏意志时，只说明你“能学”；而当你既有学习能力，又有学习的意志，但是还没有找到学习目标时，你只是处于“也许能学”的状态。只有将三者集于一身，你才能真正地拥有学习力。

学习力不仅是企业竞争的最终决定力，也是企业的生命之根。企业竞争发展的深层原因来源于学习力的提高，提高学习力是企业参与现代市场竞争的首要条件。一直以来，我们都认为企业的市场竞争实质上是产品的竞争，产品的竞争其实就是技术的竞争，而技术的竞争一定要归结到人才的竞争上。所以总是将企业的竞争最终归结到人才的竞争上。但是，学习型组织理论告诉我们，企业的竞争最终一定是学习力的竞争，如图 7-2 所示。人才其实是一个动态的概念，它不是一成不变的。随着科学技术的快速发展，知识更新越来越快，知识总量的翻番周期越来越短，昨天的“人才”由于学习力下降很可能成为今天的“包袱”；今天的“人才”如果不增强学习力，明天就不一定还是人才。因此，人才竞争的背后隐藏着学习力的竞争。

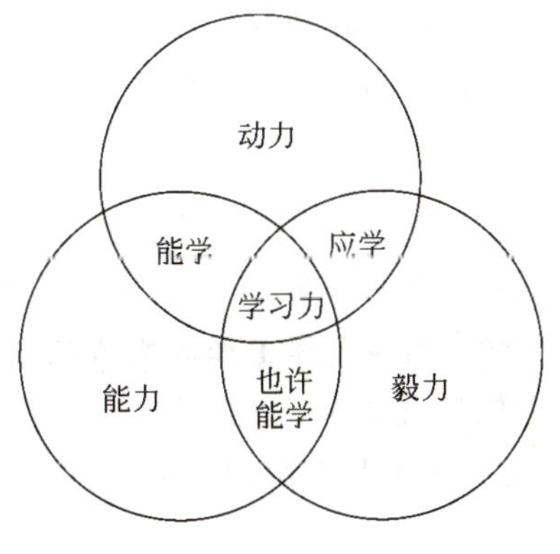

图 7-1　学习力模型

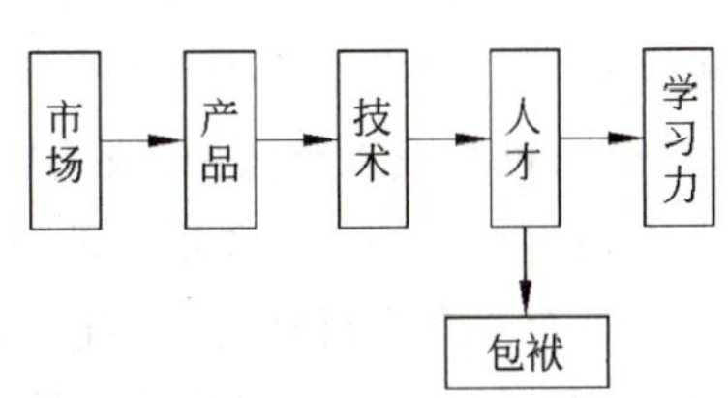

图 7-2　学习力——企业竞争最终的决定力

学习力是企业的生命之根，是依据树根理论提出的。树根理论是在1999年世界管理大会上提出的，其含义是：如果将一个企业比作一棵大树，学习力就是大树的根，也就是企业的生命之根。一棵大树看上去枝繁叶茂，果实累累，但如果不重视树根，可能过一段时间大树就会枯萎，因为树根烂了，再想挽救为时已晚。因此，评价一个企业在本质上是否有竞争力，不是看这个企业取得了多少成果，而是要看这个企业具有多强的学习力，只有学习力才是企业的生命之根。

(2) 活出生命的意义。一个企业只有当全体员工能通过工作体验到自己的生命意义时，他们才愿意、才能够把自己所有的潜能都发挥出来。而一个企业只有在充分获得了自己员工潜能时，才能具有更强的竞争力，才能真正地取得成功。因此，只有在学习型组织中，员工和组织才会真正共同发展、共同进步。

彼得·圣吉指出，真正的学习，涉及人之所以为人这一意义的核心。透过学习，我们重新创造自我。透过学习，我们能够做到从未能做到的事情，重新认知这个世界及我们跟它的关系，以及扩展创造未来的能量。事实上你我心底都深深地渴望这种真正的学习，这就是学习型组织的真谛。对这样的组织而言，单是适应与生存是不能满足它的。组织为适应与生存而学习，虽然是基本而必要的，但是必须与开创性的学习结合起来，才能让大家在组织内从工作中活出生命的意义。

学习型组织特别强调"生命意义"。它强调通过学习和激励，让人在工作过程中通过自我超越的创造过程，能够实现快乐工作。

(3) 创新。彼得·圣吉在描述学习型组织时说："如果用两个字回答那就是'创造'；如果用四个字回答那就是'持续创造'。"学习型组织是通过学习能创造自我、扩大创造未来能量的组织。当今世界上的学习有三大类型，即转化为创造力的学习、无效的学习和转化为破坏力的学习。而学习型组织强调的学习是可以转化为创造力的学习。

学习型组织的核心理念就是创新，而且是持续的创新。在知识经济时代，知识的积累通过学习，创新的起点在于学习，环境的适应依赖学习，应变的能力来自学习。这就需要一种重视学习、善于学习的文化氛围，因而企业不再是一个终身雇用的组织，而是一个"终身学习的组织"。现代企业只能作为一个不断学习的组织，才能够"善于创造、寻求及转换知识，同时能根据新的知识与领悟而调整行为"。正所谓终身学习，永续经营。因此，企业想要成功，就要努力建设成为学习型组织，努力使创新成为企业发展的主旋律。

3. 学习型组织的特征

(1) 学习型精简。学习型组织的学习型精简是学习基础上的精简，即先乘后减，先事后人。先乘后减是指在组织中开展各种学习活动，推进员工的学习，使每个员工掌握多种技能，一个人可胜任多个岗位，成为"多面手"，促使员工的实际工作能力成倍增加，然后考核上岗，企业再从这些掌握多种技能的员工中挑选优秀的人选，进行组织的精简。先事后人是指企业在进行精简时，首先要把与企业发展无关甚至阻碍企业发展的工作找到并去掉，其次再精简与此相关的人员。

(2) 扁平化。扁平化是指在决策层和操作层之间的中间管理层越少越好。学习型组织日益成为扁平式的组织，扁平式结构代表着组织结构的方向。

（3）有弹性。所谓弹性就是适应能力，今天的市场瞬息万变，企业必须具有很强的适应能力，才能在竞争中获胜。若使一个组织具有很强的弹性，必须做到三点，即观念更新，要树立快变、创新求效益的观念，要树立贴心服务、超值服务的观念；战略储备，包括人才的战略储备和技术的战略储备，只要做好战略储备，不管市场怎么变化，适应力都很强；提高员工整体素质。

（4）不断创新。学习型组织的核心理念是不断创新。只有不断地自我创造，企业才能与别人抗衡。企业的工作归纳起来不外乎两类，即创造性的工作和反应性的工作。反应性的工作最多能够维持现状，而且不一定能维持现状，而企业发展靠的是创造性的工作。

（5）善于学习。善于学习强调终身学习、全员学习、全过程学习和团队学习。只有既肯学习又善于学习的组织，才是一个真正的学习型组织。只有既肯学习又善于学习的人，才可能成功，才能不被时代淘汰。哈佛大学教授大卫·加尔文认为，组织学习活动包括系统地解决问题、试验、从自己的过去与经验中学习、向他人学习，以及促进组织内的知识扩散五项内容。

（6）自主管理。企业要成功，必须让员工参与进来，给他们自主管理的机会，肯定他们的工作成果，让他们体会到人生价值。自主管理是使组织成员能边工作边学习并使工作和学习紧密结合的方法。只有实行自主管理的企业才具有更大的创造力，更强的活力。实行自主管理，企业领导应该时刻为部下创造辉煌提供机会，时刻为部下创造辉煌搭建舞台。

7.1.2　学习型组织的学习特点

彼得·圣吉提出，未来真正出色的企业，将是能够设法使各阶层人员全身心投入，并有能力不断学习的组织。学习是组织生命的源泉，是学习型组织所必需的。信息网络使世界更息息相关，社会与市场更加复杂多变。组织只有通过不断的学习才能把握变化的趋势，在竞争中领先一步。组织中物的东西或制度的东西自身是无法持续发展的，只有人通过持续不断的学习才能保持发展的活力。对一个处于激烈竞争中的组织来说，唯一持久的竞争优势就是具备比对手更快的学习能力。

学习型组织的学习有以下几个特点。

（1）学习与工作不可分离，即工作学习化、学习工作化。工作学习化就是把工作的过程看成学习的过程。学习型组织认为，这是一个人、一个企业成长、发展、成功的最重要的学习。美国著名管理专家瓦特金斯与马席克提出了工作学习化模型，如图 7-3 所示。

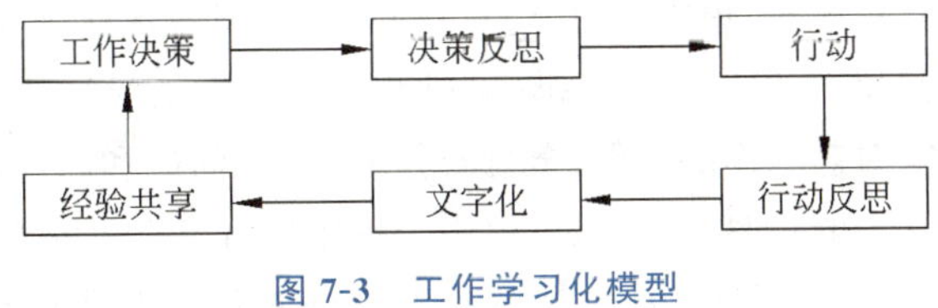

图 7-3　工作学习化模型

工作需要进行工作决策，决策后不是马上行动，而是先要经过决策反思。学习型组织认为，反思是最重要的学习，反思是学习的基础，反思是品格的体现。善于反思的人，他的决策能力很强。因此，创建学习型组织首先要把反思文化建立起来。反思就是在发现问题的时候，不是互相推诿和埋怨，而是找出自己的责任，认真总结教训。决策层要进行决策反思，执行层要进行行动反思，反思以后修正决策、开始行动。行动也要有行动反思，决策反思和行动反思是最重要的学习。文字化就是把两次反思的感悟写成文字，文字化是为了经验共享。共享不是一个人的提高，而是整个团队的提高。共享之后的决策是高水平的决策。这样，"工作决策→决策反思→行动→行动反思→文字化→经验共享→工作决策"的良性循环，就把反思的决策系统建立起来了。学习工作化是要求组织对待学习要像对待工作那样严格要求。由于当今时代的特点是变化速度急剧加快，学习工作化的要求也就不能仅仅停留在"学习"二字上了，而是要强调速度，学习速度必须大于或等于变化速度。

（2）组织的学习。组织学习是一个持续的过程，是组织通过各种途径和方式不断地获取知识、在组织内传递知识并创造出新知识，以增强组织自身实力，带来行为或绩效的改善的过程。学习型组织很重视个人学习，因为组织是由个体构成的，但更重视、更强调组织的学习。学习型组织建立以信息反馈、反思和共享为基础的学习系统，特别强调个人、团队和整个组织三个层次的学习。

（3）学后要有新行为。学习型组织非常强调新行为，要求学后付诸行动、拿出成果，要产生新的行为。

7.1.3 五项修炼的内容

彼得·圣吉提出的学习型组织所需的五项修炼技能是自我超越、改善心智模式、建立共同愿景、团体学习和系统思考，其中系统思考是核心。但是系统思考也需要由建立共同愿景、改善心智模式、团体学习和自我超越四项修炼来发挥它的潜力。建立共同愿景培养成员对团体的长期承诺；改善心智模式专注于以开放的方式体察认知方面的缺失；团体学习是发展团体力量，使团体力量超乎个人力量加总的技术；自我超越则是不断反照个人对周围影响的一面镜子，缺少自我超越的修炼，人们将陷入"压力—反应"式的结构困境。

1. 第一项修炼：自我超越

自我超越是指突破极限的自我实现，或技巧的精熟。对一名技术精纯的艺匠而言，将其巧思融合熟练的手艺而形成浑然天成的作品，便是一种自我超越的实现。生活中各个方面都需要自我超越的技能，无论是专业方面还是自我成长方面。自我超越的修炼是学习不断澄清并加深个人的真正愿望，集中精力，培养耐心，并客观地观察现实。它是学习型组织的精神基础。精熟自我超越的人，能够不断实现他们内心深处最想实现的愿望，他们对生命的态度就如同艺术家对艺术作品一般，全身心投入、不断创造和超越，是一种真正的终身学习。组织整体对于学习的意愿与能力，植根于个别成员对于学习的意愿与能力。

要实现自我超越需明确两点：首先是不断澄清到底什么对我们最重要；其次是不断地学习如何更清楚地看清目前的真实情况。明确了这两点，也就清楚了"愿景"（愿望的景象）与现状的距离，这时心中便会产生一种"创造性张力"，一种想把两者合而为一的力量，而自我超越的关键就是学习如何在生命中产生和延续这种创造性张力。自我超越修炼包括以下五个方面的内容。

(1) 建立个人愿景。愿景是一种期望的未来景象或意象,个人愿景是一个人内心真正最关心的事,自我超越就是要把焦点放在真心追求的终极目标上,而不是放在次要的目标上。

(2) 保持创造性张力。愿景与现实的差距,可能成为一种力量。这种力量一旦被正确使用,就会将你朝愿景推动。这种差距是创造力的来源,因而被称作"创造性张力"。保持创造性张力,就是不断地从个人愿景与现实之间的差距中保持创造性学习与工作的热情和动力。

(3) 看清结构性冲突。多数人心中常会因为存在着一些根深蒂固的成见,而限制了自己创造力的发挥。较为常见的是,认为自己没有能力实现真正渴望的事情,或认为自己不够资格得到所想要的。在寻求愿景的过程中,如果有无力感或不够资格的想法产生,那么结构性冲突的力量就会开始活动,阻止我们迈向成功。应对这种结构性冲突的策略通常有三种:第一种是消极地让愿景被侵蚀;第二种是"操纵冲突";第三种是常见的"意志力"运用策略。但是每一种策略都有其缺陷和限制。

(4) 诚实地面对真相。诚实地面对真相不是指追求一项绝对的真理或追究万物的本源,而是根除看清真实状况的障碍,并不断对自己心中隐含的假设加以挑战,也就是不断加深我们对行为背后结构的理解与警觉。它有助于我们尽可能地避免走入结构性冲突的陷阱。

(5) 运用潜意识。潜意识对于我们的学习是非常重要的。培养潜意识最重要的是,它必须契合内心所真正想要的结果。越是发自内心深处的良知和价值观,越容易与潜意识深深契合,甚至有时就是潜意识的一部分。

2. 第二项修炼: 改善心智模式

心智模式是隐藏于人们心中的根深蒂固的一种思维模式。它是指影响人们认识周围世界,以及采取行动的许多假设、成见,甚至图像、印象等。心智模式不仅决定我们如何认知世界,也影响我们如何采取行为。心智模式是一种思维定式,是人们认识事物的方法和习惯。如相信"人是可信的"与相信"人是不可信的",两种不同的心智模式将导致两种不同的行为方式。当人们的心智模式与认知事物发展的情况相符,就能有效地指导行动;反之,就会使自己好的构想无法实现。因此,我们要留心心智模式中科学的部分,纠正不科学的部分,以求取得好的成果。

心智模式通常存在于人们的潜意识中秘而不宣,它几乎是在自动地影响着人们的思维和行动,而本人毫无察觉、依势而行。因此,学习如何打开心智模式,并加以检查和改善,将有助于我们把事情做得更好。一个能不断改善自己心智模式的人,做事会更有效果。改善心智模式的方法主要是反思和探询。反思主要是通过放慢思考过程,使我们能更好地发觉自己的心智模式如何形成,以及如何影响我们的行动。探询则主要是关于如何与他人进行面对面的互动,特别是处理复杂与冲突的问题。改善心智模式的具体方法如下。

(1) 辨认跳跃式的推论。人的思维有一种追求简洁的倾向,特别是在处理大量细节时，容易从粗浅的、对少数具体事项的观察跳跃到概括性的结论，而这些结论通常是片面的、浅薄的，甚至是错误的。要想避免犯简单化推论的错误，首先必须质问自己的推论所依据的原始资料是否可靠，其次再想这个推论是否精确或有误导作用。

(2) 找出推论所依据的假设。人们在思维过程中的结论往往依据一些潜在的假设，但是自己却毫无察觉。彼得·圣吉提出"左手栏"的方法，即画一个两栏表：右栏列出"我们所说的"，即思维的结论；左栏列出"我们所想的"，即对自己所经历的事件以及处理方式坦诚地写出内心深处的隐含假设，找出其中不合理的地方。

(3) 兼顾的探询与辩护。这是一种在多人之间进行开诚布公地探讨问题的技术。人们往往乐于为自己的观点辩护，而难以接受别人对自己观点的探询。如果团体和个人学会合并运用探询与辩护的技巧，通常能产生最佳的学习效果。

(4) 对比拥护的理论和使用的理论。学习的结果应导致行为的变化，而不仅仅是获得一些新信息或新构想。为此，就要对自己拥护的理论（通常是口头表示的）与实际使用的理论（实际支配行为的）之间的差距进行分析，并加以改进。

3. 第三项修炼：建立共同愿景

共同愿景最简单的说法是"我们想创造什么"。正如个人愿景是人们心中或脑海中所持有的意象或景象，共同愿景是组织中人们所共同持有的意象或景象，它创造出一种共识，一种认同感，并遍布到组织活动的方方面面，使各种不同的活动融汇在一起。

愿景是人们高度向往、希望早日实现的蓝图，除与目标相关外，愿景还包括价值观、哲学、道德观、准则和人的内在价值。共同愿景建立在个人愿景的基础之上，但如果只是组织中个别人持有相同的愿景，但彼此却不曾真诚地分享过对方的愿景，这并不算共同愿景。当人们真正拥有共同愿景时，这个共同愿景会紧紧将他们结合起来。个人愿景的力量源自一个人对愿景的深度关切，而共同愿景的力量来源于共同关切。这种关切达到一定程度，就会转变为一种强大的感召力、使命感，促使组织内的所有成员都为这样一个共同的目标努力学习、追求卓越，而这一切的行为都是发自内心的意愿，不带有任何强迫性质。世界上众多的大公司都建立了自己企业的共同愿景，如 IBM（International Business Machines Corporation，国际商业机器公司）公司以"服务"；福特汽车公司以"提供大众公共运输"；耐克公司以"击败阿迪达斯"；苹果计算机公司以"提供大众强大的计算能力"作为组织共同努力的方向。

如果没有共同愿景，就不会有学习型组织。如果没有一个拉力把人们拉向真正想要实现的目标，维持现状的力量将牢不可破。愿景建立一个高远的目标，以激发新的思考与行动方式。共同愿景是一个方向舵，能够使学习过程在遭遇混乱或阻力时，继续循着正确的路径前进。建立共同愿景的修炼主要包括以下内容。

(1) 鼓励个人愿景。共同愿景是由个人愿景汇集而成的。有意建立共同愿景的组织，必须持续不断地鼓励成员发展自己的个人愿景。如果人们没有自己的愿景，他们所能做的就仅仅是附和别人的愿景，结果只是顺从，绝不是发自内心的意愿。原本各自拥有强烈目标感的人结合起来，可以创造强大的综合效果，朝向个人及团体真正想要的目标迈进。在鼓励个人的愿景时，组织必须注意不要侵犯到个人的自由。

(2) 塑造整体图像。个人愿景是千差万别的，若将其相结合，创造出组织的共同愿景是需要一个过程的。在这个过程中不断有人加入分享组织某个愿景的队伍，随着人数不断增多，组织愿景的整体图像日渐清晰，每个人也开始拥有一个最完整的组织图像，渐渐地共同愿景也就随之形成，此时，对于组织的每个成员而言"我的"愿景也就是"我们"的愿景。

(3) 绝非官方说法。在传统的阶层式组织里，没有人怀疑过愿景应来自组织的高层。在这样的组织中，通常指引公司的大蓝图是没有被大家分享的，每一个人只是听命行事，以便能够完成他们的任务，来支持组织的愿景。而学习型组织的共同愿景往往是自下而上、水到渠成的结果。

(4) 不是单一问题的解答。愿景不是对问题的解答，如果把它当成问题的解答，一旦士气低落或策略方向模糊不清的问题解决以后，愿景背后的动力也就会跟着消失。因此，领导者必须把建立共同愿景当成日常工作的中心要素，这是一项持续进行、永无止境的工作。

(5) 学习聆听。在团体中，要达到彼此的愿景真正地分享及融汇，不是一蹴而就的。共同愿景是由个人愿景互动成长而形成的。经验告诉我们，愿景若要能够真正共有，需要经过不断地交谈，如此个人不仅能自由自在地表达他们的梦想，并学习如何聆听其他人的梦想，在聆听之间逐渐融汇出更好的构想。聆听需要不凡的胸襟与意愿来容纳不同的想法，这并不表示我们必须为"大我"而牺牲"小我"的愿景，而是必须先让多样的愿景共存，并用心聆听，以找出能够超越和统合所有个人愿景的正确途径。

4. 第四项修炼：团体学习

团体学习是发展团体成员整体搭配与实现共同目标能力的过程。它建立在发展共同愿景和自我超越上，因为有才能的团体是由有才能的个人所组成的。组织在今天尤其迫切需要团体学习。团体就是彼此需要他人行动的一群人，团体在组织中渐渐成为最关键的学习单位，这是因为现在几乎所有重要决定都是直接或间接透过团体做成，而进一步付诸行动的。

在组织内部，团体学习必须顾及三个方面：其一，当需要深入探讨复杂的议题时，团体必须学习如何萃取出高于个人智力的团体智力；其二，需要既具有创新性而又协调一致的行动；其三，不可忽视团体成员在其他团体中所扮演的角色与影响。

团体学习的修炼必须精于运用"深度会谈"与"讨论"，这是两种不同的团体交谈方式。深度会谈是自由和有创造性地探究复杂而重要的议题，先暂停个人的主观思维，彼此用心聆听。深度会谈的过程是一个人人畅所欲言、充分表达自己意见的过程。大家以多样的观点探讨复杂的问题，每个人谈出个人心中的假设，并自由地交换他们的看法。在一种无拘无束的探索中，人人将深藏的经验与想法完全浮现出来。深度会谈的目的是想以此获得超过任何个人见解的集体智慧，从而揭露出我们思维中的不一致性。讨论则是提出不同的看法，并加以辩护。深度会谈与讨论基本上是能互补的，通常我们用深度会谈来探究复杂的问题，用讨论来形成对事情的决议。因此，一个学习型团体应是一个善于将深度会谈和讨论相结合使用的组织。

为了确保有效的深度会谈，必须具备三项基本条件。一是所有参与者必须将自己的

假设“悬挂”在面前。“悬挂”假设是为了便于不断地接受询问与观察，从而观察和检验我们的假设。如果我们一味地为自己的意见辩护，或未察觉自己的假设，或未察觉我们的看法是以假设的事实为依据，我们就无从悬挂自己的假设。二是所有参与者必须视彼此为工作伙伴。人们跟伙伴与非伙伴的交谈不一样，与伙伴的交谈能无拘无束产生思维的互动。视彼此为伙伴，对建立一种成员之间良好的关系，以及消除真诚交谈时由于地位和身份阶层的差距所带来的障碍有所帮助。工作中的伙伴关系，并不是说需要赞成或持有相同的看法。视彼此为伙伴真正能发挥力量，是在看法存在差异的时候。三是必须有一位“辅导者”来掌握深度会谈的精要和构架。缺乏熟练辅导者的情况下，过去的思维习惯会不断把我们拉向讨论，而拉离深度会谈。一个深度会谈的辅导者必须做好一个“过程顾问”的许多基本工作，这包括帮助人们了解他们自己才是过程与结果的“主人”——对深度会谈结果负成败责任。如果辅导者未能扮演好角色，让成员感觉某项话题被刻意地禁止，成员便会开始抱着保留的态度，而不愿意悬挂假设。辅导者必须保持对话的进行顺畅而有效率。同时，辅导者可以通过深入参与去影响深度会谈发展的动向。

5. 第五项修炼：系统思考

系统思考是学习型组织的核心。系统思考为组织正确地观察、分析问题提供了保证，这就是系统的观点和方法。只有掌握了系统的观点与方法，组织的学习才能避免重大失误。彼得·圣吉继承了系统的观点，特别是继承了他的恩师佛睿斯特的系统动力学的观点，发展出一套系统思考的概念，创造了系统思考的模型。

系统思考是“看见整体”的一项修炼。它是一个架构，能让我们看见相互关联而非单一的事件，看见渐渐变化的形态而非瞬间即逝的一幕。系统思考是五项修炼的核心。所有的修炼都关系着心灵上的转换：从看部分转为看整体；从把人们看作无助的反应者，转为把他们看作改变现实的主动参与者；从对现况只作反应，转为创造未来。如果没有系统思考，各项学习修炼到了实践阶段，就失去了整合的诱因和方法。

学习型组织系统思考的要义在于看清复杂事物背后的结构形态。由于这些结构形态一再重复出现，彼得·圣吉给出了它们的基本模型，称为系统基模（系统的基础模型）。系统基模是学习如何看见个人与组织生活中结构的关键所在。运用系统基模可以发现，各类管理问题有其共通性，有经验的管理者在直觉上都知道这点。系统基模的目的是重新调整我们的认知，以使我们更能看出结构的运作，寻找到结构中的杠杆点。至今，已有大约 12 个系统基模诞生，所有基模都由不断增强的反馈、反复调节的反馈和时间滞延所组成。不断增强的反馈是成长的引擎，包括经常听到的词语，如滚雪球效应、连锁反应、恶性循环都是不断增强的反馈。反复调节的反馈是系统追求稳妥和平衡的一种力量，一个调节的系统就会自我修正，以维持这种状态。时间的滞延是行动和结果的时间差。

融合五项修炼对于成就学习型组织是非常重要的，但又是极具挑战性的。系统思考是五项修炼中的核心，是整合其他各项修炼，使其成为一体的理论与实务。系统思考强化其他每一项修炼，并不断提醒我们：融合整体能得到大于各部分简单加总的效力。

7.1.4 创建学习型组织的步骤

1. 评估组织的学习情况

这是建立学习型组织的前提和起点，只有正确认识和了解组织的学习情况，才能有针对性地解决组织在学习过程中存在的问题，为进一步建立学习型组织奠定现实基础。评估的内容主要包括：组织愿景，即有无组织愿景，个人愿景与组织愿景是否冲突；组织学习规划，即组织有无学习规划，能否得到正确实施；员工学习的动机，即员工是否有主动学习的意识和愿望；组织学习氛围，即组织学习理念和价值能否被成员所接受，成员之间能否自觉分享学习成果，能否在沟通的同时组织大家学习。

2. 增进组织学习积极性

不能用高压与逼迫的方式组织学习，而应该以关心与友好的态度去动员员工学习，使学习组织具有开放性与协调性。

3. 使学习能持续发展

保持共识，建立完善的学习体制，有良好的制度。通过教育使员工获得成功，而非帮助他们做事。提高员工解决问题的能力，把解决问题纳入生活方式。

4. 奖励冒险

每次危机都是学习的机会，它可以使组织获得更多的成功。平时的危机是进步与成功的基石。在学习组织中建立冒险的文化，是组织继续生存与发展的一大要素。

5. 使员工成为学习资源

员工彼此之间就是相互学习的最大资源，倘若能善加运用，往往可以大大提升组织效能。为此，可先由员工进行自我评价，使之深入反思他本人的各项能力与专长，再通过学习小组的资源目录帮助员工了解彼此的才能，并据此达到相互学习、共同成长的目的。

6. 把学习引入工作

成功的学习具有三大特点：学习与工作结合、学习过程为启发过程、学习即发现。

7. 通过学习由大家描绘出组织发展愿景，并成为员工共同努力的方向与目标

组织的愿景由员工群力铸成。

8. 将组织愿景融入生活

学习型组织必须强调将其愿景转化为行动的原则，这就需要使其融入整个生活。

9. 系统思考

学习型组织要通过回顾、目标、规则、继续进步、反馈和落实到行动这六个方面的系统努力来实现。

10. 明示未来努力的方向

要使上述的所有步骤得以彻底实行，就必须面对一切挑战带来的机会，不断确定未来的发展方向。

7.1.5 学习型组织的管理

1. 提供良好的学习环境

学习型组织的主要目的是创新，创新来自团体和个人的创造性思考，创造性思考需要调控情绪、集中精力，保持工作与休息之间的平衡。为此，组织必须提供一个良好的学习环境，营造一种浓厚的学习氛围，使组织成员能在这个学习环境中继续学习，不断获得跨职能的经验和不断提高能力成为组织成员的一种生活方式。

2. 学习要与员工的生涯管理结合起来

学习的明显益处是得到提升，去做更有趣的工作，提高在组织内外的就业能力。领导者应让员工明晰保持继续学习对他们生涯发展的重要性，当员工看到学习的益处并深感振奋，自然会产生强烈的学习愿望，使员工外在的被动学习变为内在的主动学习。

3. 鼓励共同学习和团体学习

团体、集团、网络起着作为向整个学习型组织推广新知识的中介作用，学习技能时，团体制定出标准，既改进它，又进行实验，超越它，从而创造出共同愿景，这样就会强化团体学习。团体学习从最初的松散状态，经过几个阶段，从共同创造和相乘性的努力，直到最后进化到具有一起工作的持续性的能力。这样，人们通过团体学习，学到了共同合作的方法，同时也提高了完成共同目标的组织能力。

4. 学习要循序渐进

不能把学习视为孤立、偶然的训练或是一种嗜好，而是所有企业具有竞争性和持续性的必要。持续学习是工作本身产生的要求，员工要想使自己能够改变，能够适应，能够成长，能够进行知识的创新，就必须不断地学习和不断地变革。在学习时，每个成员应善于聆听，能无忧无虑地表达思想，建设性的冲突对知识创造是非常重要的。组织要建立起学习及学习共享系统，要促使成员迈向共同愿景。

7.2 知识管理

7.2.1 知识型企业及其特征

1. 知识型企业的概念

知识型企业是以知识为资源配置要素，为知识创新提供网络化组织框架，主要从事知识产品生产和进行知识服务的企业类型。其概念主要包括以下三个方面的含义。

（1）知识已成为企业的第一资源要素，而不是传统企业的资本或其他。

（2）仅有知识的投入比例较高还不够，关键是企业能建立为知识的传递、共享提供前提的网络化组织形态。

（3）企业的运行过程是围绕知识的生产和创新组织起来的，其产品是知识产品而不是一般的物化产品。

2. 知识型企业的特征

(1) 企业资源重心的转移。企业资源按照如下的主线演化：土地→资本→知识。在知识型企业中，企业的资源重心不再是土地、资本，而是知识。这种资源重心的转移导致企业投资结构的变化，知识已成为企业最大的投资对象和投资主体。美国著名管理学家彼得·德鲁克认为：在这种社会里，知识就是个人乃至整个经济的首要资源。土地、劳动和资本——经济学家列出的传统生产要素——并没有消失，但它们是次要的。在知识型企业中，知识已成为第一资源，知识是一个企业生存和发展的主要动力。知识型企业首先是要围绕专门或具有竞争能力的知识建立的，并且在运行过程中要为知识的存续、更新及增长做最大的投资。

(2) 知识型企业的员工是知识员工。知识员工是指那些创造财富时用脑多于用手的员工。他们通过自己的创意、分析、判断、综合、设计给产品带来附加值。知识员工首先要有较高的专业知识，不论是专业技术还是管理能力。其次，为达到对信息技术的数据以及信息的处理能力和组织成员的创新、创造能力协同的目标，知识员工还要学会熟练应用支持他们业务的全新技术手段。具有这样的能力，有助于知识员工将那些"程序化"的任务交给技术设备，从而集中精力和时间从事那些需要创造性和创新精神、能够增加价值的活动。最后，知识员工需要全面了解组织业务及其与自己所做工作的关系，认识到工作环境的变化与公司业务的关联，以便按照组织的发展需要进行自觉的学习和努力。因此，知识员工的素质一方面由专业知识构成；另一方面由团队精神、自觉学习、高度控制等因素构成。

(3) 以提供高附加值的知识产品和服务为目标。在知识型企业的产品价值组成结构中，知识价值的比例明显增大，物化劳动价值大幅度减少。产品知识含量不断提高，如比尔·盖茨连续几年位居世界富豪榜首，现在微软公司的市场价值已大于美国三大汽车公司的总和，位居世界第一。微软公司的产品是什么？是具有高科技含量的软件和知识。无论是过去的 DOS 系统，还是后来的 Windows 95 或者 Office 97，都只是一张软盘或光盘。一张光盘，用聚碳酸酯做成，物质成本大约是 3 元人民币，可是一张 Office 97 光盘曾价值 8 000 元人民币。因此，知识型企业的产品应是附加值高的知识产品，而且越来越向无形转变，向技术及品牌、方案方面转变。

(4) 知识架构向虚拟化和网络化方向演变。知识型企业是以知识的生产和创新为主要目标的企业。进行知识的生产和创新，并使组织为知识的积累、流动和共享创造条件，企业组织架构就必须进行转型和演变，突破传统的企业组织结构，以适应知识作为第一资源的需求。知识型企业最终和最适应的组织架构应为虚拟组织。虚拟组织是一种企业间动态联盟的组织形式，企业在组织上突破有形的界限，为取得竞争中的最大优势，仅保留着最关键的功能，而将其他功能虚拟化，需要时通过各种方式借助外力进行整合弥补。虚拟企业的组织形态是网络化、流动和边界模糊的。

(5) 组织的指挥权力转移及控制方式变化。传统的指挥控制权掌握在高层管理者手中，实行集中或梯级控制模式；而知识型企业将根据组织形态的变化，将传统权力体系彻底打破，形成一个权力的网络。知识型企业领导是协调导向的，不是等级的控制。企业没有或只有尽量少的中间管理层。企业的决策大量在团队或基层的小组完成。知识型企业当然也需要企业领导或工作团队负责人，但管理角色和风格明显转变。如果把管理者按传统企业的职能分为三种，即高层管理者、中层管理者和基层管理者，企业从传统到知识型的转变过程中，公司的基层管理者们必须从基层实践者的传统角色转变为一种富有创造行为的企业家；公司的中层管理者们应将自己从行政控制者转变为具有培养性的教练；而高层主管者们则应将他们自己视为公司制度的创建者，而非资源分配者。

（6）知识型企业从规模和整体外观上趋于微型化。在知识经济的新环境下，单是生产潜力已不再能为企业提供利润的充分保证。企业今天的主要挑战是要即时整合技术创新，并以此来丰富顾客的价值。巨大的设备制造商正在被重视软件开发、系统整合、市场营销、不间断的培训和研究的公司所取代。因为竞争的优势主要取决于企业的创新速度，而不是拥有的工厂和设备的规模。知识型企业的微型化，实际上是从空间上的机器设备、劳动力转为智力、知识的浓缩，从其外形来看好像是变小了，而知识的含量却大大增加。就如微软公司只有 1 万名员工，却比拥有 70 万名员工的通用公司的市值更高。

7.2.2 知识管理及其特征

1. 知识管理的含义

知识管理就是为企业实现显性知识和隐性知识共享寻找新的途径。知识管理既着眼于获得显性知识，更着眼于获得隐性知识，因为显性知识易于整理和进行计算机存储，而隐性知识则难以掌握，它集中存储在雇员的脑海里，是雇员的个人经验。

知识不同于信息，从一定意义上说，知识高于和广于信息。经济合作与发展组织(organization for economic cooperation and development，OECD)的专家们把当代人类的全部知识分成四类：第一类是知道“是什么”的知识，即关于事实和现象的知识；第二类是知道“为什么”的知识，即自然原理和规律方面的知识；第三类是知道“怎么做”的知识，即对某些事物的技能和能力；第四类是知道“是谁”的知识，涉及谁知道和谁知道如何做某些事的信息，即关于人力资源方面的知识。信息一般属于第一、二类知识，也可以称为归类知识，能够通过读书、听讲和查看数据库而取得。第三、四类知识属于沉默知识，比较难以归类和量度，主要靠实践取得。知道怎么做的知识学习的典型例子是学徒跟着师傅并把师傅当作权威；知道是谁的知识在社会实践中获得，有时也通过特殊的教育环境学习。

知识管理不同于信息管理，它是通过知识共享，运用集体智慧提高应变和创新能力。信息管理主要侧重于信息的收集、检查、分类、存储和传输等，对信息管理者的创新能力并没有提出多么特殊的要求。而知识管理与此大不相同，要想在知识经济中求得生存，就必须把信息与信息、信息与人、信息与过程联系起来，以进行大量创新。知识管理突出体现在知识的创造和利用上。知识管理的根本目标就是运用集体的智慧提高对环境快速变化的应变能力和创新能力。对于企业，知识管理就是为实现显性知识和隐性知识共享与有效转换提供新途径。

2. 知识管理的特征

知识管理不是一门技术，而是一种全新的管理思想，它既继承了人本管理思想的精髓，又结合知识经济这一新的经济形态的特点予以创新。知识经济是以知识为基础的经济，在知识经济时代，经济的增长不再是过分依赖于经济资源，而更加依赖于知识资源。企业的知识资源是企业拥有和可以反复利用的、建立在知识基础之上的、可能给企业带来财富增长的一类资源的总称，主要表现为无形的资产、信息资源和智力资源。其特点是无形的、可以反复利用的、不会枯竭的；是企业内部可以共享的资源；不会出现边际报酬递减，即知识资源的增加会导致物质资源的更加充分和有效利用而不会出现递减。通过对企业知识资源的开发和有效利用可以提高企业的创新能力，从而提高企业创造价值的能力。因此，知识管理本身有其不同于以往管理的独特之处。

(1) 知识管理重视对员工的精神激励。在知识经济时代，企业管理更加重视对员工的精神激励，但不只是那种给予赞赏、表扬或荣誉的传统式精神激励，而是一种新型的精神激励，即赋予更大的权利和责任，使被管理者意识到自己也是管理者的一员，进而发挥自觉性、能动性和首创性，充分挖掘自己的潜能以实现其人生价值。

(2) 知识管理重视知识的共享和创新。未来知识经济下，企业之间的竞争取决于企业的整体创新能力，即运用集体的智慧，提高应变能力和创新力，增强企业的竞争能力。因此，知识管理要求企业的领导层要把集体知识共享和创新视为赢得竞争优势的支柱，雇员共同分享他们所拥有的知识，并且要求管理层对那些做到这一点的员工予以鼓励。

(3) 知识管理对知识和人才高度重视。对于显性知识的取得、分享可以通过计算机的网络化和软件系统实现。对于隐性知识，除了重视员工自身的潜能发挥以外，企业应重视组织内外专家学者及领导层的智慧作用，即人才智力的高效能发挥。对信息的利用必须把信息与信息、信息与人、信息与过程联系起来，从而进行大量创新。总之，对知识的重视要求企业逐步构建起学习型组织。

(4) 知识管理重视企业文化建设。知识经济时代的知识管理强调企业文化建设，每一个成功的企业必须有自己的企业精神，用一种共同的价值观来熏陶全体员工。独特的企业文化全面地影响着各项管理职能的实现，以及集体效力的发挥。

(5) 知识管理重视领导方式的转型。知识管理需要有新的领导方式，让每个成员都有参与领导的机会，领导层要不断学习，扩展成员的能力。未来的领导应是集体领导。

7.2.3 知识管理的实施

知识管理的实施在于建立激励员工参与知识共享的机制，设立知识总监，培养企业的创新能力和集体创造力。美国伊士曼软件公司技术总监埃德·麦克尼尔尼指出，实现知识共享必须得到公司领导和全体员工的认同。他说：“成为杰出的知识总监的条件是要具有灵活性和对智力的战略性运用意识。”因此，一个企业实施知识管理应做好以下几项工作。

(1) 调整公司结构，将公司建成知识型公司。知识管理要建立起能适应知识经济要求的知识型企业组织结构，任何一名员工的信息、意见或建议都可以通过简化的组织结构直接传输到公司的高层领导。

(2) 建立能够为公司员工进行交流的设施和环境。实施知识管理最基本的是要建立一个能为公开交流提供完好基础设施的网络。当代信息技术特别是国际互联网的发展改变了人类的生产、生活方式，极大地改变了商业运行环境，把全球商业带进了电子商务时代，这样企业内部的管理手段和设施也就不可避免地与各种网络联系到了一起。各种网络对企业管理的影响是多重的，一方面，它提出了知识管理的要求；另一方面，又使知识管理成为可能，并且降低了建立知识管理基础设施所需的成本。

(3) 公司设立知识总监。美国德尔福集团的创始人之一卡尔·弗拉保罗认为："那种认为人们在没有先例可循的情况下能够训练有素地丰富、支配和管理不断发展的知识的看法，未免要求太高。"正是因为认识到这一点，公司提出设立知识总监。弗拉保罗解释说，知识总监的地位居于首席执行官和信息总监之间，但知识总监不同于信息总监。库珀·利布兰公司的知识总监埃伦·纳普指出："知识总监就是创造、使用、保存并转让知识。这些知识不仅仅是数据，更主要的是深入人心和发表在著作中的智力资本。"

(4) 建立透明、公平、民主化的决策机制。知识管理的核心在于强调每一个员工——知识的创造者的价值和作用。在知识高度发达的今天，决策透明和民主化是非常重要的，要让公司的每一个员工都参与公司的决策，了解公司的决策过程。

(5) 创造有利于每位员工创造力发挥的文化氛围。实施有效的知识管理，所要求的不仅仅是拥有合适的软件系统和充分的培训，它要求公司的领导层把集体知识共享和创新视为赢得竞争优势的支柱。如果公司里的雇员为保住自己的工作而隐瞒信息，如果公司里所采取的安全措施通常是为了激励保密而非信息公开共享，那么这将对公司构成巨大的威胁。因此，知识管理要求雇员共同分享他们所拥有的知识，并且要求管理层对做到的员工给予鼓励，公司要真正建立起对积极参与知识共享的员工予以奖励的激励机制，要不断地激发员工的创造意识，增强公司员工的创造能力。

7.3 管理创新

7.3.1 管理创新概述

1. 创新的含义

创新又称革新或改革。这一概念是由美籍奥地利经济学家约瑟夫·熊彼特在1912年出版的《经济发展理论》一书中首次提出的。他认为，经济增长最重要的动力和最根本的源泉在于企业的创新活动。创新概念包括以下五个方面：一是采用一种新的产品，也就是消费者还不熟悉的产品，或一种产品的一种新的特性；二是采用一种新的生产方法，这种新的方法不需要建立在科学的新的发现基础之上，并且也可以存在于商业上处理一种产品的新的方式中；三是开辟一个新的市场，也就是有关国家的某一制造部门以前不曾进入的市场，不管这个市场以前是否存在过；四是掠取或控制原材料或半成品的一种新的供应来源，不管这种来源是已经存在的，还是第一次创造出来的；五是实现任何一种工业的新组织，比如造成一种垄断地位（如“托拉斯化”），或打破一种垄断地位。熊彼特认为，创新就是生产手段的新组合。在他所述的创新活动的五个方面中，新产品、新方法可视为技术创新；新市场、新来源可视为市场创新；新组织可视为管理创新。

创新是创新主体为了某种目的所进行的创造性活动。创新是一个经济概念，而不是技术概念。发明者不一定是创新者，创新者也不一定是发明者。管理体系中的创新者是指那些看到了经济中存在的潜在利益，并敢于冒风险，把新发明引入经济中，以便取得这种潜在利益的组织管理者。

创新与创造在形式上非常接近，但它与创造又有所区别。一般意义上的创造范围更宽，可以是无目的的活动，比如仅仅是出自个人的好奇而对自己头脑中的想法加以实施，或只是为了证明自己的想法而去创造。而创新则具有明确的目的性，是通过对各种要素的创造、组合而产生新的有用的东西。创新具有两大特性：一是目的性，即创新特别强调效益的产生，它不仅仅要知道“是什么”“为什么”，更要知道“有什么用，怎样才能产生效益”，所以，创新更是一个创造财富，创造有用的东西，沿着商业化的目标进行一系列加工、组合、创造的过程；二是独特性，创新要有其独到的方面，或是完全新颖的方法或材料，或是对人熟知的方法和材料进行重新组合而产生前所未有的效果，所以，创新是一个发挥创新主体创造性的过程，是人类财富创造的源泉。

2. 管理创新的含义

管理创新就是不断根据市场和社会变化，重新整合人才、资本和科技要素，以创造和适应市场，满足市场需求，同时达到自身的效益和社会责任的目标的过程。这个过程也就是管理本身的过程，因此说，管理过程就是创新过程，管理就是创新，创新是管理的基本职能。管理创新不是否定，而是加入。企业管理创新的发展是螺旋台阶式的，每一个创新周期都是以上一个周期为基础，每一个周期又都是为下一个周期的发展做铺垫和准备。管理创新不断处于这种“创新—稳定—凝滞—再创新”的周期性循环过程中，企业的管理水平才能不断得以提高。

创造市场和适应市场是企业管理创新的两个主要方向：有的企业以善于开发发明型创新产品、善于创造市场著称；有的企业则以善于开发改进型产品、善于适应市场著称。但无论是创造市场还是适应市场，有一点是共同的，那就是要观念新颖。创新观念是管理创新的先导，观念创新实际上是一场观念革命，是一个否定自我、超越自我的过程，是一个改变现有利益格局、重构新的利益关系的过程，是一个不断学习、积累和提高的过程。管理创新是永恒的，管理理念永远引导着企业管理者超越自我，超越已有的管理理论、管理经验和管理模式而逐步走向管理的自由王国。

3. 管理创新的要素

推动企业管理创新与变革的因素主要有以下两个方面。

1）推动企业管理创新的外部要素

（1）市场变化是推动企业管理创新首要的外部要素。市场变化主要包括需求的变化、竞争的变化、资本和劳务市场的变化。最重要的市场变化是需求的变化。企业作为市场中的供给方是为满足需求而存在的,企业通过创新一方面创造需求,也就是满足潜在需求;另一方面满足现实需求。另一个重要的市场变化是竞争的变化。激烈的竞争往往使企业更倾向于适应市场的创新类型,因为创造市场的创新类型的风险会更大。资本和劳务市场的变化也能诱发管理创新。美国的资本市场结构最适于诱发创新,它有一种风险资本,专门寻找有发展前途的创新型小公司,实行高风险、高回报率的投资策略,加州硅谷的高技术公司大多有这种风险资本的支持。

(2) 社会政治文化背景是推动管理创新的另一个外部要素。日本企业的终身制、年工序列制和企业内工会这"三大神器"是由日本的社会文化特点决定的,是创造日本式管理的根基;德国的"职工参与决策"制度是由德国的社会文化特点决定的,是创造德国式管理的根基;美国的自由雇用和行业工会制是由美国的社会文化特点决定的,是创造美国式管理的根基。社会的文化和价值观是不断发展的,企业管理创新会跟着社会文化的发展而发展。现在,美国企业开始提倡团队文化,而日本企业开始解雇职工,德国企业与职工建立新的社会契约,让职工干得更好一些而拿得更少一些。各种环境保护和动物保护都在影响企业的决策和创新。一般来说,社会、政治、文化的变化对企业的影响,有的是通过市场变化来完成的,有的是直接对企业行为有约束力,如政府的政策、法令、法律等。因此,在推动企业管理创新的外部因素中,最主要、最强有力的因素是市场变化。

2) 推动企业管理创新的内部要素

在企业内部,推动企业管理创新的主要力量是资本、人才和科技。

(1) 资本问题,在企业外部是筹资和投资问题,体现了经营技巧。企业内部的资本问题主要是成本问题,即资本的投入量。在相同条件下,资本投入量越少,成本越低,则效益越好。在企业内部,管理创新的主要压力,或者说主要驱动力是成本,不断降低成本是企业管理创新永恒的主题。

(2) 劳动的实质是劳动者问题,是人的问题。在相同条件下,劳动者投入的劳动量越多,质量越高,则效益越好。劳动投入的增加可以是劳动时间和劳动强度绝对值的增加,可以是有效劳动量的增加,也可以是有机劳动量,即创造性劳动量的增加。从"机器人"到"经济人"到"社会人"再到"文化人",所有以人为对象的管理创新都是为了增加有效劳动和有机劳动,为了使人主动地去增加这种劳动的投入。因此,企业管理归根结底是对人的管理,成本要靠人来控制,技术要靠人来发展和应用,人才在企业管理创新中处于中心位置。

(3) 科学技术包括自然科学、社会科学、技术和创新观念,是企业管理创新的强大推动力。管理创新依赖于科学技术的发展,如机器的使用加强了专业化趋势,数理统计技术促进了质量管理的发展,系统论和控制论催生了现代管理理论,而信息技术正在使整个管理发生根本改观。社会科学对管理创新的作用更为直接,因为管理本身就是社会科学的一个部分。在管理科学和管理实践的发展过程中,不断吸收经济学、社会学、心理学、行为科学和其他社会科学的最新进展,其中特别是经济学和行为科学,它们的每一个进展都直接影响着管理的发展与创新。创新观念是管理创新的最直接的推动力。在科学技术创新领域，无形胜有形，是观念和意愿在调动资本运营，创新观念虽然无形，却是企业的重要资源，是企业管理创新的要素。

企业管理创新的起点永远是市场，企业管理创新的终点也永远是市场，不是从市场出发，不经受市场检验的"创新"不可能是真正的创新。企业管理创新的任务在于不断整合资本、人才、科技三个要素，使其处于最佳组合，最大限度地满足不断变化的市场和社会。

7.3.2 管理创新的基本内容

1. 目标创新

企业是在一定的社会经济环境中开展经营活动的，特定的环境要求企业按照特定的方式提供特定的产品。一旦环境发生变化，就要求企业的生产方向、经营目标以及企业在生产过程中同其他社会经济组织的关系进行相应的调整。企业适时地根据市场环境与消费需求的特点及变化趋势调整经营思路和策略，整合生产经营资源要素，每一次调整都是一种创新。目标创新是企业发展中的一种根本性、决定全局的管理创新。

2. 技术创新

技术创新是企业创新的主要内容，企业中出现的大量创新活动是关于技术方面的，因此，有人甚至把技术创新视为企业管理创新的同义语。技术水平是反映企业经营实力的一个重要标志，企业要在激烈的市场竞争中处于主动地位，就必须顺应甚至引导社会的技术进步，不断地进行技术创新。由于一定的技术都是通过一定的物质载体和利用这些载体的方法来体现的，因此企业的技术创新主要表现在要素创新、要素组合方法创新和产品创新上：要素创新包括材料创新、设备创新和人力资源管理创新三个方面；要素组合方法创新包括生产工艺和生产过程的时间组织与空间组织两个方面；产品创新主要包括产品品种创新和产品结构创新。

3. 制度创新

要素组合的创新主要是从技术角度分析人、机、料各种结合方式的改进和更新，而制度创新则需要从社会经济角度来分析企业各成员间的正式关系的调整和变革，制度是组织运行方式的原则规定。制度创新主要包括产权制度创新、经营制度创新和管理制度创新。组织制度的运行状态和变革、创新的程度从根本上决定了组织的未来发展状况。企业制度创新的方向是不断调整和优化企业所有者、经营者与劳动者三者之间的关系，使各个方面的权利和利益得到充分体现，使组织的各种成员的作用都得到充分的发挥。目前，我国企业制度创新的主要任务就是要建立现代企业制度。

4. 组织机构和结构的创新

企业系统的正常运行既要求具有符合企业及其环境特点的运行制度，又要求具有与之相应的运行载体，即合理的组织形式。因此，企业制度创新必然要求组织形式的变革和发展。组织机构设置和结构的形成要受到企业活动的内容、特点、规模、环境等因素的影响，不同的企业有不同的组织形式，同一企业在不同的时期，随着经营活动的变化，也要求组织的机构和结构不断调整，组织机构和结构创新的目的在于更合理地组织管理人员的工作，提高管理劳动的效率。

5. 环境创新

环境创新不是指企业为适应外界变化而调整内部结构或活动，而是指通过企业积极的创新活动去改造环境，去引导环境朝着有利于企业经营的方向变化。对企业来说，环境创新的内容很多，但市场创新是最主要的。市场创新主要是指通过企业的活动去引导消费、创造需求。

7.3.3 管理创新的过程与组织

1. 管理创新的过程

管理创新作为一个过程和作为一个结果，实际上可以分成三个阶段：创意形成阶段、创意筛选阶段和创意验证实施阶段。

（1）创意形成阶段，即产生创意的阶段。有创意才会有创新，能否产生创意是关系到能否进行管理创新的根本。创意是由企业中的人或与企业有关的人所产生的，能够产生一些好的创意绝不是一件容易的事，它受人的素质以及当时各种因素的影响和制约。

（2）创意筛选阶段。产生了许多创意之后，需要根据企业的现实状况、企业外部环境的状况对这些创意进行筛选，看其中哪些有实际操作意义。对创意筛选的人员要有丰富的管理经验、极好的创造性潜能以及敏锐的分析判断能力。

（3）创意验证实施阶段。选择后的创意要通过一系列具体的操作设计，将创意变为一项确实有助于企业资源配置的管理方式，而且确实在企业的管理过程中得到了验证。创意的验证实施是整个管理过程中非常重要的阶段，许多好的创意往往由于找不到合适的具体操作设计，而导致这一创意最终无法成为创新。因此，将创意转化为具体的操作方案并实施，是管理创新的困难所在，也是管理创新成功的要求。

从管理创新的三个阶段来看，它们是一个不断反馈的过程。

2. 管理创新活动的组织

管理创新不是去计划和安排某个组织成员在某个时间去从事某种创新活动——这在某些时候也许是必要的，但更重要的是管理者要为部属的创新提供条件、创造环境，有效地组织企业系统内部的管理创新。

（1）正确理解和扮演管理者的角色。企业管理人员要彻底打破陈旧、保守观念的束缚，要积极主动地带头创新，并努力为企业成员提供和创造有利于管理创新的环境，积极鼓励、支持、引导企业成员进行创新。

（2）创造促进管理创新的组织氛围。促进管理创新的最好方法是大张旗鼓地宣传创新、激发创新、树立“无功便是过”的观念，使企业每一个成员都奋发向上、努力进取、跃跃欲试、大胆尝试。要造成一种人人谈创新、时时想创新、无处不创新的组织氛围，使那些无创新欲望或有创新欲望却无创造行动、从而无所作为者自己感觉到在组织中无立身之处，使每个人都认识到企业聘用自己的目的，不是简单地用既定方式重复那些程序化的操作，而是希望自己去探索新的方法、找出新的程序，只有不断地去探索、去尝试才有继续留在企业的资格。

(3) 制订有弹性的计划。管理创新意味着打破旧的规则，意味着时间和资源的计划外占用，因此，创新要求企业的计划必须具有弹性。管理创新需要思考，思考需要时间；管理创新需要尝试，而尝试需要物质条件和试验的场所。为了使人们有时间去思考、有条件去尝试，企业制订的计划必须具有一定的弹性。

(4) 正确地对待失败。管理创新的过程是一个充满着失败的过程。创新者应该认识到这一点，创新的组织者更应该认识到这一点。只有认识到失败是难免的、是正常的，管理人员才可能允许失败、不怕失败。创新者要在失败中总结经验教训，学到有用的东西，从而缩短失败到创新成功的路程。

(5) 建立合理的奖酬制度。要激发每个人的创新热情，还必须建立合理的评价和奖惩制度。管理创新的原动力也许是个人成就感、自我实现的需要，但是如果创新的努力不能得到企业或社会的承认，不能得到公正的评价和合理的奖酬，则继续创新的动力会渐渐失去。因此，促进管理创新，就必须建立合理的奖酬制度，要注意物质奖励与精神奖励的结合，要正确运用奖励，奖励制度要既能促进内部的竞争，又能保证成员间的合作。

案例分析

案例 7.1　联想集团学习型组织的创建

联想集团创建于 1984 年，现已发展成为拥有 19 家国内分公司、21 家海外分支机构、近千个销售网点、职工 6 000 余人、净资产 16 亿元，以联想计算机、计算机主板、系统集成、代理销售、工业投资和科技园区六大支柱产业为主的技工贸一体、多元化发展的大型信息产业集团。联想成功的原因是多方面的，但主要的一点是联想具有极富特色的组织学习实践，使联想能顺应环境的变化，及时调整组织结构、管理方式，从而健康地成长。正如柳传志所说："我们认为自己已是学习型企业。"

1. 联想的组织学习方式

(1) 向合作伙伴学习。联想把向合作伙伴学习作为实现自己战略目标的重要一环。联想与多家国际大公司建立或保持着非常良好的合作关系。联想从与惠普的合作中学到了市场运作、渠道建设与管理方法，学到了企业管理经验，这对于联想成功地跨越成长中的管理障碍大有裨益。联想积极开展国际、国内技术合作，与计算机界众多知名公司，如英特尔、微软、惠普、东芝等，保持着良好的合作关系，并从中获益匪浅。总之，联想是一个非常善于从合作中学习的公司。

(2) 向他人学习。联想是一个非常有心的学习者，除了能从合作伙伴那里学到东西之外，还善于从竞争对手、本行业或其他行业的优秀企业以及顾客等各种途径进行学习。联想人学会了“跳出画面看画”，学会了“照镜子”，懂得了“前车之辙，后车之鉴”的道理。联想不仅经常反思，总结自己的成败得失，而且特别关注别人的成功与失败。对于别人的失败，联想不是幸灾乐祸，而是对照自己，力求达到“别人摔跟头，我们长见识”的目的。联想本着海纳百川的宽广胸怀和谦虚好学的态度，积极向同行业的优秀企业学习，边打边学，积累了大量的经验。同时，联想也将眼光放远，善于向不同行业的企业学习，向海尔学习，联想提出了“五心服务”的口号。1997 年 10 月，联想首家推出对方付费电话热线咨询服务，每天接受上万次用户热线咨询，公司还专门设立技术支持服务电话。联想热线既接进来，又主动打出去——回访电话。联想天琴，这一包含了 14 项专利技术的高科技新产品，就是在回访用户中厚积薄发的成功典范。

(3) 从自己过去的经验中学习。柳传志有句名言：“要想着打，不能蒙着打。”意思是要善于总结、善于思考，不能光干不总结。联想是一个非常善于从自己过去的经验中学习的公司。联想人善于总结，不仅总结“联想是什么”，而且总结“联想为什么”。

2. 联想的组织学习机制

在不断向别人、向自己的经验学习的同时，联想在组织内部也形成了几种朴素但行之有效的组织学习机制，包括会议制度、培训制度、领导班子议事制度、委员会与工作小组制度等。

(1) 会议制度。联想从来就是以爱开会而出名的，名堂很多：有统一思想、振奋精神的誓师会；有回顾过去、展望未来的总结会；有征求意见、探讨工作的研讨会；有协作配合、调整关系的协调会等。联想认为，会议是一种学习；开会的过程是一种学习的过程。会议有利于集思广益、科学决策、班子磨合、团队学习。

(2) 培训制度。联想注重全员、全方位、全过程的教育培训，已初步建成较完善的教育培训体系，从新员工“入模子”培训，接受联想企业文化的熏陶，到高级干部研讨班及管理培训班，从专业技能培训到理论务虚研讨，每年都坚持不懈地搞，并且不断将其健全、完善，务求实效。

(3) 领导班子议事制度。领导班子议事制度包括：每周一次的总经理晨会，每月一次的总经理例会，每季一次的总经理沙龙。同时，联想领导班子有一整套约定俗成的议事规则，如“把问题放到桌面上谈”“算大账不算小账”“自己看不透的事就听别人的，自己想透了别人没想明白的事，就设法让别人明白，如果发生争执，可以依别人的，但要算后账，双方都想明白的事，就在单位上谈开、谈透，再行动”等。

(4) 委员会与工作小组制度。为加强横向综合管理力度，联想陆续成立投资委员会与技术委员会，汇聚各方面的领导和专家学者，规划、领导和协调集团重大投资活动与研究开发工作。同时，还针对具体工作成立专门委员会与工作小组，确保重点工作快速推进、协调一致。

3. 联想的组织学习促进与保障机制

(1) “鸵鸟理论”。联想之所以能虚心学习，原因在于联想集团总裁柳传志有一个很有趣的“鸵鸟理论”：当两只鸡一样大的时候，人家肯定觉得你比它小；当你是只火鸡，人家是只小鸡时，你觉得自己大得不得了，而人家才会认为咱俩一样大；只有你是只鸵鸟时，小鸡才会承认你比它大。提出“鸵鸟理论”，是为了提醒自己要有自知之明，千万不要把自己的力量估计得过高。想取得竞争优势，就得比别人有非常明显的优势才行。联想人不能自高自大，只有不断找自己的差距，发现别人的长处，才能不断虚心学习，才能不断提升自己。

(2) 建立共同愿景。自创办之初，联想就抱定了“要把联想办成一家长久的、有规模的高技术企业”的信念，并逐渐为自己定了更清晰的目标：到2010年力争进入世界500强。这个目标已深深植根于每个联想员工的内心深处，它就像一盏明亮的灯，指引着全体联想员工奋勇前进。建立共同愿景目标是联想成功进行组织学习的第一步。

(3) 企业文化认同。柳传志反复强调，人力资源管理的一个重要工作就是建立一支稳定的、高素质的、对企业目标和企业文化有强烈认同感和归属感的员工队伍。企业文化认同对于维护整体、保持战斗力具有重要作用。因此，公司采取了几种行之有效的措施来保证员工对企业文化的认同，增强企业的凝聚力。只有形成组织共有的心智模式，才能有效地进行组织学习。

(4) 领导人物四项准则。联想集团认为，成熟的领导人物有四项标准：一要有强烈的事业心，能以大局为重，不争尺短寸长；二要处事立意高，能经得住表扬；三要有自知之明，能接受别人批评，开展自我批评；四要能善于总结，勤于思考，努力找出规律。

(5) 及时调整组织结构。昨天的成功不能保证今天和明天的成功，因为昨天的经验可能已经不适应今天的形势。因此，企业必须根据内外环境的变化，及时调整组织结构，绝不能因循守旧、故步自封。在短短十几年的时间里，联想的组织结构变了好几茬：从大船结构到舰队模式；从众多的事业部到六大子公司；从北京联想、中国香港联想分而治之到统一平台……通过组织结构调整，促进了组织学习。

(6) 人员流动机制。伴随组织结构调整而来的是公司人员的流动。在联想集团内，人员流动一般有以下三种情况：一是为培养后备干部而进行的工作轮换；二是人岗不相称的“能者上庸者下”的职位流动；三是由于现有工作环境不适合或组织业务发展需要而进行的调整。伴随着人员流动，知识可以在组织内流动，提高了组织学习的效果。

(7) 推行知识管理。公司内部成立了信息管理部，设立热线电话，设立公开信箱，建立Internet主页，增加计算机设备及网络建设。公司出版六种内部的信息刊物：《联想报》《参考资料》《LAS动态》《新闻集锦》《政策与动态》和《沟通与交流》。公司建立了“知识收集、传播与利用”系统。

问题：

（1）联想集团创建学习型组织对你有何启示？

（2）联想的学习型组织有何特点？

（3）联想创建学习型组织的基本理念有哪些？

案例 7.2　微软公司的知识管理

自从 1975 年成立以来，微软公司的竞争优势之一就是其高素质的员工。微软需要高层次人才的原因之一是由于它所处的竞争领域的快速变化的本质。

但是对人力资源能力的这种高度关注不限制在以产品为导向的人员中，因此，内部信息技术部聚焦于鉴别和维持知识能力上。内部信息技术部部长 Gibbon 聘用 Conway 为项目经理，承担知识能力的课题。Conway 的目标是为微软的职位和员工创造一个网上能力形象。该项目被称为 Skills Planning und Development（SPUD）。内部信息技术部的“学习与交流源小组”正在利用 SPUD 的主动性去转化、发展知识，而不仅仅是测试。

SPUD 项目包含五个主要因素。

（1）完善能力类型与层次的结构。

（2）对特殊工作所需能力进行定义。

（3）对从事以能力为基础的特殊工作的员工进行绩效评级。

（4）实现网上系统的知识能力。

（5）执行能力模型。

完善能力结构——在 SPUD 项目的四种类型模式中，这些基础层能力作为基本知识已为人所熟知。在基础层之上，还有局部或独特能力。例如，一个网络分析员可能需要诊断局域网错误的能力。

能力的下一层是全局知识。例如，管理部门的每位工作人员都必须精通财务分析；每位信息技术员工都要胜任技术设计和系统分析工作。能力结构的最高层是普遍能力，普遍是对公司内所有员工而言的。这种知识是关于公司所从事的全部业务、所售产品和产业领头人等的知识。

依据工作能力对员工定级——根据员工现任工作能力来评价员工。员工评级过程的全部目的就是产生一个整个微软都可使用的能力详细目录。寻求建立新项目小组的管理者不再需要亲自了解所有可能适合这份工作的员工。

与教育资源的连接——将能力形象与教育资源相连是为了该项目的关键目标的实现。所以在微软的内部和外部已经发展了一些与特殊课程有关的连接。最后，学习与交流小组希望不仅能够推荐特殊课程，甚至还能推荐课程中的有助于达到目标能力层的某些特殊资料与段落。最后，来自内部讨论会和外部的由 Puget Sound 区提供的课程将会按照他们所对应的能力与技能层进行定级。

执行能力模型——执行能力模型的工作从地理与功能两方面进行，首先开始于业务部门；其次是应用部门和在欧洲的所有工作岗位。微软能力模型的某些方面的作用要过很长的时间才能被确定。例如，Conway 希望该模型能成为这个快速变化的产业中使变革制度化的媒介。

Conway也意识到项目的成功依赖于使用该项目的个人。"如果他们感觉到从中得到了一些东西，那么这个项目才会发展下去。"他们引进能力模型，通过聚焦于个人的知识能力，从而推进知识进展的目标。

问题：

(1) 微软公司的知识管理对你有何启示？

(2) 微软的SPUD项目计划的实施在哪几个方面促进了公司的知识管理？

案例7.3 第50万辆奇瑞轿车下线告诉我们什么

中国汽车发展到今天，一家企业累计生产50万辆、100万辆，甚至200万辆汽车，已经算不上什么大新闻了，但是第50万辆奇瑞轿车下线却引起了业界的特别关注。

2006年3月28日，奇瑞汽车以"峥嵘50载，辉煌50年"为主题，在芜湖举行了自己第50万辆轿车下线的庆典活动。

敢于把自己的历史和成就与中国汽车工业联系，在中国汽车企业中除一汽之外，奇瑞是第一家。多年来，说起中国汽车工业的历史，几乎就是在说一汽的厂史，而只有短短9年历史的奇瑞，却为何能有这样足的底气？奇瑞汽车销售公司总经理李峰解释说：中国汽车50年前是由自主开始，现在又回归到自主，奇瑞是个完全的自主创新企业。这是一个不错的答案。

自主创新难，汽车产业的自主创新就更难。新中国的汽车工业从1953年全盘引进苏联技术设备开始，1956年7月15日第一辆解放汽车下线，倾全国之力，到1970年第一汽车厂才形成了3万辆生产能力，全国汽车产量不过10万辆。直到改革开放后的1980年，全国汽车产量方达到22万辆，还是"缺轻少重无轿车"，而国车"解放"更是"三十年一贯制"，当然谈不上多少创新。虽说我们也曾开发出"东风""井冈山"，也生产过"红旗""上海"，但是总体讲还都算不上是真正意义的轿车工业。

改革开放，国门打开，人们发现，我们和国际汽车工业的差距简直难以用语言表达。为了尽快赶上国际水平，汽车工业提出了"高起点、大批量、专业化"的发展方针。"高起点"最快的途径莫过于引进合资，把别人的高水平产品直接拿过来生产。然而引进合资也并不是一件简单的事情，以我们当时的工业基础，连照猫画虎的本事都没有，一辆桑塔纳的"国产化"就让全国整整搞了10年。为了保证合资生产的桑塔纳达到德国水平，配套零部件企业"没有一条生产线不需要改造，没有一项技术不需要引进"。即使是照猫画虎，上海大众达到10万辆能力也花了近10年时间。

奇瑞汽车则走了完全不同的另一条道路，由于一开始连合法身份都没有，当然不可能得到什么合资的好处。回顾奇瑞的企业历程，可以说是一部"白手起家"的传奇。

1997年，奇瑞在安徽芜湖破土动工，标志着奇瑞公司的诞生，两年后首辆奇瑞轿车下线。2001年，第一款奇瑞"风云"杀入车市，并扮演了当年的"终结者"角色——风云的面世结束了中国轿车的暴利时代。

2003 年，奇瑞一口气先后推出了 QQ、东方之子、旗云三款车型，极高的性价比和准确的市场定位使三款车型都获得了良好的市场表现。尤其奇瑞 QQ 更是创造了单一品牌微型轿车 6 个月 2.8 万辆的销售纪录，QQ 开始成为微型轿车的主力车型，在奇瑞的发展中起到了中流砥柱的作用。

2004 年 4 月 15 日，奇瑞第 20 万辆轿车驶下车间，从第 1 辆到第 20 万辆轿车，奇瑞只用了四年多的时间，从第 20 万辆到今天的第 50 万辆轿车的下线，奇瑞用了不到两年的时间。这一切对于出身"贫寒"的奇瑞来说，绝对是个奇迹。当初一汽大众用了 11 年才跑完 50 万辆的历程；而天津夏利也用了 12 年才等来第 50 万辆夏利下线。

业内人士认为，对于奇瑞而言，第 50 万辆轿车下线将是其生产组织、市场营销等进一步规范的象征，同时也意味着奇瑞已跻身国内主流汽车企业，成为民族汽车工业的一股不可忽视的力量。对于民族汽车行业来说，奇瑞辉煌的业绩无疑从另一个侧面证明了中国乘用车行业已经开始走向成熟，也是民族汽车产业发展速度加快、生产水平提高、市场飞速增长的一种具体表现。

为了加强自主创新能力，奇瑞投资 4 亿元建设的汽车工程研究院，是目前国内装备最为先进的汽车研发机构之一，2005 年 6 月，被确定为国家节能环保汽车工程技术研究中心。奇瑞还和 AVL(AVL list GmbH，李斯特内燃机及测试设备公司)公司合作，推出拥有自主知识产权的 ACTECO 发动机。2006 年 3 月，5 000 台 ACTECO 发动机出口美国，实现了中国自主品牌发动机出口"零的突破"。

奇瑞自主开发了风云、旗云、QQ、东方之子、瑞虎、A5 六款车型后，2006 年有五款新车下线。现在已经具备年产 35 万辆整车和 40 万台发动机的生产能力，拥有整车、发动机、变速箱三大核心技术。2005 年，奇瑞汽车实现销售 18.9 万辆，比上年增长了 118%，在全国十大汽车集团中增幅排名第一，是中国轿车行业历史上第一家年销量净增超过10 万辆的企业；年出口 1.8 万辆，连续多年蝉联第一。2006 年 1 月，销量位列轿车企业第五；2 月销量排名第三，超过了所谓的轿车"三大"企业之一的一汽大众。奇瑞已经无可争议地成长为中国自主品牌的脊梁。

奇瑞 50 万辆轿车下线为中国汽车工业"自主创新"提供了一个可供借鉴的成功案例，增强了民族汽车厂商对自主创新的信心。它有力地证明，世界上其他民族能做到的事情，中华民族也一样能够做到。

问题：

(1) 奇瑞汽车从"黑马"到"骏马"的发展历程给你带来什么样的启示？

(2) 你认为技术创新重要还是观念创新重要？为什么？

(3) 你认为自主创新的要点是什么？

案例 7.4 破 茧 织 锦

日本一年的包裹运输量约有 14 亿件，其中 50% 的业务量由大和运输公司承揽。在东京、大阪、横滨、福冈等都市的大街小巷，随时可以看到有黑猫标志的大小货车穿梭往来，便可知其业务鼎盛的状况。

大和运输公司创办人小仓昌男，更是企业界传奇性的人物。1976年他到纽约时，看到UPS速递、联邦快运、敦豪快运(DHL)的送货车繁忙的景象，就兴起了经营此行业的念头。然而，回到日本向运输省申请许可时却遭到刁难，几经谈判皆不得要领。

于是，个性强悍、意志坚定的小仓向法院控告运输省，这一公然向行政权力挑战的行为，在日本可谓史无前例。不料，原本受制于运输业者的运输省自知理亏，为免事态扩大，迅速给小仓核发了许可证。

大和运输公司成立之后，小仓以美国的经营管理为师，并配合本土的习惯需求加以改进，因此业务发展迅速。综合小仓的管理，有以下几个特色。

(1) 摒弃运输业雇用运输省退休官员的陋习，管理阶层大胆选用新人，使公司上下士气高昂，充满活力。

(2) 注重服务品质，收货、送货到家。

(3) 不论日本任何地方，都要一日送达。

(4) 价格低廉。

小仓认为经营包裹运输是新兴的服务业，服务业的生存不但要以“物美价廉、物超所值”争取顾客，更要做到“不负所望、超乎所望”。因此，大和运输公司的运送虽当时无快递之名，却已有快递之实，更重要的是收费比邮局或其他运输业者都低。

问题：

(1) 小仓是如何捕捉创新信息的？又是如何排除障碍的？

(2) 小仓的管理创新对你有何启示？

复习思考题

1. 什么是学习型组织？它有哪些特征？
2. 如何理解彼得·圣吉提出的学习型组织所需的五项修炼技能？
3. 什么是知识管理？它有哪些特征？
4. 一个企业实施知识管理应做好哪些工作？
5. 什么是管理创新？推动企业管理创新的要素有哪些？
6. 管理创新的基本内容有哪些？

参考文献

[1] 梁素娟,等. 德鲁克管理思想大全集[M]. 北京：企业管理出版社,2010.

[2] 张振学. 管理革命[M]. 北京：中国商业出版社,2006.

[3] 方振邦. 管理思想百年脉络——影响世界管理进程的百名大师[M]. 北京：中国人民大学出版社,2007.

[4] 彭加平. 新编现代企业管理[M]. 北京：北京理工大学出版社,2010.

[5] 谭艳华. 现代企业管理基础与实训[M]. 北京：经济科学出版社,2010.

[6] 王冰,等. 管理学——理论与实践[M]. 北京：电子工业出版社,2011.

[7] 彼得·圣吉,等. 第五项修炼·实践篇(上、下)[M]. 张兴,等译. 北京：中信出版社,2011.

[8] 杨文士,等. 管理学原理[M]. 北京：中国财政经济出版社,1994.

[9] 万力. 人力资源新档案[M]. 北京：民主与建设出版社,2002.

[10] 李东. 知识型企业的管理沟通[M]. 上海：上海人民出版社,2002.

[11] 张平华. 中国企业管理创新[M]. 北京：中国发展出版社,2004.

[12] 徐莉. 技术经济学[M]. 武汉：武汉大学出版社,2003.

[13] 赵黎明. 现代企业管理学[M]. 天津：天津大学出版社,2002.

[14] 尤利群. 现代管理学[M]. 杭州：浙江大学出版社,2003.

[15] 周健临. 管理学教程[M]. 上海：上海财经大学出版社,2001.

[16] 谌新民. 新人力资源管理[M]. 北京：中央编译出版社,2002.

[17] 张德. 人力资源管理[M]. 北京：企业管理出版社,2001.

[18] 彭剑锋. 人力资源管理概论[M]. 上海：复旦大学出版社,2003.

[19] 果敢. 现代企业制度论[M]. 北京：企业管理出版社,2002.

[20] 邓荣霖. 现代企业制度概论[M]. 北京：中国人民大学出版社,1995.

[21] 芮明杰,等. 新经济·新企业·新管理[M]. 上海：上海人民出版社,2002.

[22] 魏杰. 企业制度安排：企业存亡诊断书[M]. 北京：中国发展出版社,2002.

[23] 齐欣. 国有企业改制案例[M]. 北京：经济日报出版社,2002.

[24] 彭英. 企业特色管理[M]. 北京：中国广播电视出版社,2003.

[25] 马仲良,等. 现代企业观念创新[M]. 北京：中国人事出版社,1999.

[26] 李仁. 走进E模式课堂：造就新经济企业领袖[M]. 北京：中华工商联合出版社,2001.

[27] 冯周卓. 走向柔性管理[M]. 北京：中国社会科学出版社,2003.

[28] 张声雄,等.《第五项修炼》实践案例[M]. 上海：上海三联书店,2002.

[29] 刘刚. 2001中国年度最佳管理案例[M]. 北京：中国经济出版社,2002.

[30] 冯奎. 学习型组织：未来成功企业的模式[M]. 广州：广东经济出版社,2000.

[31] 孙涛. 知识管理[M]. 北京：中华工商联合出版社,1999.

[32] 韩福荣. 国际企业管理[M]. 北京：北京工业大学出版社,2001.

[33] 彼得·圣吉. 第五项修炼——学习型组织的艺术与实务[M]. 郭进隆,译. 上海：上海三联书店,2003.

[34] 俞文钊. 管理的革命：创建学习型组织的理论与方法[M]. 上海：上海教育出版社，2003.

[35] 任玉珑. 技术经济学[M]. 重庆：重庆大学出版社，2003.

[36] 张声雄. 如何创建学习型组织[M]. 北京：中国社会科学出版社，2003.

[37] 刘松柏. 国际管理[M]. 北京：中国经济出版社，2003.

[38] 杨治华，等. 知识管理：用知识建设现代企业[M]. 南京：东南大学出版社，2002.

[39] 兰邦华. 人本管理：以人为本的管理艺术[M]. 广州：广东经济出版社，2000.

[40] 汪晓春. 中国著名企业管理案例评析[M]. 广州：广东经济出版社，2002.

[41] 葛文雷. 财务管理[M]. 上海：东华大学出版社，2003.

[42] 樊进科，等. 财务管理学[M]. 北京：经济管理出版社，2002.

[43] 陈解生. 中级财务管理[M]. 北京：朝华出版社，2003.

[44] 陈解生. 财务成本管理[M]. 北京：朝华出版社，2003.

[45] 法律出版社法规中心.新编公司法全解[M]. 北京：法律出版社，2014.

[46] 高云. 新公司法实务操作指南[M]. 北京：法律出版社，2014.

[47] 刘追，等. 管理学[M]. 大连：东北财经大学出版社，2013.

[48] 许艳芬，等.现代企业管理[M]. 2 版. 上海：上海交通大学出版社，2013.

[49] 任广新. 工商企业管理实训教程[M]. 北京：北京大学出版社，2012.

[50] 郝云宏，向荣. 管理学学习指导[M]. 北京：机械工业出版社，2014.

[51] 高海晨. 企业管理[M]. 4 版. 北京：高等教育出版社，2014.

财务管理概述

筹资管理

技术经济分析的基本原理

技术经济分析的一般方法

生产计划与控制

生产现场管理

生产与运作管理概述

时间管理

投资分析

投资管理

现代企业组织管理、企业管理基础工作与管理现代化

现代生产管理方式

项目可行性研究

虚拟管理

质量管理中常用的统计方法